易地扶贫搬迁
与贫困农户可持续生计

Poverty Alleviation Resettlement
and the Impoverished Rural Household's
Sustainable Livelihood

刘 伟 黎 洁 ｜著

社会科学文献出版社
SOCIAL SCIENCES ACADEMIC PRESS (CHINA)

　　本书得到国家自然科学基金青年项目（71803149）、教育部人文社会科学研究青年基金项目（18XJCZH005）、中国博士后面上项目（2019M653871XB）和陕西省教育厅人文社科专项科研计划项目（18JK0421）资助

摘　要

　　易地扶贫搬迁是新型城镇化背景下精准扶贫、精准脱贫的有效实现路径。随着搬迁项目的持续推进，项目实施过程中存在的诸多问题都对这项活动的顺利执行提出了挑战。在这一形势下，政策制定者开始意识到实现移民搬迁农户生计可持续的重要性和紧迫性。易地扶贫搬迁可以通过影响农户的生计资本积累，修复、重建和提升农户的生计能力，进而调整和优化农户的生计策略，完成生计资本的重塑，实现移民生计可持续。然而，贫困山区的生态环境较脆弱，再加上其他形式的外力冲击以及政策环境的动态变化，极易使生计脆弱移民面临新的生计风险和掉入生计困境。可以发现，移民搬迁农户可持续生计的构建具有重要的政策意义和现实性，而对移民搬迁政策目标实现和微观农户能否实现"搬得出"、"稳得住"和"能致富"这些问题进行研究同样有现实意义。以往的研究对政府引导式自愿性移民给农户生计带来的影响缺乏系统论证，尤其是移民搬迁对农户生计能力的影响。

　　本书首先通过将易地扶贫搬迁作为政策干预变量引入经典的可持续生计分析框架，构建了适用于贫困山区易地扶贫搬迁对农户生计影响的可持续生计分析框架；其次，在此基础上基于农户生计资本和生计环境特征构建移民搬迁目标农户识别和瞄准模型，并论证了目标农户识别的决定、错误识别的原因和提升识别有效性的方法；再次，基于能力方法采用多维贫困指数测量了农户的生计能力，实证分析了移民搬迁变量对农户生计能力的影响；最后，通过构建易地扶贫搬迁对农户生计策略影响的分析框架，分析验证了移民搬迁变量对农户生计策略影响的双重作用。通过调查陕南安康市 1404 户农户样本，采用代理家计调查法、A－F 多维贫困测量方法和倾向得分匹配法等分析方法，验证了理论框架的推论。

与现有研究相比，本书的主要创新如下。

第一，将易地扶贫搬迁作为政策干预变量引入经典的农户可持续生计分析框架，运用能力方法改进并构建了研究贫困山区易地扶贫搬迁对农户生计影响的可持续生计分析框架。从改进后的分析框架中可以看出，易地扶贫搬迁通过影响农户生计资本积累来实现生计能力再造，从而优化生计策略，重塑生计资本，最终实现移民可持续生计。现有研究主要关注移民搬迁对农户生计资本和生计策略的影响以及生计资本与生计策略之间的关系，而本书运用能力方法改进后的分析框架有效联结了可持续生计理论和能力贫困研究范式，弥补了当前可持续生计研究中对生计能力忽视的漏洞。移民生计能力的修复和重建是其实现可持续生计的原动力，本书在为可持续生计理论分析和实践检验提供新思路的同时，进一步丰富了移民生计的理论研究。

第二，基于农户生计资本和生计环境构建易地扶贫搬迁目标农户识别和瞄准模型，论证了移民搬迁政策目标识别的决定性因素、发生瞄准偏差的原因、提升瞄准效率和识别有效性的方法。将农户家庭的生计资本和生计环境特征变量作为重要影响因素，采用 Probit 模型验证了影响易地扶贫搬迁选择的重要决定因素；通过对识别结果的梳理，将错误识别进一步细分为"应搬未搬"和"搬不应搬"，并采用 Mlogit 模型分析验证当前政策实践中导致错误识别的根本性原因；通过构建农户家庭识别指标体系，分析并验证该指标体系的应用对提升移民搬迁瞄准效率和识别有效性的作用。通过分析不同影响因素对移民搬迁选择的作用机制和途径以及产生瞄准偏差的制度原因，本书突破了现有研究的局限性——缺乏对移民搬迁选择过程中农户生计资本和生计环境特征发挥不同作用的关注，同时构建的农户家庭识别指标体系可以有效解决政策实践中的项目遗漏和能否"搬得出"的问题。

第三，尝试厘清并界定了生计能力的概念和内涵，采用多维贫困指数表征和测量了生计能力，在此基础上提出并论证了易地扶贫搬迁对贫困山区农户生计能力影响的作用机制。以往研究多从制度环境、脆弱性背景、风险以及生计资本角度来分析和理解生计能力，而本书从多维贫困视角对生计能力进行测量的方法比以往的方法更具有可操作性。通过辨析搬迁户和非搬迁户多维贫困指数的差异，本书尝试探索易地扶贫搬迁作为外力冲击和政策干预对移民生计能力的影响路径。本书运用多元线性回归模型和 Tobit 模型检验了易地扶贫搬迁通过减轻农户多维贫困提升其生计能力的作用。以上发现有助于弥补现有研究在探讨移民搬迁对农户生计能力影响方面的不足，有助于加深对该作用机制的理解。上述结论也为政府通过引导式自愿性移民实现农户"稳得住"提供了理论和实证上的支撑。

第四，提出并验证了易地扶贫搬迁对贫困山区农户生计策略影响的双重作用：易地扶贫搬迁及其支持性配套措施除对农户生计策略产生直接影响外，还可以通过影响农户生计能力对其生计策略产生间接作用。通过对易地扶贫搬迁及其支持性配套措施的梳理，本书分别提出了易地扶贫搬迁对农户生计策略的间接作用机制和其支持性配套措施对农户生计策略的直接作用机制。运用倾向得分匹配法验证了易地扶贫搬迁通过改善农户生计能力提升其收入水平的作用，以及其支持性配套措施直接提升农户收入水平的作用机制，进而实现在农户层面对易地扶贫搬迁政策实施效应的全面评估。本书弥补了易地扶贫搬迁对农户生计策略的间接作用研究的不足，加深了对农户生计策略作用机制的认识，并建议在政策效应评估中考虑易地扶贫搬迁对农户生计策略影响的间接效应。本书不仅验证了移民"能致富"的生计手段，而且对移民生计模式进行了动态分析。

关键词：易地扶贫搬迁　农户生计　生计资本　生计能力　生计策略

ABSTRACT

Under the background of new urbanization, relocation and settlement is the most effective realization path of targeted poverty alleviation. With the continuous advancement of the relocation project, many problems existed in the implementation of the project have posed a challenge to the successful implementation of this activity. In this context, policymakers begin to realize the importance and urgency of the achievement of sustainable livelihood for relocated household. Relocation and settlement can repair, rebuild and improve the livelihood capability of rural household by changing their livelihood accumulation, and adjust and optimize the livelihood strategy of rural household, to complete the restructure of livelihood capital and realize the sustainable livelihood of household. However, the fragile ecological environment and external impact force and dynamic changes of policy easily lead to face new livelihood risks and livelihood dilemmas for vulnerable household in poor mountain area. It can be found that the construction of sustainable livelihood of rural household is important policy pursuit and realistic problem, and the research on the realization of the policy goal and whether rural household can realize "move out", "settle down" and "become rich" are also full of practical significance. Through review of the past research, the influence of government-guided voluntary immigrants on farmer's livelihood lack systematic demonstration, especially the effect of relocation on livelihood capability of rural household.

By bringing the perspective of relocation and settlement into the Sustainable Livelihood Framework, this paper improves and builds a sustainable livelihood analysis framework for the influence of relocation and settlement on rural households' livelihood. Based on livelihood capital and livelihood environment characteristics, this paper builds the target model of household, and demonstrates the decision of the policy identification, the reason of error identification and the method of improving the validity of identification. Then this paper measures the livelihood capability of rural household with the capability approach and multi-dimensional poverty index, then empirically analyzes the influence of relocation variables on the livelihood capability of rural household. Finally, this paper examines the double impacts of relocation variables on livelihood strategy of rural household with the framework. Employing the survey data of 1404 households from Ankang City, South Shaanxi, it examines the theoretical framework with the Proxy Means Test, the A-F multidimensional poverty measurement and the propensity score matching.

Main contributions of this paper can be summarized as follows.

Firstly, this paper brings the relocation and settlement as research perspective into the Sustainable Livelihood Framework, improves and builds the Sustainable Livelihood Framework applicable to the livelihood of rural households in poor mountain area. It can be seen from the modified framework that the relocation and settlement rebuilds the livelihood capability of rural household by influencing their livelihood capital accumulation, optimizes livelihood strategy, completes the reconstruction of livelihood capital, thus realizing the sustainable livelihood of immigrants. The current research focuses on the impact of migration on livelihood capital and livelihood strategy of rural household and the relationship between livelihood capital and livelihood strategy, and the modified framework of this study effectively links sustainable livelihood theory and capacity methodology, to make up for the neglect of livelihood capability in the current research. And the restoration and reconstruction of migrant livelihoods is precisely the endogenous motivation for achieving sustainable livelihood, which provides a new approach to the theoretical analysis and practical testing of sustainable livelihood. This study enriches the theoretical research on the livelihood of immigrants, and it is more operational than previous research of the measurement of livelihood capability.

Secondly, based on livelihood capital and livelihood environment, this paper builds the target model to identify the household, and it demonstrates the decisive factors of the policy identification, the reason of error identification and the method of improving the validity of identification. This paper uses the Probit model to verify important decisive factors that influence the choice of the relocation by taking the livelihood capital and livelihood environment characteristic variables of rural household as important factors. After combing the identification results, the error identifications are further subdivided into "should have moved" and "should not have moved", and we also use Mlogit model to verify the fundamental cause of error identification in current policy practice. By constructing household identification Index system, this paper analyzes and verifies promotion of the application of the indicator system on the targeting efficiency and validity of identification. By discovering the mechanism of the relocation selection and the reason of error identification, this paper breaks through the lack of attention to the limitation of household's livelihood capital and livelihood environment characteristics in the process of relocation selection, and the reconstruction of household Identification index can effectively solve the problems of project omission and "move out" in policy practice.

Thirdly, this paper proposes and demonstrates the influence mechanism of the relocation on the livelihood capability of rural household, and through introducing the capability approach to link the sustainable livelihood framework and capability poverty research, it fully demonstrates the process of the formation and change of migrant livelihood capability. By discriminating the multidimensional poverty index differences between relocated and non-relocated, this paper tries to explore the influence path of relocation and settlement on the livelihood capability of household. The multivariate linear regression model and the Tobit model verify that relocation and settlement can improve livelihood capability of rural household by improving their multidimensional poverty. The above findings make up for the lack of research on the impact of relocation on livelihood capability of rural household, which helps deepen understanding of the mechanism. The above conclusions also provide theoretical and empirical support for that government-guided voluntary relocation can realize "settle down" with policy operation and support.

Fourthly, this paper proposes and examines the double impacts of the relocation on livelihood strategy of rural household in poor mountainous area: Relocation and settlement and its support measures not only have direct impact on livelihood strategy of rural household, but also indirectly affect their livelihood strategy by influencing their livelihood capability. By combing of the relocation policy and support measures, this study proposes the indirect mechanism of relocation and settlement to livelihood strategy of household and the direct mechanism of support measures on livelihood strategy of household. This paper verifies that relocation and settlement can raise the income level by improving rural household livelihood capability with the propensity score match, and the direct mechanism of support measures on income level, realizing the comprehensive evaluation of the effect of the implementation of the re-location policy on the micro level. This study makes up for the neglect of the indirect effects of the relocation on household livelihood strategy in current research, and enriches the understanding of the function process of household livelihood strategy, and suggests that the indirect effect of relocation on household livelihood strategy should be considered in the policy effect evaluation. These conclusions not only validate the means of livelihood which makes household to "become rich", but also the dynamic reflection of the livelihood model of immigrants.

Keywords: Poverty Alleviation Resettlement; Rural Household's Livelihood; Livelihood Capital; Livelihood Capability; Livelihood Strategy

前　言

　　易地扶贫搬迁是新型城镇化、农业现代化和公共服务均等化背景下精准扶贫、精准脱贫最为有效的实现路径。随着移民搬迁项目的持续推进，项目实施过程中存在的诸多问题都对这项活动的顺利执行提出了挑战。在这一形势下，政策制定者开始意识到实现移民搬迁农户生计可持续的重要性和紧迫性。易地扶贫搬迁可以通过影响农户的生计资本积累，修复、重建和提升农户的生计能力，进而调整和优化农户的生计策略，从而完成生计资本的重塑，实现移民生计可持续。然而，贫困山区的生态脆弱背景、其他形式的外力冲击以及政策环境的动态变化，极易导致生计脆弱移民面临新的生计风险和掉入生计困境。因此，如何构建移民搬迁农户的可持续生计成为非常重要的政策诉求和现实问题，而对移民搬迁政策目标实现和微观农户能否实现"搬得出"、"稳得住"和"能致富"的研究同样充满现实意义。

　　本书以可持续生计分析框架、家庭迁移理论、新家庭经济学和能力方法等为理论指导，结合陕南秦巴山集中连片特困区域生态脆弱和生计脆弱的双重特性，并采用描述性统计和计量分析方法等进行实证研究，具体包括易地扶贫搬迁目标农户的识别、农户生计能力、多维贫困及农户生计策略等移民可持续生计的内容。

　　本书包括逻辑严密的七章。在选题的现实背景和理论背景、研究目标和思路以及本领域国内外相关文献述评之后，本书将可持续生计分析框架具体化、操作化和本土化并应用到移民搬迁与农户生计的研究中，形成符合中国生态脆弱区和集中连片特困区农村实际情况的整体性研究框架。基于这一总体性的分析框架，本书实证分析了易地扶贫搬迁目标农户的识别、农户生计能力、多维贫困及农户生计策略等。

本书由西安建筑科技大学公共管理学院刘伟副教授和西安交通大学人口与发展研究所黎洁教授撰写。其中，研究数据来源于西安交通大学人口与发展研究所 2011 年 11 月底在陕南安康地区所进行的农户生计与环境专项调查。西安建筑科技大学公共管理学院刘伟副教授负责全书的审定工作。

由于作者本人水平有限，书中难免有不妥和值得商榷之处，恳请广大读者批评赐教。

刘　伟

2020 年 2 月

目　录
CONTENTS

目 录
CONTENTS

第一章

绪论

第一节　本书的研究背景

一　易地扶贫搬迁现状分析

中国政府长期致力于加快经济社会发展和改善人民生活。自 1978 年实施改革开放政策以来，中国取得的减贫成就举世瞩目。大规模减贫在显著降低贫困发生率的同时，也为推动全球减贫事业发展和实现联合国千年发展目标做出了重要贡献。作为一项开发式扶贫投资的重要举措，易地扶贫搬迁旨在通过搬迁安置居住在不适宜人类生存发展、生态环境极其恶劣的农村的贫困人口，改善其生产生活环境。中国政府最早从 2001 年开始组织并实施易地扶贫搬迁试点工程，截至 2015 年中央已经累计安排补助资金 363 亿元（人民币，后同），搬迁 680 多万贫困人口，这有利于从根本上改善贫困人群的生产生活条件，加快推动贫困地区的城镇化进程和贫困人口脱贫。2016 年 9 月，以精准扶贫、精准脱贫为政策统领，国家发改委编制印发了《全国"十三五"易地扶贫搬迁规划》，计划用 5 年时间对涉及 22 个省份约 1400 个县的约 981 万建档立卡贫困人口进行易地扶贫搬迁，彻底解决贫困人口的脱贫问题。

各省陆续制定易地扶贫搬迁规划，其中陕西省于 2016 年 7 月发布《陕西省"十三五"易地扶贫搬迁工作实施方案》。与其他省份不同，陕西省早在 2011 年就已开展大规模易地扶贫搬迁工作。2011 年陕西省人民政府组织实施陕南地区移民搬迁安置工作，计划用 10 年时间将陕南地区不适宜人类生存发展区域的 60 万户 240 万人搬迁安置，从根本上解决秦巴山区集中连片特困带的贫困问题。这是一项得到中央和地方政府支持和关怀的重大民生工程，涉及社会变迁和政策干预，结合了经济结构转型、农村综合改革和城镇化逐步有序推进等现实情况，给当地人民的生活带来了直接和深远的影响。

陕南地区位于国家秦巴山区集中连片特困带，涵盖陕西省汉中市、安康市和商洛市全部 28 个县（区），占秦巴山区集中连片特困区域 76 个县（区）的 36.84%，是新时期陕西省扶贫攻坚的重点区域。陕南秦巴山区集革命老区、贫困地区、库区于一体，贫困面积广、贫困程度深、贫困人口集中是其主要贫困特征。2011 年公布的全省 56 个国家级贫困县中，陕南地区全部县（区）均在其中，占全省的 50%。按照 2011 年陕西省政府制定的农民年人均纯收入 2500 元的农村贫困标准测算，当年陕南秦巴山区的贫困人口数量为 307.34 万，贫困发生率高达 37.5%，比陕西省高 9.3 个百分点，贫困人口占全省的 40%。

集中连片特困区往往也是生态脆弱区。陕南秦巴山区受大山阻隔，相对封闭，交通基础薄弱，当地经济发展受到严重制约。区内地形复杂，再加上地理特征和气候原因，生态环境极其脆弱，自然灾害频仍，尤其是洪涝、干旱、山体滑坡、泥石流等自然灾害易发多发，是我国六大泥石流高发区之一，因灾、因病致贫返贫现象严重，同时也威胁着当地群众的生命财产安全。自然灾害的易发多发导致当地平均每年死亡 30 人左右，2010 年汉中市略阳县泥石流造成 19 人死亡，"7·18"洪涝灾害更是给安康地区的群众带来了严重的生命财产损失，正是这场自然灾害的发生坚定了陕西省政府启动陕南地区移民搬迁工程的决心，从而彻底解决当地百万群众的生存发展和可持续生计问题。

众多问题从根本上制约着陕南秦巴山区的经济社会发展。首先，陕南地区交通基础设施薄弱，道路建设投资不足。受自然环境条件的限制，当地交通不便，铁路建设投资严重不足，大部分地区没有铁路网络触达。公路建设方面，虽然近年来陆续贯通了西汉、西康、西商等高速公路，但绝大多数县级和乡镇公路等级低、质量差，严重阻碍了商品的生产和流通，造成了当地经济发展缓慢、社会进步滞后。其次，陕南秦巴山区面积占全省的36.8%，人口占全省的24.0%，2011年其生产总值占全省的12.1%，人均生产总值达到13164元，分别为全省和全国平均水平的49.8%和48.5%。总体上来看，陕南地区经济发展水平较低，经济总量小。最后，基本公共服务设施落后，社会事业发展滞后。2011年陕南地区医院、卫生院、卫生技术人员严重缺乏，有线电视普及率更是偏低。根据全国第六次人口普查资料，陕南秦巴山区集中连片贫困带每十万人口拥有大学生近5000人，大学生占比不到全省平均水平的50%。片区文盲的比例为5.8%，比全省的平均水平高2个百分点。另外，25.9%的县农村社会保障覆盖率低于90%，16个县的农村安全饮用水普及率较低。可以发现，当地教育、卫生、文化等社会事业发展严重滞后，贫困人口居住条件差、上学难、就医难等问题非常突出。因此，从长远来看，人力资本和物质资本的匮乏以及陕南山区自身特殊的自然环境和地理条件，将严重影响当地经济、社会、文化的持续发展和农户可行能力建设。

与此同时，秦巴山区亦是中国南北自然地理要素的天然分界线，具有涵养水源、维护生物多样性及水土保持的重要生态服务功能，是中国中部地区重要的生态屏障。保持并积极改善秦巴山区的自然生态环境，不仅对维护中国生态系统多样性、物种多样性、遗传基因多样性意义重大，而且对保障国家南水北调中线工程水质水量也很重要。陕南秦巴山区不仅属于南水北调中线工程水源保护区，而且是国家主体功能区规划中明确限制开发的重点生态功能区、禁止开发区，因此该区域生态建设地域广、要求高、难度大、任务重，资源开发与环境保护矛盾突出。

近年来，中央和地方政府在陕南秦巴山区实施了一系列农村开发式扶贫项目、补贴式扶贫项目、支农惠农措施以及生态补偿政策等，旨在促进贫困地区的发展和贫困人口脱贫。其中，开发式扶贫项目包括移民搬迁、劳动力培训、产业化扶贫、以工代赈和小额信贷等，补贴式扶贫项目包括退耕还林补助、政府救助和低保等。一方面，中央和地方政府希望通过这些政策解决秦巴山区长期以来的贫困落后问题和缓解人地关系的紧张态势，并使其在经济发展和生态保护等方面发挥积极作用。另一方面，这一系列生态保护措施的实施也限制了当地的经济社会发展和人民的生产生活发展。陕南移民搬迁工程作为中央和地方政府近年来促进陕南地区城镇化、农业现代化和公共服务均等化的重要举措，旨在"避灾减贫""挪穷窝""挖险根""断穷根"，从根本上解决贫困人口的发展问题和维持农户生计可持续。

尽管中国的移民搬迁工程受到一些国内外研究者和实践者的批评和质疑，但毋庸置疑的是，就重要性和影响力而言，其为世界上其他发展中国家提供了一个很好的案例（Rogers and Wang，2006；Xue et al.，2013）。其中，南水北调中线工程库区移民是典型的非自愿性移民，对库区和非库区农户的生计方式产生了深远影响。研究表明，当前中国社会转型过程中形成的非自愿性移民，比如水库移民、交通移民、工程移民、生态移民和各种类型的失地农民等，都经历着职业、环境等多方面的直接改变。其间，不仅其能力在资源重新配置过程中遭受损失，包括资产积累能力、就业能力、抗风险能力和人力资本积累能力等的损失，而且他们中的很多人也无法在社会经济的发展进程中得到资源损失带来的超额收益。资源和收益的双重损失，造成很多移民户处于弱势地位并面临着外力冲击和政策干预导致的失去发展机会和掉入贫困陷阱等问题（杨云彦等，2008）。陕南移民与大型工程非自愿性移民（库区移民、城建移民或交通移民等）有所不同，与工程移民的政策强制性相比，陕南移民更加尊重农户意愿，强调自愿参与。自愿性移民搬迁在一定程度上避免了参与其中的农户必然陷入"介入型"贫困（杨云彦、赵锋，2009），但可以肯定的是，当搬迁农户面对心理文化的巨大冲击和生活环境的急剧变化时，其经济收入和自我发展能力会受到严重影响。移民搬迁有可能促使移民在外力干预下表现出冲击性脆弱，也可能在开发式移民政策支持下通过重组、投资生计资本存量和增量，降低乃至消除移民生计的脆弱性，提升移民生计能力，实现移民生计可持续。经验研究表明，大多数情况下调查区域的扶贫搬迁人口从移民工程中获益良多，他们不仅能重获生产能力，而且对道路、市场、教育设施和其他方面也很满意，总体上移民工程的实施提高了搬迁农户的生计安全度、居住质量和公共服务水平（Xue et al.，2013）。而另一项关于自愿性搬迁带来积极效应的实证研究表明，从长期来看，移民工程不仅对当地政府、跨区域以及全球的利益相关者具有积极的环境改善的净效应，而且对当地农户福利的影响也非常广泛（Li et al.，2015）。移民工程在提高农户收入水平、改善农户生活条件和保障农户生计安全方面作用突出，但同时值得注意的是，搬迁农户的土地资源和金融储备会遭受负面冲击，家庭债务也可能会增加。

陕南移民搬迁工程等举措力图破解秦巴山区集中连片特困地区经济发展和生态保护的双重难题，同时加快推动陕南地区新型城镇化、农业现代化和公共服务均等化，无论从搬迁规模、投入力度和强度还是从持久性方面来说，其作为一项强有力的公共政策干预对陕南地区影响的广度和深度将是空前的。从微观经济学角度出发，此类政策干预最终会作用于个体的生活方式，在陕南地区则体现为移民农户积极主动以搬迁为契机，重组生计资本，提升生计能力，调整生计选择，优化生计策略。从某种意义上来说，理顺和厘清移民搬迁对农户生计的影响路径和作用机制，有助于这项公共政策的制定、实施、评估和完善等。在某种程度上，学者们对移民搬迁政策干预效应的研究，特别是对自愿性移民搬迁如何影响微观农户的研究，已经远远滞后于中国相关领域的实践。

基于以上现实背景，农户在面对移民搬迁这一公共政策干预时可能面临两个问题：其一，其赖以谋生的生计能力和手段无法继续发挥效用，生计资本特别是自然资本遭遇负面冲击，人力资本和社会资本失灵，最终导致农户面临失业的风险和生计安全遭受威胁，并进而深陷贫困泥潭和处于弱势地位；其二，移民搬迁形成的新的生产生活环境"突变演进"带来生计方式创新和生计策略调整的机遇，在开发式扶贫政策扶持下移民实现农户生计的结构性优化和功能性调整，进而实现生计资本的积累和重组、生计能力再造、生计策略的调整和完善以及生计选择的优化和创新。上述问题的解答不仅对陕南地区移民搬迁政策评估至关重要，而且对当前中国其他地区的易地扶贫搬迁和其他发展中国家乃至国际移民搬迁政策的制定和执行也有重要借鉴意义。

二 易地扶贫搬迁理论分析

无论是自愿性移民还是非自愿性移民，学者们通常将经济因素视为影响移民做出迁移决策的决定性因素（Michael，1980）。迁移的成本和收益是移民在做出迁移决策时重点考虑的内容。移民不仅是贫困治理的重要手段，也是城镇化进程的主要推手，可以为后者提供低成本的实现路径。经济学领域的学者们从不同研究视角探讨了人口迁移的原理、动因、规律和结果等，并借此分析了人口发展脉络和城镇形成机制。其中经典的人口迁移理论主要包括基于劳动者群体和结构视角的宏观人口迁移理论和基于劳动者个人或家庭视角的微观人口迁移理论。

宏观人口迁移理论以劳动力市场或社会整体为研究对象，强调社会发展、资源流动和经济结构变迁对人口迁移造成的冲击，以 Lewis（1954）、Fei 和 Ranis（1961）以及 Jorgenson（1961）等学者提出的二元结构下劳动力转移模型最为经典。这些经典模型认为，人口迁移起因为一国城乡之间的收入差距，如果传统农业中的劳动力预期在城市中能够获取比在农业部门更高的收入，那么人口迁移就开始发生。不得不提的是，经典的人口"推拉"理论也是二元经济结构理论的重要分支。该理论认为，在市场经济和人口自由流动情形下，人口迁移和移民搬迁的原因是人们可以通过搬迁改善生产生活条件，迁入地促使移民生活条件改善的因素谓之拉力，而迁出地不利的社会环境条件谓之推力（李强，2003）。

尽管二元经济结构论对城乡之间的人口流动现象给出了令人满意的解释，但模型对于劳动力个人或家庭迁移决策过程和影响因素的忽视非常明显。一些经济学家认识到上述不足后，从劳动力个体视角提出了人口迁移微观理论，强调个人利益最大化或有限理性假设下的人口迁移决策和行为。其中最有代表性的是基于个人行为分析的 Todaro（1969）模型。该模型延续了 Lewis（1954）等发展经济学家的研究，强调劳动力可以长期在城市中获得工作。该模型虽然能够解释劳动力不顾城市失业和隐蔽失业的风险而选择继续迁移的原因，但是对劳动力的迁移成本和影响因素缺乏关注（程名望，2007）。这些人口迁移理论通常基于如下假设：存在一个完善的劳动力市场体系，劳动力转移除个人因素外不存在其他阻碍因素，而且劳动力信息非常充分。事实上，这些假设条件太过不切实际，现实世界中的劳动力转移比该理论复杂得多（孙战文，2013）。

在一系列批评和讨论中，以 Stark 为代表的学者们以家庭福利最大化为假设，将人口迁移由劳动力个人决策上升到家庭决策，提出新经济迁移理论。该理论强调家庭和家庭决策在人口迁移决策中的重要性，并在迁移因素中引入社会特征和社会网络等因素，用相对经济地位变化解释这些因素对人口迁移的影响。新经济迁移理论认为家庭中一部分成员迁移到城市会带来家庭效用最大化的结果，其目的是分散家庭风险、缓解信贷约束和改善家庭在社区中的相对经济地位（Stark and Bloom，

1985；Stark and Taylor，1991）。新经济迁移理论本质上是对 Todaro
（1969）模型的拓展和延伸，仍然属于微观人口迁移理论的范畴。尽管
如此，新经济迁移理论认为推动迁移的力量源泉仍是城乡之间的收入
差距，而且对农户基于家庭效益最大化做出部分成员外出决策后又选
择就地搬迁或举家外迁这一现象的解释难以令人满意。如果移民搬迁
和劳动力外出务工决策保持了逻辑上的一致性，农户为什么不在做出
外出决策之初就选择就地迁移或举家外迁？进一步地，为什么有的农户
家庭一直都没有进行劳动力转移，也不准备或参与移民搬迁？新经济迁
移理论对上述问题的解答无法让人满意。

　　发展中国家存在大量移民，这可以被视为城镇化进程和社会经济
发展的主要推手（檀学文，2010）。家庭是劳动力进行个人生活和就业
决策的基本单元，家庭迁移在劳动力迁移研究中自成一派。综观已有研
究，可以说几乎所有从经济学角度进行的家庭迁移研究均以家庭效用
最大化为基础理论，而家庭效用理论是建立在人力资本投资理论的基
础上。DaVanzo（1972）基于 Sjaastad（1962）的人力资本投资理论首次
提出了迁移的家庭选择模型，其中建立的家庭收入函数假设家庭跟个人
的出发点相同，均以家庭终身效用最大化为目标。之后她明确提出家庭
迁移概念，并将该框架进一步改进、应用和深化。Becker（1974）关于家
庭劳动配置文章的发表标志着新家庭经济学的兴起，他将完善后的社会
相互作用理论作为对家庭内利他主义的合理解释，两者均为家庭效用
理论提供了逻辑上的充分证明。由此，利他主义也成为家庭迁移研究的
基础理论。譬如，Sandell（1977）认为家庭迁移追求家庭效用最大化，
而家庭效用同时涵盖家庭的全部收入和丈夫与妻子各自的闲暇。Mincer
（1978）构建家庭束缚概念的同时明确指出家庭迁移的动因是家庭的净
收益而非个人的净收益，这里的净收益是指迁移回报与成本之间的差
值。之后的多项研究均以家庭效用最大化为前提（Mont，1989；Niv-
alainen，2004；Root and De Jong，1991；Cooke and Bailey，1996）。

与以个体理性和行为分析为观察基础的经典迁移研究所处的主流地位不同，家庭迁移在整个劳动力迁移研究中处于边缘化。究其原因，檀学文（2010）认为一方面受限于数据来源，当研究者尝试采用人口普查数据对家庭因素展开分析时，就会发现当前主要依赖的调查制度在路径和取向上的局限，对劳动力二次迁移、回迁以及家庭成员内部关系等解释力不足；另一方面，也许是"经济学家们通常把家庭因素视作社会学问题"。即使有些研究将家庭因素引入研究视野，但大都将其作为控制变量，而不是自变量（檀学文，2010），这样做会导致研究者们将不能被模型解释的部分都归因于包含家庭因素在内的"社会文化因素"（Root and De Jong，1991）。

中国关于家庭迁移的经济学理论和实证研究较为滞后。由于国内家庭领域研究更多地涉及社会学问题，很多从经济学角度进行的研究难以顺利进行（檀学文，2010）。蔡昉和白南生（2006）对此提出了批评，认为中国学界从人口、经济和社会三大领域对劳动力转移问题的研究并不平衡，而且中国的主流经济学家们很少关注劳动力转移问题。当然，中国缺乏足够可用的微观农户家计调查数据。中国学者不能简单地采取"拿来主义"照搬照抄西方学者的经典人口迁移理论。

已有研究表明，以整个家庭迁移与否为被解释变量的家庭迁移模型，为以家庭为单位的迁移活动研究提供了无可替代的观察视角。但是，与经典迁移研究相比，家庭迁移视角下的劳动力转移研究进展缓慢。尽管主流学者们采用相同的基础理论对家庭迁移展开研究，但是在实证方面的分析结果却千差万别，因此争议颇大。总体上，家庭迁移理论面临的问题有以下两点。第一，虽然家庭迁移模型可以大幅降低模型的抽象程度，使研究更具体，但是这导致实证分析对数据来源和变量选择的要求更高。已有研究对客观事实的解释力度和说服力不够，与模型采用的数据来源有很大关系，同时计量模型设置和纠偏技术运用可能有所不当和欠缺。第二，一个重要的客观事实是中国的社会结构、农民基数、就业压力和文化背景等特殊性，使得学者无法将西方经典人口迁移理论中关于家庭框架的讨论直接应用于中国的研究实践，必须进行调整和完善以符合中国社会的实际。

第二节　农户、可持续生计与易地扶贫搬迁等相关概念

一　家庭和农户

家庭（Family）是基于婚姻、血缘或收养关系而产生的亲属间的共同生活组织，但因为亲缘关系等在不同地区具有复杂性，研究者很难准确划分家庭的界限，所以家庭这一概念在经济分析中很少使用（Ellis，1993）。户（Household）则是指成员生活和居住在一起的社会单位，户成员往往共同使用户收入并联合做出决策，因此户这一概念在经济分析中被广泛使用。户可以作为家庭的子类存在，因为一个家庭可以划分为若干户（Ellis，1993）。有学者指出，农户就是农民家庭，是"由血缘关系组合而成的一种社会组织形式"（胡豹，2004）。

本书中的农户（Agricultural Household）类似于 Ellis（1993）定义的农民（Peasant），是指"主要依靠农业维持生计，依靠家庭劳动力从事农业生产的户，他们常常部分地参与到不完全或不完美的投入和产出市场"（Ellis，1993）。但值得注意的是，此处的农户与西方发达国家的家庭农场（Farm Household）有着本质上的不同，后者往往是完全市场中运作的农业组织形式，其生产和销售的规模都远超中国普遍意义上的农户（韩喜平，2004）。

本书对农户调查的实际操作借鉴了中国第二次全国农业普查的指标和方法，认为"住户是指有固定住所、由经济和生活联为一体的人员组成的单位。户籍上为一户，但实际上分户生活的，分户填报。户籍上为两户，实际上在一起生活的，按一户填报"。农户类似"农业生产

经营户"，是指在农业用地和单独的设施中从事农作物种植业、林业、
畜牧业、渔业，以及为本户之外提供农林牧渔服务的户。农户具体是指
符合下列标准之一的户：年末经营耕地、园地、养殖面积在 0.1 亩及以
上（1 亩≈666.67 平方米）；年末经营林地、牧草地面积在 1 亩及以上；
全年出售和自产自用的农产品收入是 500 元及以上。

本书中的农业活动主要包括农作物种植业和林业两大类，调查和
定义也参照中国第二次全国农业普查。其中，农作物种植业包括粮食、
棉花、油料、麻类、粮料、烟草、蔬菜、花卉、园艺作物、水果（包
括瓜果）、坚果、香料作物、中药材和其他农作物的种植，以及饲料作
物种植业，茶、桑、果树种植及野生植物采集等。而林业包括林木的培
育和种植，木材和竹材的采运，林产品的采集。林业包括村及村以下的
林木采伐，但不包括国家自然保护区的保护和管理以及城市树木、草坪
的种植与管理。

二 生计和可持续生计

1. 生计

"生计"这一词语在现代汉语词典中有如下定义：一是指维持生活
的办法；二是指生活本身。这里的生活指的是人们在衣、食、住、行等
方面的情况。"生计"（Livelihood）在英语词典中的含义也指维持生活
的方法和手段（Hornby 和李北达，1997）。

"生计"这一术语经常出现在国外一些以贫困和发展为主题的论著
中，很多农户经济学的研究文献都使用"生计"的概念表述农户的生
产和生活状况。"生计"是谋生之道，与人们自身所处的时代背景和周
边环境密切相关，但在不同的语境中，该词的内涵和外延比较模糊。生
计是以生存和谋求以农户家庭为单位的发展为目标，以创造收入为核
心的行动。很多学者认为，一方面，其非常关注生计的物质基础和在生
计实践中所做出的生计选择之间的关系，将关注的主要内容限定在实

现生计所需的手段和功能上，因此可以细致地刻画出作为统一的生产和消费单位的农户家庭，同时能够较为全面地描绘农户家庭经济的复杂性，从而也能帮助我们理解农户为求得生存和发展以及代际传递而选择的不同生计策略（赵锋，2015a）；另一方面，"生计"一词的内涵远比"收入"、"职业"和"工作"等的内涵丰富得多，这是因为"生计"可以完整地勾勒出贫困弱势群体生存的复杂景象，使用"生计"去描述贫困更有利于人们理解贫困农户为了保障生存安全而奋力谋生所采取的策略（李斌等，2004）。

按照科学研究的逻辑，"生计"概念的界定是生计研究的起点，理清这一概念经历了一个漫长的过程。研究者们对于"生计"的理解往往基于不同的研究目的，由于理解不同，所给的定义也五花八门。譬如，Ellis（2000）将"生计"定义为"包括资产（自然的、物质的、人力的、金融的和社会的资本）、行动和获得这些的权利（受到制度和社会关系的调节），以决定个人和家庭对于资源的获取能力"，这一定义是为了强调贫困地区农户"生计"的多样化；Scoones（1998）为了强调生计的可持续性，将"生计"定义为"由生活所需要的能力、资产（包括物资资源和社会资源）以及行动组成"。尽管上述定义的表述方式有所不同，但它们都强调将资产、权利和行动作为生计的组成要素。随着研究的深入，学者们进一步意识到"生计"的定义中所包含的要素并非一成不变，往往会随着时间而变化，最明显的就是"生计"中所包含的资产，它们既有可能积聚，也有可能损耗，甚至可能在短时间内被完全破坏掉，同时生计主体所处的外部环境也会对生计的选择和实施产生作用（李斌等，2004）。

Chambers 和 Conway（1992）对"生计"的定义最经典。他们认为"生计"是"建立在能力（Capabilities）、资产（Assets）（包括储备物、资源、要求权和享有权）和活动（Activities）基础之上的谋生方式"。该定义特别强调资产和在实践中所拥有的选择之间的联系，认为生计是在此基础上为了生存而采取不同行动（Ellis，1993）。Sen（1982）为生计概念所做的贡献来自其里程碑式的代表作《贫困与饥荒》，他言简意赅地阐述了隐藏在贫困背后的生产方式的作用以及贫困的本质，指出贫困的本质原因是人的"可行能力"匮乏。他认为生计中的资产应该包含有形资产和无形资产两种，其中无形资产指有充足的营养、健康的身体及相应的社会和经济地位等。"可行能力"的引入在一定程度上扩大了"生计"概念的范畴，它使人们不再仅仅将目光停留于食物或者收入等浅层次的物质资料，而是还重视人的自身能力发展。在此概念的基础上，Chambers和Conway（1992）将生计定义中的资产划分为有形资产和无形资产两大类；Scoones（1998）将生计中的资产划分为自然资本、金融资本、人力资本和社会资本。一些非政府组织将生计资本进一步细分为自然资本、物质资本、人力资本、金融资本和社会资本，这一划分得到了学界和很多组织机构的认可，并被引入项目实践中（DFID et al.，2002）。

简言之，本书将"农户生计"定义为：农户家庭通过有效配置和利用其所拥有的生计资本形成生计能力，并结合一系列形式多样的生产经营活动来有效规避外部环境带来的生计风险，进而实现既定的生计目标。

2. 可持续生计

可持续性是农户可持续生计的目标和方向，强调农户生计发展必须具备持续性。农户可持续生计需要实现以下三个目标。第一，修复和重建农户家庭的生计资本和生计能力，帮助农户规避和预防生计过程中面临的生计风险，降低农户的生计脆弱性。第二，实现农户生计重建和发展过程中"资本—能力—策略"相互协调，实现农户生计发展、社区发展和环境保护有机统一，提升农户的生活水平，优化农户的生产生活空间。第三，可持续生计不仅要强调农户个人和家庭的内源发展，而且要结合政府的开发式扶贫项目，多方位立体式推动实现农户可持续生计。

可以发现，农户可持续生计是农户生计修复、重建和发展的有机统一，具有如下几个方面的特点。第一，可持续生计是农户生计发展的基础和平台。农户的生计资本、生计能力、生计策略、生计环境和其可持续性，均是促使农户实现可持续生计的基础和平台。其中，农户生计发展的原动力主要指农户家庭所拥有的资本禀赋、能力素质以及在此过程中发生的资源合理配置和生计结构优化等，还包括农户利用这些资源提高收入水平的手段和行动，即生计策略。生计环境和生产生活空间亦扮演至关重要的角色，主要表现在政府开发式扶贫政策和最低生活保障制度所提供的有力支持。第二，可持续生计是农户生计发展的前提条件。农户生计以及可持续所依赖的前提条件异常复杂，是由一系列的生计策略组合、生计模式选择和多变的生计环境所组成。这些策略、模式以及环境均需通过农户个人或家庭赖以谋生的手段、方式、能力禀赋以及行动去发挥作用。对于农户来说，当其面临生产生活环境和心理文化急剧改变的巨大冲击时，原有的生计系统和生计模式容易呈现不稳定性和失灵，将其置于一定的生计风险之中，这使农户难以修复和重建生计系统，更谈不上实现长远发展。可持续生计可以为农户提供优化生计策略和调整生计模式的可能，重塑生计资本，提升生计能力，优化生计策略，转化和完善生计模式，实现生计可持续。第三，可持续生计是分析农户生计的量化工具。可持续生计的重要原则是最大化农户生计修复和重建的效率以及最小化生计活动对生计环境的外部效应，促使农户获取生计发展过程中所必需的物质基础和公共服务等。在"资本—能力—策略"有机统一的生计链条中，可持续生计力图修复和重塑农户家庭的生计资本和资源禀赋，提升农户赖以生存发展的生计能力，制定完整有效的生计策略，并取得发展均衡的生计成果，最终实现经济、社会和环境的可持续发展。

农户可持续生计包括农户为消除外部环境的负面冲击，降低生计脆弱性，增加收入，提升家庭福利水平所必需的资本要素禀赋、生计能力和外界动力支持等。当农户生计可以有效和从容应对外部环境所带来的压力，并在这些压力之下稳步实现生计策略的优化和调整以及生计模式的重塑，可以维持甚至增强个人和家庭所拥有的资本要素和能力禀赋，同时不以损害和破坏自然资源和外部环境为代价时，这样的生计才是可持续的。

实现农户可持续生计的关键在于，分析探究农户的生计脆弱性和不可持续的生产行为、消费方式以及生活惯习等，弄清其给农户收入创造、家庭福利水平、生计资本积累和生计能力再造带来的负面影响，从各个方面找寻问题发生的根本原因，探究农户可持续生计的实现路径，保障农户生计实现可持续发展。因此，农户可持续生计实现的关键步骤是，构建农户可持续生计实现的分析框架，规避农户面临的生计风险和降低生计脆弱性，防止生计资本尤其是人力资本积累的失灵和中断，培育农户动态均衡发展的生计能力，重塑和调整农户的生计策略和生计模式，提升农户的收入水平和家庭福利。这些措施在生计资本、生计能力和生计策略方面应具体表现为以下几点。

首先，作为中国农村社会中最小的生计单位，农户拥有的生计资本是其开展生计活动的前提。生计的概念化是生计研究的起点，在国际发展领域中，Chambers 和 Conway（1992）率先对农户生计展开思考。他们对生计的定义强调了农户所拥有的资产与其所进行的选择之间的联系。生计是在此基础上为追求收入水平的提高而采取的不同行动方式。Ellis（2000）关于生计的定义与其虽然在表述方式上有所不同，但核心内容一致，即生计包含三大组成要素：资产、能力和行动。其中，资产作为整个生计结构中最重要的平台，决定着农户的生计选择以及采取策略的行动。

Chambers 和 Conway（1992）将生计定义中的资产划分为两大类：有形资产（储备物和资源）和无形资产（要求权和享有权）。有形资产中的储备物指食物储备、贵重物品收藏和存款等，资源指土地、淡水、森林、牲畜和生产性工具等；无形资产中的要求权指能够带来物质、道德和其他实际支持的要求，享有权指实践中的机会，除了人们使用资源、储备物的机会和利用服务的能力，还有获得信息、技术、物质、就业、食物和收入的机会。因此生计定义中的资产概念非常复杂，涵盖的内容和主题非常多。相似地，Scoones（1998）借用经济学术语将生计资本划分为四类：自然资本、人力资本、金融资本和社会资本。

其次，"能力"是一个多领域跨学科的概念范畴，一般认为其是个人在面对生产生活时表现出的经常性和稳定性的心理特点和行动效果，可以反映个人完成各种形式任务的可能性。从总体上看，当前关于能力的研究主要集中在心理学、社会学和经济学等领域。本书主要关注经济学层面对能力的规范和界定。

在经济学领域，Sen（1982）使用"能力"一词去解释贫困的本质，此后"能力"逐渐进入研究者的视野。具体来说，Sen（1982）将"能力"视为一个人能够生存和做事的一项基本功能要素，而贫困是人类关于所有权（所有权是权利关系之一）的反映，以及其所面临的交换权利的映射。一个人贫困的直接原因是其个人的交换权利减少，基于权利关系的可行能力则取决于他拥有什么以及在此基础上通过交换获得的能力（对资本的占有和支配）。进一步来说，Sen（1999）认为人具有两种属性，分别是自然属性和社会属性，人不仅应该拥有健康的体魄，而且应获得相应的社会等级结构地位和经济发展方式，这些权利的获得必须依靠市场交换和国家提供的社会保障。从微观层面上讲，一个人之所以贫困，是因为他没有支配足够食物的能力和被赋予足够食物消费组合权利。

尽管 Sen（1982）提出了"能力"的概念，但他并没有明确指出能力到底是什么。事实上，"能力"一词非常宽泛，针对不同地方的不同人群，其特定意义也呈现多样化，包括贫困人口福祉的多项准则

（Chambers and Conway，1992）。结合 Sen（1982）对"能力"的概括
性定义，Chambers 和 Conway（1992）提出生计能力所包含的子集：
处在一定的外部生存环境中，个人和家庭处理胁迫和应对冲击的能
力，以及在此之后发现并利用生计机会的能力。当个人和家庭面临外
部环境的负面冲击时，他们所拥有的这些能力不应该是被动的反应，
而理应成为一种主动性和动态适应性之间的互动。这种生计能力包括
接近、获取和利用服务与信息，练习预见，实验创新，与他人竞争和
合作以及开发新资源。

生计能力是动态的，因为生计的可持续能力同时依赖积极和动态
的能力，一种观察、预测和适应物质、社会及经济环境变化的能力，所
以可以将这种农户为实现生产生活空间结构转换而进行的整合、修复
和重建内外基础资源以便适应环境变化，并最终实现农户生计稳定、高
效发展的能力称为可持续生计能力。简言之，可持续生计能力就是农户
为适应经济社会发展变化必须调整自身原有生计行为和方式的能力，
这种能力的获得主要依靠权利赋予、资源获取和技术学习。生计能力主
要强调两个方面：动态和可持续。动态是指农户为适应新的发展环境、
降低生计脆弱性、规避生计风险等，必须具备不断更新和提升自身素质
的能力；可持续是指农户通过整合、修复和重建自身赖以生存的物质基
础和资源，适应外界环境的变化并努力拓展自身，进而增强其生计发展
的可持续性。

农户正是通过上述方式在提升自身能力和实施自身拓展的同时，
组织管理并开发了与更宽范围经济的联系。农户的意识、实验创新和适
应能力都有利于动态能力的提升。当市场和价格发生波动并且原有生
计机会减少、新的生计机会出现的时候，农户家庭的生计可以通过上述
方式在这种不确定和变化的环境中实现可持续。

综上所述，依据 Leach 等（1999）的研究概括的生计能力包括人们
可以使用其权利去做什么和获得什么，本书将"生计能力"定义为农

户利用自身所拥有的知识技能去获取和利用社会环境资源，从而满足农户自身生存发展所需的能力。生计能力是一个综合性概念，涵盖各种不可观测或不便直接测量的要素，本书借鉴 Sen 从可行能力视角研究生计能力的方法，采用农户的多维贫困表征其生计能力。

最后，"生计策略"是指人们通过对生计资本的有效配置和生产经营活动的选择，实现其既定生计目标的过程。生计策略包括生产活动、投资策略和再生产选择等（DFID，1999）。生计策略是由生计活动组成，并通过一系列的生计活动来实现。在许多研究中，策略和活动这两个概念是可以互换的（Babulo et al.，2008）。如果农户拥有不同的生计资本，其生计活动将表现出形式上的多样性，并且他们会利用这些多样性生计活动去有效规避生计风险，实施生计策略。

绝大多数的研究和实践仍将生计活动和生计策略的内容局限在农户的生产活动上。其中较有代表性的研究譬如 Scoones（1998）指出实现不同生计策略的能力依赖个人所拥有的物质资本、社会资本和其他资本。他把生计策略主要分为三个方面：农业生产的集约化或粗放化、生计多样化和移民。Ellis（2000）以农户为研究对象，将生计活动划分为两方面：建立在自然资源基础上的和非自然资源基础上的。这些生计策略彼此之间存在一定程度上的交叉，具体应视研究目的和研究区域的实际生计状况而定。例如在秦巴山区集中连片特困区，农户生计更大程度上依赖当地所拥有的自然资源，然而单纯依靠自然资源生产并不足以维持生计，再加上一定的外部制度性因素和政策干预措施的制约与限定，农户不得不采用其他方式来维持生计，如外出务工或在本地受雇于他人等（李斌等，2004）。

根据上述定义，本书中的"生计策略"是指农户家庭进行生计活动以创造收入。结合农户家庭的要素禀赋和收入来源，考虑到研究区域的实际情况，这里涉及的农户主要生计活动包括农林种植、家畜养殖、外出务工和非农经营这四类。除此之外，农户还有政府补贴以及来自房租、土地流转租金、亲友馈赠或采药等其他收入。

综上所述，本书认为"可持续生计"是指当农户在脆弱性的外部环境中面临生计风险、胁迫、冲击时，为缓解和降低自身生计脆弱性和突如其来的生计风险，防止生计资本积累发生中断和失灵，避免生计能力遭受损伤以及生计策略失效，借助外部生产生活环境和政策措施努力修复、重建和发展生计的能力禀赋、行动策略和行为方式等，最终实现农户经济、社会和环境的可持续发展。

三　易地扶贫搬迁和移民搬迁

《辞海》对"移民"的解释有：①迁往国外某一地区永久定居的人；②较大数量、有组织的人口迁移。与之相对应的英文词语可以分别表述为 immigration 和 resettlement，也可以将其统称为 migration，这一表述在英文学术文章中较为多见。移民可以被视为人口由于谋生需求和进行社会活动在不同地区之间进行迁移。其可为名词，指人或者人的集合（人群），即迁移人口的集合；亦可为动名词，指人口的迁移活动或行为。

学界对于移民问题的关注源于 20 世纪 70 年代世界观察研究所的莱斯特·布朗提出"环境难民"，这一概念随后被联合国环境规划署等国际机构的研究报告采用。由于环境难民的概念难以在国际法和实践操作层面获得支持，2007 年国际移民组织正式提出"环境移民"的概念并做了明确界定。与环境移民相关的概念中，有环境难民、气候移民、气候难民和生态移民等不同表述。这些概念之间一直没有明确的界限，边界比较模糊。

近几年有学者讨论了环境移民、气候移民和生态移民三者之间的联系和区别，认为中国的生态移民，特别是西部地区的生态移民（Ecological Migration 或 Eco-migration）事实上是环境移民概念在中国实践和发展的产物，本质上也属于一种环境诱发的移民（Environment-induced

Migration）。进一步地，中国西部地区开展的生态移民最接近气候移民，本质上是气候变化背景下生态环境承载力恶化所导致的气候移民，是一种政府主导的有计划的适应行动。移民的原因在于"气候容量"不足和"贫困陷阱"。气候容量是指气候资源对生态环境和人口的承载力，而贫困陷阱是指在气候和环境压力下个体长期处于低水平发展状态，这两者都与由气候变化导致的脆弱性密不可分（郑艳，2013；潘家华等，2014）。

结合潘家华和郑艳（2014）以及郑艳（2013）的研究，本书认为易地扶贫搬迁属于"气候移民"，是指由于气候变化及气候政策发生不可逆或突发性超常规变化，气候容量骤减而无法承载变化之前的人口规模与经济发展方式、强度和持久性，进而陷入环境退化和贫困的恶性循环，或在很短时间内使农户丧失生存发展机会，农户为适应这种变化而采取自发或有组织的、永久性或暂时性的搬迁行为（潘家华、郑艳，2014）。例如西部气候贫困地区的移民，或兴修水库、生态恢复等工程建设导致的人口迁移活动或行为。

需要指出的是，本书在一般情况下将"易地扶贫搬迁"和"移民搬迁"视为同义语，不对其做特别区分。事实上，"移民搬迁"包含了更为丰富的搬迁类型和内容。

第三节　本书拟完成的研究目标

本书的研究目的是构建一个基于可持续生计理论的易地扶贫搬迁对农户生计影响的分析框架，试图完整呈现移民搬迁背景下贫困山区农户通过优化自身生计资本配置完成生计能力的修复和重建，进而调整生计策略并最终达成生计目标的动态过程。本书尝试在农户层面上探索移民搬迁对农户生计的影响机制和作用机理，在政策层面上分析扶贫搬迁项目通过识别贫困农户、制定帮扶措施帮助农户稳定脱贫的执行效果，同时推动农户生计和家庭迁移的理论分析。本书拟完成的具体目标包括以下四点。

第一，借鉴在农户生计研究中被广泛应用的可持续生计分析框架，结合陕南秦巴山区集中连片特困区的实际情况，构建移民搬迁对贫困山区农户生计影响的整体性框架，从而分析移民搬迁这一政策干预对贫困农户生计能力再造和生计策略调整的影响机制，探讨农户在应对社会环境急剧变化时所表现出的理性决策机制和生计模式的动态调整过程。

第二，从农户生计资本和生计环境的角度分析易地扶贫搬迁对目标农户的识别机制，包括目标农户识别和瞄准的决定、错误识别的原因以及提高瞄准精度和识别有效性的方法，探索搬迁户"搬得出"的深层次原因。在以往公共政策目标识别和瞄准的研究基础上，结合研究区域生态脆弱和生计脆弱的双重特征，比较研究不同搬迁行为农户在生计资本和生计环境特征变量方面的差异，分析测算易地扶贫搬迁的瞄准效率（遗漏率和渗漏率），实证分析影响易地扶贫搬迁农户选择的决定性因素，探讨错误识别的原因，进而构建农户家庭识别的指标体系，验证分析该指标体系在提高瞄准效率和识别有效性方面的作用。

第三，从多维贫困的角度分析移民搬迁对农户生计能力的影响，探索搬迁户"稳得住"的决定性因素。结合可持续生计分析框架和能力方法，尝试采用农户的多维贫困状况表征其生计能力的变化，并选择A－F多维贫困测量方法估算和分析陕南秦巴山区农户在不同维度的多维贫困状况，进而对比搬迁户和非搬迁户的多维贫困状况，探讨移民搬迁这一政策变量对农户生计能力的影响机理。

第四，从生产活动选择和收入创造方式的角度分析移民搬迁对农户生计策略的直接影响以及对农户生产能力、市场参与程度和贫困脆弱性的间接影响，试图更加全面真实地评估和反映移民搬迁政策干预的影响效果，探索搬迁户"能致富"的政策性含义。将农户生计策略置于动态的可持续生计分析框架中，构建易地扶贫搬迁背景下农户生计策略的分析框架，采用倾向得分匹配法（PSM）估计移民搬迁对农户生计策略影响的直接效应和间接效应，进而清晰呈现农户生计策略调整的结果，并考察移民搬迁农户在安置地实现"能致富"的生计手段。

第四节　本书的研究内容与框架

根据已有的研究基础和上述研究目标，本书提出以下研究框架，见图 1 - 1。本书按照图 1 - 1 进行组织，具体的研究思路如下。

首先，根据现实背景和理论背景提出本书的研究问题，围绕可持续生计分析框架、能力方法以及家庭迁移理论等相关主题进行研究回顾与述评，为研究问题寻找可供支撑的理论研究，明确指出本书进一步的研究空间。

其次，基于已有的可持续生计分析框架、能力方法和家庭迁移理论，结合陕南秦巴山区集中连片特困区域生态脆弱和生计脆弱的双重特性，构建易地扶贫搬迁对贫困山区农户生计影响的总体框架，并依据该框架进行理论和实证上的研究分析。

再次，在理论分析的基础上，采用微观农户家庭调查数据进行实证分析，通过描述性统计和计量回归模型展开对理论研究主要结论的验证，具体包括易地扶贫搬迁目标农户识别、农户生计能力、多维贫困和农户生计策略等移民可持续生计相关内容。

最后，本书对理论和实证研究进行归纳总结，给出关于移民搬迁与农户生计的主要结论，为陕南易地扶贫搬迁移民可持续生计建言献策。

易地扶贫搬迁对贫困山区农户可持续生计的影响研究

现实背景：易地扶贫搬迁及其后期配套措施、新型城镇化、农业现代化、公共服务均等化等

理论背景：家庭迁移理论、能力方法和可持续生计分析框架

文献回顾与述评：农户生计、可持续生计分析框架、家庭迁移理论、能力方法

易地扶贫搬迁变量引入

联结能力方法

改进可持续生计分析框架

构建易地扶贫搬迁背景下贫困山区农户可持续生计的分析框架

易地扶贫搬迁

生计资本

H
N　　　　F
S　　　　P

目标识别
识别决定
错误识别
指标体系

生计能力

形成机制
权利赋予
资源获取
技术学习

多维贫困
教育
健康
住房
能源
家庭资产
脆弱性

生计策略

直接影响
农林种植
家畜养殖
外出务工
非农经营

间接影响
农户生产能力
市场参与程度
贫困脆弱性

实证研究

政策建议

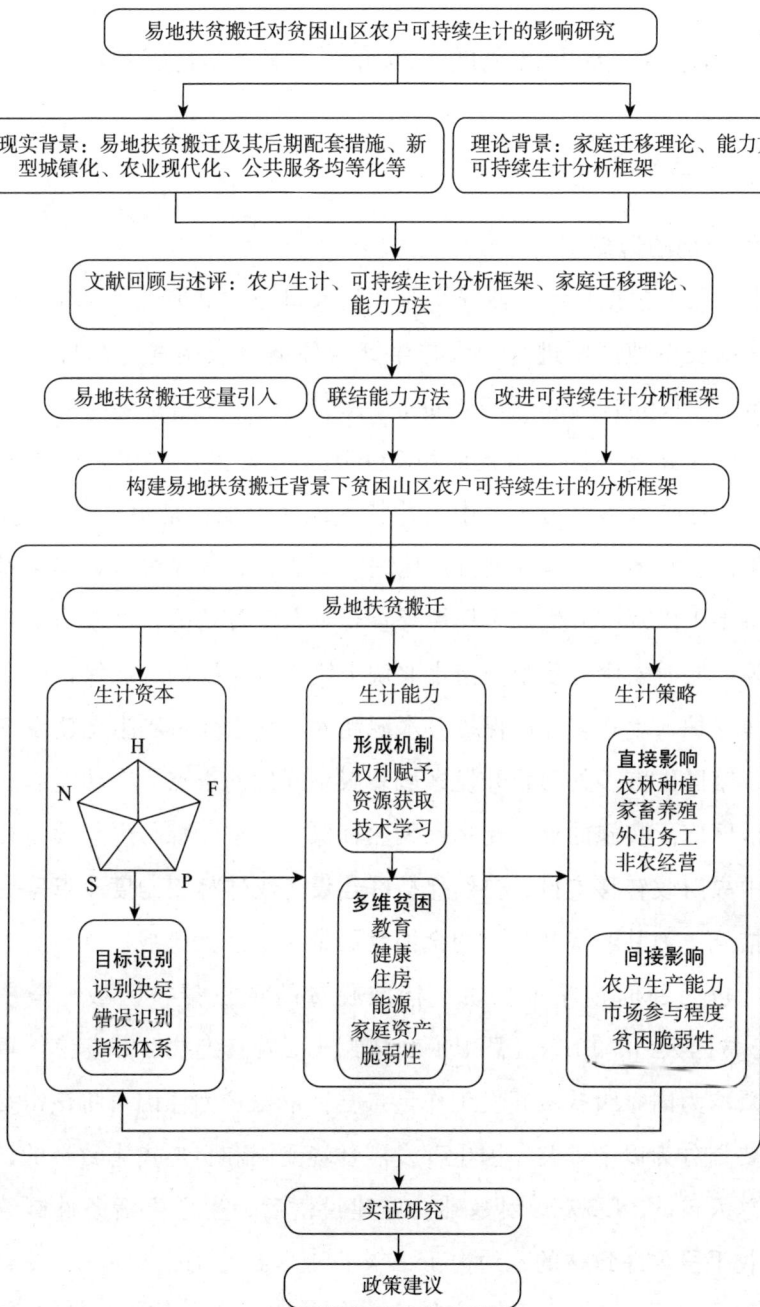

图 1-1　研究框架

第五节　本书涉及的数据介绍与研究方法说明

一　数据来源

1. 调查地的选择

本书采用的数据来源于西安交通大学人口与发展研究所 2011 年 11 月底在陕南安康地区所进行的农户生计与环境专项调查（Ankang Survey of Rural Livelihood and Environment，ASLE）。安康市是陕西省十个设区市之一，辖九县一区，国土面积 23400 平方公里，户籍人口 303 万人。该市地处陕南秦巴山区集中连片特困地区腹地，是中国南北地质、气候、生物、水系、土壤五大自然地理要素的天然分界线，具有涵养水源、保持水土以及维持生物多样性等重要生态服务功能，已成为重要的生态屏障。同时安康也是中国南水北调中线工程重要的水源保护区，承担着水源保护、生物多样性保护、水源涵养、水土保持和生态建设等重要任务，辖区内有多处禁止开发区域和限制开发的重点生态功能区。此外，该地区广泛实施的退耕还林、天然林保护工程、森林生态效益补偿基金、中央财政转移支付、自然保护区建设、集体林权制度改革等一系列政策措施，为其经济和社会的全面发展带来了巨大挑战。

安康也是新时期精准扶贫、精准脱贫的重点帮扶区域，全市有 100.5 万贫困人口，10 个区县中平利县为陕西省省定扶贫开发工作重点县，其余均为国家级扶贫开发工作重点县。依据贫困原因可将该市贫困人口主要划分为以下几类：因生存发展环境受限和自然灾害致贫的，约占贫困总人口的 14.3%；因基础设施建设落后、生产生活条件制约和有效增收手段欠缺致贫的，约占 45.9%；因学致贫的，约占 8.9%；因病致贫的，约占 9.2%；因智致贫的，约占 21.7%。其中，66.48% 的贫困人口居住在自然条件恶劣、生态环境脆弱、基础设施落后的中高山区（刘伟等，2014，2015）。为实现当地经济发展、农户增收和贫困减少，有力改善贫困区域的经济社会发展环境，从根本上消除自然灾害对民众生命财产安全的威胁，陕西省政府于 2011 年 5 月启动陕南大移民工程。

以避灾扶贫和生态保护为主要目标的陕南移民搬迁工程，涉及安康地区 22.6 万户 88 万人，他们多数居住在不适宜人类生存发展的生态脆弱区和高寒山区。这些区域的农户生计异常脆弱，致贫原因极为复杂，交通遭受大山深沟阻隔，相对封闭，地形条件复杂，洪涝、干旱、山体滑坡和泥石流等自然灾害易发多发，因灾因病致贫返贫现象尤为严重。

截至 2014 年底，安康市已累计建设集中安置社区 767 个，完成搬迁安置 7.5 万户 28.56 万人，全市城镇化率由 2010 年的 34.6% 提升至 2013 年的 41%，累计提升了 6.4 个百分点。预计十年后实现搬迁 22 万户 88 万人的目标，到时安康市的城镇化率将提高 15 个百分点左右。同时当地政府为切实促进贫困地区的产业发展和贫困人口的能力提升，三年来按每村 100 万元的专项扶贫资金标准、投入实施整村推进连片开发 89 个片区 321 个项目村，累计投入小额到户扶贫贴息资金 15.5 亿元，建设扶贫互助资金协会 180 个，扶持扶贫龙头企业 57 个，园区 21 个，合作社 33 个，建设标准农田 11 万亩（1 亩 ≈ 666.67 平方米），扶贫雨露计划培训 3.4 万人，农业实用技术培训 32 万余人次，资助农村贫困家庭大学生 7000 人。这些举措促进了贫困村发展和贫困人口增收，三年减少贫困人口 21 万人，产生了比较明显的经济、社会和生态效益。

根据安康市的实际情况，青壮年劳动力基本上会选择外出打工，务工收入在贫困农户收入中居于主导地位，劳动力转移就业创业在新时期扶贫工作中发挥着举足轻重的作用。同时促进特色产业发展对贫困农户自我发展能力的提升作用也非常明显，合理利用当地丰富的林地资源、生态旅游资源等，实现自给自足、靠山吃山和靠水吃水，该工程是促进贫困农户增收和贫困减少的重要手段。但劳动力实现自我转移和就地转移面临诸多困难，而特色产业的发展也需要国家各项政策的综合扶持，结合当前的城镇化、现代化和服务均等化等时代背景，借助易地扶贫搬迁的各项扶持政策和帮扶措施，贫困区域的农户家庭可以实现农户生计的可持续发展。

2. 调查工具

此次调查以结构化的入户问卷调查和社区问卷调查为主，以半结构化的访谈为辅。其中，社区问卷的调查对象是所有样本村，一般由村干部代为回答。问卷内容包括各村的基本情况，涉及人口流动、自然地理、交通状况、教育卫生设施、农田水利、农业生产、经济发展、村级管理组织等。

农户问卷的主要调查对象是家庭中年龄在18周岁到65周岁之间的户主或户主的配偶，主要内容包括四个部分：第一部分为农户家庭基本情况；第二部分为家庭的资本情况；第三部分为家庭生计，包括家庭的生产行为和消费行为；第四部分为生态补偿政策、扶贫政策和易地扶贫搬迁政策的实施情况，农户对这些政策的态度与评价，政策影响以及生计变化情况等。总体上，农户问卷涉及的信息涵盖了被访问人员的家庭成员基本情况，如人口与社会经济特征，本家庭来自农业、林业、非农产业、外出务工、政府补贴、低保及移民经济补偿等的收入情况，本家庭消费状况以及政策项目参与情况等。其中，农户收入和消费数据均对应调查前的十二个月。

3. 抽样

本次农户调查的具体抽样过程如下。

第一步，根据研究目的的需要，课题组初步选择实施移民搬迁工程地区、森林资源丰富的贫困山区、自然生态保护问题突出或生态政策集中的地区，结合大量的调查地资料和实地考察，最终选择汉滨区、石泉县、宁陕县、紫阳县和平利县为调查区县。

第二步，在每一个接受调查的区县选择三个乡镇，使其满足以下条件：实施移民搬迁工程、位于自然保护区和实施退耕还林等生态补偿政策。在选定的三个样本乡镇中进行行政村抽样，共选取25个行政村进入样本框，具体过程如下。由于调查发生在移民搬迁项目实施初期，搬迁安置社区数量非常有限，因此为保证各类样本数量均衡和满足课题组研究需要，采取以下做法：首先，将五个调查区县所有移民搬迁安置社区均纳入样本框；其次，根据合作单位安康市统计局提供的行政村名单，随机抽取12个一般行政村；最后，考虑到课题组研究需要，遂补充三个实施生态补偿政策的行政村，形成进入样本框的所有行政村。

第三步，根据各行政村村委会提供的村民小组名单，在每个行政村随机挑选两个村民小组，对每个样本村民小组在调查期内的全部常住农户进行入户问卷调查。总体上，调查保证了在村小组整群抽样的基础上抽取一般住户样本，因此实现了随机。

进行调查之前，课题组与一些被调查的村及乡镇干部做了沟通，了解了当地村庄的基本情况，并按照抽样原则，初步确定了样本框。由于山区经济条件落后、村民居住分散、信息不畅，存在较多的不确定性，课题组设计了详细的准备方案，并使各个调查点互相协调。在实际调查过程中，由于个别特别贫困的行政村人口较少且居住更为分散，所以课题组适当增加了贫困村庄的样本数量。

4. 调查过程

2011年10月26日至28日，课题组在拟开展调研地进行了试调研访谈和问卷测试，对安康市林业局和发改委的负责同志进行了访谈，对安康市平利县长安镇高原村、城关镇龙头村，宁陕县筒车湾镇朱家沟村、皇冠镇朝阳沟村的村两委成员进行了访谈，一共获得访谈记录六份，同时在进行访谈的四个行政村展开入户问卷调查和情况了解，最终获得农户问卷九份。课题组根据试调查的实际情况总结了调研过程中存在的不足，并发现了问卷设计中存在的问题，之后对调查问卷进行了仔细修改和完善。

课题组开展了访谈与问卷调查的系统化培训。培训工作主要包括两方面内容：一是要求课题组所有成员熟练掌握干部访谈和农户调查拟定的问题和步骤，例如每个调查问题的具体含义、关键词、概念解释、注意事项、填写要求、问询技巧、资料保存以及过程质量控制等；二是要求课题组成员作为正式调查指导员负责与当地统计局、乡镇和行政村村干部沟通协调，保证开展正式调查前对所有参与入户调查的统计局、乡镇和行政村的调查员进行统一集中培训，培训内容同样包含熟悉问卷设计的问题、注意事项、填写规范、问询技巧、调查流程以及问卷的分发与回收等。指导员在进行培训后采用现场模拟和模范试访的形式加深调查员对问卷填写内容的认识。

2011年11月27日至12月4日，课题组成员在陕南安康市四县一区的15个乡镇25个行政村开展为期八天的正式入户调查。课题组成员作为正式调查指导员负责与当地相关部门进行沟通协调，培训并组织调查员实施入户问卷调查，同时注意严格控制调查员的问卷完成数量、质量，及时解决调查员在实际调查过程中遇到的各种技术问题，保证入户调查的顺利进行。此外，课题组成员同样需要完成入户调查任务，并对调查员进行跟访和复访以保证问卷质量。

5. 调查质量控制

为了保证本次调查的数据质量，课题组实施了全过程的质量控制。

首先，培训质量控制。课题组成员对入户调查的各乡镇和行政村的调查员进行集中和统一培训，要求调查员务必告知被调查者本次问卷调查的目的以及学术保密协议，在征得被调查农户的同意后才能开始正式调查。由于当地农户的文化层次普遍较低，因此本次调查是由调查员对被访农户就问卷的每个问题进行详细解释和询问，在认真听取被访对象的回答后，将答案填写到问卷中。本次调查要求调查员在整个调查过程中保持客观公正，避免由于调查员个人的主观判断而发生偏差。

其次,数据采集质量控制。在具体调查过程中,指导员通过对调查员的跟访、复访以及对调查时间和方法的了解,来保证调查员的工作质量和问卷调查最终的质量。课题组成员负责问卷的分发和回收工作,并对回收问卷进行严格审核以保证每份问卷的质量。要求指导员每天回收调查问卷前,都必须认真清点当天拟调查的农户和问卷数量,并仔细检查问卷填写是否有明显错误和缺漏,对不符合要求的问卷当场返回并及时修正,同时指导员每天晚上必须对当天回收的问卷进行认真审查,如果问卷中存在不符合逻辑或有缺漏的问题,要求调查员及时联系被访农户进行更正或补充。此外,指导员每天开始工作前都需要与调查员当面沟通,针对前一天调查过程中存在的问题及时提出相关建议。

最后,数据整理质量控制。课题组成员有针对性地编写逻辑检测程序以供对问卷进行逻辑检验,在数据录入和自检工作完成以后,统一使用程序进行检查,发现错误及时修正,直至更正所有可能的错误,并将无法更正错误的问卷判为不合格问卷。具体地,数据清洗主要涉及数值性检验和逻辑性检验,其目的是检测问卷填写的规范程度、数据录入的准确程度以及问卷逻辑关系的合理程度。数据的修正补救是针对数据中存在的误填值和缺失值,如果可以修正补救,课题组成员通过联络安康当地的调查员进行沟通协调对数据进行补充完善;如果无法修补,课题组采取尊重原始问卷的做法对所获数据予以保留。通过以上做法,课题组在正式调查过程和数据录入过程中均进行了严格的数据质量控制,保证了最终数据的真实性和可靠性。

本次调查最终获得1404份(户)有效问卷,共5133个个体。该调查数据中,户均人口3.66人,户均常住人口3.22人,户均劳动力2.62个,29.1%的农户为移民搬迁户(408户),而安康市规划移民搬迁人口占总人口的29.2%,因此调查样本的选择具有一定的代表性。

二 研究方法

本书将管理学、统计学、计量经济学和家庭经济学相结合，以定量方法为主，辅之以定性方法，依据文献研究的结论与系统工程的原理和思想，构建易地扶贫搬迁政策背景下贫困山区农户可持续生计的系统性分析框架。从宏观社会经济变迁和微观农户生计应对的客观现实中找寻新的研究问题，同时注重事实归纳和逻辑演绎，注意多学科之间的共性和差异，将可持续生计分析框架、家庭迁移理论、新家庭经济学和能力方法等有机结合，并通过采用描述性统计和计量分析方法等进行实证研究。具体来说，首先，选择 Probit 模型计量分析易地扶贫搬迁目标农户识别的决定性因素，再通过多项 Logit 模型探讨易地扶贫搬迁错误识别的原因，进而运用代理家计调查法（PMT）构建农户家庭识别指标体系，分析验证该指标体系提升瞄准效率和识别有效性的情况。其次，在分析易地扶贫搬迁对农户生计能力的影响中，使用农户多维贫困状况表征其生计能力，引入 Alkire 和 Foster（2009）多维贫困测量方法分析测算研究区域农户的多维贫困状况，并采用多元线性回归模型实证分析移民搬迁对农户多维贫困的影响。最后，在分析易地扶贫搬迁对农户生计策略的影响中，先使用 Probit 模型寻找影响农户捕获移民搬迁项目的影响因素，再采用倾向得分匹配法（PSM）消除内生性偏差、选择偏差及其他偏差，分析移民搬迁对农户生计策略的直接影响和间接影响，试图更加全面真实地反映政策产出和政策影响。

第二章

文献与研究回顾

本章首先系统述评农户生计、可持续生计分析框架和能力方法相关研究内容，指出该框架在陕南秦巴山区集中连片贫困区农户生计研究中的适用性以及改进空间，为构建本书的总体研究框架提供有力支撑；其次，对移民搬迁相关理论进行详细回顾和评述，在指明本书研究方向的同时为整体研究框架提供理论依据；最后，梳理当前已有移民搬迁对农户生计影响的相关研究并做小结，分析本书的研究空间和研究策略，也为本书进行实证分析奠定事实基础。

第一节 农户生计、可持续生计和能力方法的研究现状

一 农户生计研究进展

联合国环境与发展大会最早明确了生计概念，其含义为"具备维持基本生活所必需的充足的食物和现金储备以及流动资金"。此后，Chambers 和 Conway（1992）于 20 世纪 90 年代早期发表工作论文，正式明确给出"生计"的定义。由于深受返贫顽疾、社会排斥以及减贫负担过重等一系列新社会问题的困扰，生计观念逐渐得到学者的足够重视以及系统性研究，由此其含义得到进一步拓展，同时形成了一套完

整的规范理论体系和分析范式，即可持续生计理论。

根据 Chambers 和 Conway（1992）的经典定义，生计是"建立在能力（Capabilities）、资产（Assets）（包括储备物、资源、要求权和享有权）和活动（Activities）基础之上的谋生方式"。可以看出，"农户生计"主要包含三个方面的内容：构建生计的基础和平台——生计资本、农户家庭内源发展的不竭动力——生计能力、实现既定生计目标的方式——生计策略。

对生计概念的界定和厘清，为更好地观察和研究农户家庭选择何种生计方式进行谋生并最终实现生计可持续提供了独特的研究视角，同时也为构建可持续生计分析框架奠定了逻辑上的研究基础。因此，生计资本、生计能力和生计策略是研究者进行生计分析的逻辑基础和核心内容。一般认为，生计资本、生计能力和生计策略是彼此联系、相互作用的重要概念。其中，生计资本是指农户家庭拥有的物质基础和社会资源，生计能力表征生计活动中农户个人或家庭的能动性和潜力，而生计策略反映了农户对机会的把握以及操作性的生产生活实践（赵锋，2015b）。事实上，它们三者之间的耦合度越高，关联性越强，则表示农户积累或拥有的生计资本越充足，生计能力越强，可供选择的生计策略范围越广，农户在生计活动选择上的空间越大，生产效率越高，生计输出越丰富。本书接下来将对农户生计的内容展开具体分析。

1. 生计资本

农户是中国农村社会中最小的生计单位，农户进行生计活动的能力取决于其所拥有的生计资本。生计的概念化是生计研究的起点，在国际发展领域中，Chambers 和 Conway（1992）率先对农户生计展开思考。他们对生计的定义强调了农户所拥有的资产及其所进行的选择之间的联系。生计是在此基础上为追求收入水平提高而采取的不同行动方式。Ellis（2000）对生计的定义虽然在表述方式上与其有所不同，但是核心内容一致，即生计包含三大组成要素：资产、能力和行动。其中，资产作为整个生计结构中最重要的平台，决定着农户的生计选择以及采取策略的行动。

Chambers 和 Conway（1992）将生计定义中的资产划分为两大类：有形资产（储备物和资源）和无形资产（要求权和享有权）。有形资产中的储备物指食物储备、贵重物品收藏和存款等，资源指土地、淡水、森林、牲畜和生产性工具等；无形资产中的要求权指能够带来物质、道德和其他实际支持的要求，享有权指实践中的机会，除了人们使用资源、储备物的机会和利用服务的能力，还有获得信息、技术、物质、就业、食物和收入的机会。因此生计定义中的资产的含义非常复杂，涵盖的内容和主题非常多。相似地，Scoones（1998）借用经济学术语将生计资本重新划分为四类：自然资本、人力资本、金融资本和社会资本。之后英国国际发展部将 Scoones（1998）的金融资本细分为物质资本和金融资本，因此生计资本现在被划分为五大资本（DFID，1999）。此外，政治资本的作用也不容忽视，它对于生计而言同样是一种极其重要的资本。

2. 生计能力

Sen（1999）对可行能力这一重要概念做了详细论述。他将发展看成增强个人参与政治、经济和社会活动的能力，即个人可行能力的扩展。基于 Sen（1999）的可行能力理论，农户生计能力是农户实现各种可行的功能性活动组合的可能，是实现各种不同生活方式的自由。这些功能性活动包括较好的生存条件、基本医疗、教育卫生、社会保障、市场参与、社区生活以及拥有尊严等。Sen（1982）论述的能力充满哲学意义，很难被具体化到微观个体。事实上，"能力"一词非常宽泛，针对不同地方的不同群体，能力的特定意义会呈现多样化，包括贫困农户福祉的多项准则（Chambers and Conway，1992）。基于 Sen（1982）定义的能力范畴，Chambers 和 Conway（1992）概括了生计能力包含的几种表现形式：在一定的生存环境中个体和家庭处理胁迫和应对冲击的能力，以及发现并利用生计机会的能力。对于外界带来的负面冲击，这些能力不是被动反应，而是主动性和动态适应性之间的互动。生计能力是动态的，因为生计的可持续能力同时依赖积极和动态的能力，一种观察、预测和适应物质、社会及经济环境变化的能力。农户的意识、实验创新和适应能力都有利于动态能力的提升。但 Ellis（2000）认为能力、资产、活动在概念上存在重叠，研究者很难将其明确区分开来。此外，联合国开发计划署于1996年将能力贫困指标这一综合指数引入《人类发展报告》，衡量缺少基本发展能力的人口比例情况，其所定义的能力相应地集中体现在三个方面：基本生存的能力、健康生育的能力和接受教育获取知识的能力。许多学者对能力的内涵和范畴进行了扩展，认为能力还应该涵盖经济发展能力（通过谋生获取一定的收入）、参与决策的能力、合理利用资源的能力、社会认知的能力以及支配个人生活的能力等。

国内有学者提出农民发展能力的概念，将其定义为农民利用自然、改造自然、不断谋求自身生产生活改善的能力。农民发展能力包括三大组成部分：第一是农民自身所具有的能力，包括农民的体力、脑力以及心智等；第二是外界赋予农民的能力，包括其所处的自然环境、社会条件、政治和法律环境、竞争水平等；第三是农民的综合能力，指农民内在素质与外部条件相互作用形成的能力，包括劳动技术、经营方式、业务能力、谋生手段和对社会的贡献等（曾艳华，2006）。杨云彦等（2011）对农户个人能力和能力建设进行了完整的概括和阐释。他们提出非自愿性移民能力形成的三角体结构，将移民能力的形成视为实现移民收入提高和区域可持续发展的关键步骤。具体地，农户能力形成以个人人力资本投资和积累为核心，以资本禀赋和社会网络为基础，以制度和社会保障为支撑。在该研究的基础上，石智雷（2013a，2013b）构建了劳动力个人发展能力形成的多维模型，并指出劳动力的个人发展能力是一种可以培养的自我发展综合能力，其积累依赖成长过程中的不断学习和锻炼，并取决于政治、经济和社会的分配与安排。赵锋和邓阳（2015）认为生计能力是指个人利用自身所拥有的知识技能去获取并利用社会资源，以满足自身生存需要的能力。生计能力的培育可以使贫困人口被剥夺的基本可行能力得以恢复，能够令其像其他社会成员一样享受实质自由。

3. 生计策略

"生计策略"是指个人和家庭通过对生计资本的有效配置和生产经营活动的选择，实现其既定生计目标的过程。生计策略包括生产活动、家庭投资策略、再生产选择和生育安排等（DFID，1999）。这些策略、方式和手段不仅包括个人和家庭为了应对生计风险所做的短期规划，而且包括个人、家庭、政府和国际社会所制定实施的长期措施。一般意义上，个人和家庭的理性生计策略是根据其当前处境和短期、长期发展前景所做的，因此其生计目标不仅要维持当前的生产和消费水平，而且要规避未来可能出现的生计风险，防止生活水平降低甚至掉入贫困陷阱。进一步地，个人和家庭成功的生计策略必须有利于其形成可持续发展的生计能力。

生计策略由生计活动组成，并通过一系列的生计活动来实施。在许多研究中，策略和活动这两个概念是可以互换的（Babulo et al.，2008）。如果农户拥有不同的生计资本，其生计活动将表现出形式上的多样性，并且他们会通过这些多样性的生计活动去有效规避生计风险，实施生计策略。此外，个人和家庭的生计策略是动态的，它随着外部风险环境和条件的变化而动态调整，改变着个人和家庭对资产利用的配置和生产经营活动种类的选择、各部分比例的构成（李琳一，2004）。换句话说，农户的生计资本状况不是一成不变的，而是动态变化的，会受社会因素和外部冲击的影响，并随着时间的推移而发生改变，因此生计策略也是动态变化的，当面临外界环境的压力和生计机会时，农户无法直接控制这些变化，而是通过对生计资本再调配相应地调整自己的生计策略。

绝大多数研究和实践仍将生计活动和生计策略的内容局限在农户的生产活动上。其中较有代表性的研究譬如 Scoones（1998）指出实施不同生计策略的能力依赖个人所拥有的物质资本、社会资本和其他资本。他把生计策略分为三个方面：农业生产的集约化或粗放化，生计多样化以及人员外流。Ellis（2000）以农户为研究对象，将生计活动划分为两方面：建立在自然资源基础上的和非自然资源基础上的。他认为自然的和非自然的生计资源是农户从事生计活动和选择生计策略所依赖的重要因素，并提出影响农户获得资产、开展生计活动和实施生计策略的因素包括：第一，社会关系、制度规范和组织机构；第二，社会发展趋势、经济发展趋势和负面冲击因素。其中，社会关系、制度规范和组织机构是影响农户生计的核心调节因子。

二 可持续生计研究进展

1. 可持续生计理论研究概况与分析框架的提出

（1）可持续生计理论研究概况。

自 20 世纪 70 年代以来，许多学者意识到全球发展战略并未带来经济的均衡发展，相反世界逐渐呈现两极分化的态势，相当比例的人口深陷贫困陷阱，因此全球发展中国家的大规模减贫和农村扶贫与发展这两大议题越来越引起人们的广泛关注。研究者们在总结全球发展中国家减贫经验和做法的过程中逐渐认识到，想要帮助贫困农户彻底摆脱贫困陷阱并培育其长远发展能力，光靠当前的社会救助手段和减贫措施是行不通的。基于研究者们的讨论，可持续生计思想应运而生。

舒尔茨对小农生产者的关注最先反映了可持续生计的基本思想。"可持续生计"这一概念在 20 世纪 80 年代末世界环境与发展委员会（WCED）的报告《我们共同的未来》中被明确提出，随后联合国环境与发展大会将可持续生计列入其行动议程中，提倡将稳定的生计作为消除贫困的重要目标（苏飞等，2016）。之后哥本哈根社会发展世界峰会（WSSD）和北京第四次世界妇女大会（FWCW）进一步强调可持续生计对于农村扶贫项目和发展机会的重要意义（韩志新，2009）。

随着 Sen（1982）对贫困问题属性的研究，以及 Chambers 和 Conway（1992）等人对引起贫困深层次原因的辩证思考，比如限制生计发展的因素、发展能力与机会的贫困等，可持续生计研究得以走向纵深。可持续生计分析方法作为一种寻找农户生计脆弱性原因并提供多种解决方案的集成分析框架和建设性工具，在世界各国包括中国的扶贫开发和生计建设项目评估中得到不断发展并日臻成熟（何仁伟等，2013；Roberts、杨国安，2003）。在获得大量信息的基础上，运用可持续生计分析框架可以设计发展规划和策略。在贫困农户的能力得到明确认知后，可持续生计分析框架就可以准确找到制定未来发展规划的突破口，从而提高贫困人口的发展能力并逐步消除各种制约因素以实现农户生计可持续（苏芳等，2009）。随着国际减贫实践的不断推进和对贫困问题研究的不断深入，特别是减贫领域可持续生计分析框架在理论和实践中均得到一致认可和广泛应用，一些国际援助组织如世界银行、英国国际发展署等和一些非政府机构如 CARE、Oxfam 等都将可持续生计理论运用到为穷困人口创造更多谋生机会中，从而使他们拥有满足其基本生存所需的生产和消费能力（苏飞等，2016）。世界环境与发展委员会也强调满足最贫困人群最基本需求的必要性，如何保持和提高资源生产能力以及这些政策措施如何创造更多的谋生机会（苏芳等，2009）。当前存在多种关于可持续生计分析的方法，主要包括英国国际发展署（The UK's Department for International Development，DFID）的可持续生计分析框架，美国援外汇款合作组织（Cooperative for American Remittance to Everywhere，CARE）的农户生计安全框架和联合国开发计划署（The United Nations Development Programme，UNDP）的可持续生计途径（DFID，1999）。此外，联合国粮农组织（Food and Agriculture Organization of the United Nations，FAO）和世界银行（World Bank）等也通过独立或合作的方式发展了各自的分析框架，但其框架的侧重点各有不同（汤青，2015）。

当前，被多数学者采纳认可并得到广泛应用的是英国国际发展署于2000年建立的可持续生计分析框架，其已成为农户生计领域进行分析研究的经典范式，并在发展中国家得到了大量研究和实践（李斌等，2004）。这一框架在理论上的创新性非常明显，为后续可持续生计实证研究奠定了坚实的理论基础。此后多年，学者们逐渐转向可持续生计研究的实证方面，在理论层面未有突破性进展。

（2）可持续生计分析框架。

学界对于贫困定义以及消除贫困基本目标的研究构成了可持续生计分析框架的理论背景。此框架开放式的指导作用体现在可以考虑到贫困可能发生的所有方面以及与此有关的所有不可持续的生产生活方式，同时通过将贫困农户加入贫困评估中来消除贫困。赞同这一观点的原则应该具有如下核心特征：以贫困人口为中心，响应和参与，整体性，多层次性以及经济、社会、制度和环境的可持续性（Roberts 、杨国安，2003；苏芳等，2009；Ashley and Carney，1999），这些原则是干预活动成功的前提。

可持续生计分析框架（DFID 模型）是建立在一众学者如 Sen（1982）、Chambers 和 Conway（1992）、Scoones（1998）以及 Carney（1998）等对贫困性质进行深入研究的理论基础上，并将他们的工作规范化，使之成为一套单独的、可以共享的发展和规划方法，如图2-1。在分析减贫和农村发展问题时，该框架可以指导对生计策略和农户家庭限制条件的分析，较为系统全面地收集可用信息并综合考虑各种问题的成因。但需要注意的是，当应用这一框架针对农户家庭局限性这一微观层面进行分析时，应该充分认识到分析框架的弹性，将其简化以便使它具有可操作性和实用性。通过把对贫困的新理解集成到一个分析工具之中，DFID 模型可以洞察关于农户生计复杂性和贫困的主要影响因素（Roberts、杨国安，2003）。

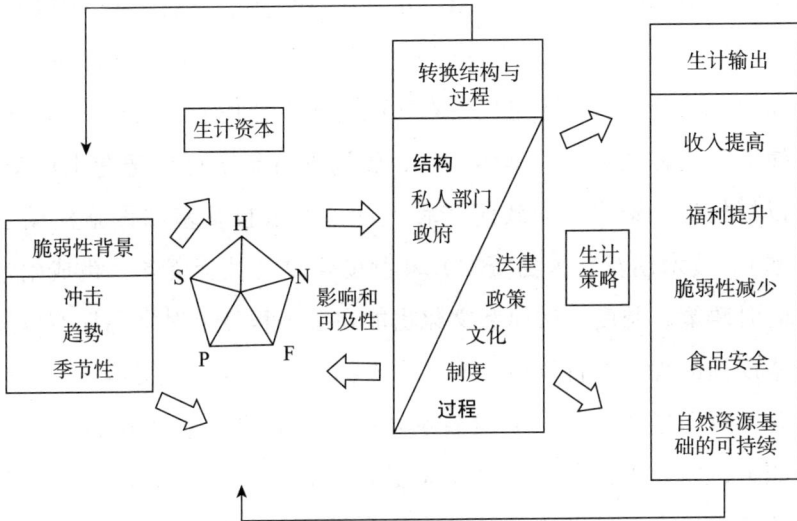

图 2 - 1　DFID（1999）的可持续生计分析框架

　　DFID 模型是可持续农村生计咨询委员会在很多机构前期研究的基础上发展起来的，它的独特魅力在于为贫困和发展研究提供了一个重要问题核对清单，并对这些关键问题之间的联系进行了准确概括，认为人们应该把注意力放在关键的影响作用和过程机制上，同时强调影响农户生计的不同要素之间的互动作用。

　　DFID 框架以人为中心，既没有采用线性方法展开分析，也没有提供一个现实世界的实证模型。这一框架所确定的实现贫困农户可持续生计的手段内涵丰富，包括增加贫困农户享有高质量教育、信息和培训等的权利或机会，营造一种更关心和支持贫困农户平等的社会氛围，使其能够更安全、持续地利用和管理各种自然资源，同时为贫困农户提供相对有保障的资金渠道，以及支持农户生计多样化，使其可以更加平等地利用市场环境实现自我发展。

　　DFID 模型不仅提出了一个理解贫困的概念框架，而且指出了消除贫困的潜在机会，并通过勾绘农户家庭如何寻求一条宽广的生计出路，呈现了促进其长远发展的生计机会。图 2 - 1 显示出农户如何通过资产、权利和可能的策略的有效配置追寻某种生计出路。从图 2 - 1 可以看出，DFID 框架由脆弱性背景、生计资本、转换结构与过程、生计策略以及生计输出五部分组成，各组成要素之间的相互作用非常复杂，不是简单的从属关系或因果关系。具体来说，脆弱性背景既可以塑造生计资本，也可以损伤生计资本，而政府和私人部门通过投资基础设施建设（物质资本）、技术创新（人力资本）和制度建设（社会资本）生成生计资本，同时政策、制度、法律和文化也能在某种程度上对资源拥有以及生计策略反馈的程度进行调节。当一个人拥有较多的生计资本时，往往可以被赋予更多选择的权利并具备利用一些政策和制度确保自身生计安全的能力，因此生计资本在很大程度上决定了一个人获取福祉的能力，不同的资本组合势必导致不同的生计输出（苏芳等，2009）。

可持续生计分析框架将农户看作在脆弱性背景下利用一定的生计资本去维持生存或谋生的对象，而这种环境对农户的生计策略和生计活动也造成影响，即调整生计资本的配置和使用方式，以求实现预期的成果和既定的生计目标。换句话说，在脆弱性环境中生计资本和政策、制度等相互作用，作为生计核心的生计资本的属性，决定了人们采用何种生计策略，进而带来何种生计输出，同时生计输出又对生计资本产生反作用，影响整个生计资本的属性（李斌，2005）。

可以发现，可持续生计分析框架对农户生计的分析并不一定都将脆弱性背景作为研究起点，进而经过一系列组成要素之间的相互作用，产生生计输出。在此期间，各种不同因素决定了生计形式，而这些因素持续不断地变化，当人们对农户生计进行分析时，往往需要同时调查分析农户的生计资本、生计策略以及生计输出。可持续生计分析框架显示，其反馈路径主要是从处于变革中的转换结构与过程到脆弱性背景以及从生计输出到生计资本的反馈。

普遍认为，个人和家庭的资产状况既是理解其拥有的机会、采用的生计策略和所处的风险环境的基础，也是设计和开展减贫事业、农村发展项目的切入点（Ashley and Carney，1999）。在对以资产为基础的农户生计进行分析时，应该同时考虑以下几个方面：①顺序性，指的是制定成功生计策略以及随后获得资产之间的相关性；②替代性，指的是各种资本之间的替代以及相互结合的必要性；③集合性，指的是获取其他资产的权利以及特殊资产组合的存在性；④获得性，指的是获取特殊资产的影响因素；⑤交易性，指的是涉及交易的资产属性以及这些资产的意义；⑥趋势性，指的是资产的消耗和积累以及新资产获得的趋势（Ellis，2000；Scoones，1998；李斌，2005）。

可持续生计分析框架另一个重要组成部分是影响生计的社会、经济和政治背景。从农户拥有的资产状况到选择生计策略，均是在特定的背景下完成的。Scoones（1998）为了研究和政策制定的需要，将这种背景分为两类：一类是外部条件和趋势，主要指历史、政治状况、经济发展趋势、农业生态环境和气候等；另一类是组织和制度。Ellis（2000）也把背景分为两类：社会关系、制度和组织；趋势和冲击因素。Carney（1998）则直接称这种背景为脆弱性背景。"风险环境"和脆弱性背景作为外在条件，主要由社会经济、政治、人口和自然环境等发展现状和趋势决定（杨云彦等，2011）。个人和家庭的生计策略深受这些背景因素的影响，例如土地制度变迁、发展政策变动、气候条件变化和市场形势变化等都会对个人和家庭的生计策略产生重要影响。显然，背景的组成要素异常复杂，涉及诸多社会科学领域的研究问题，这导致背景研究在理论和实践中都存在困难之处，然而这种复杂性又为不同学科不同领域带来新的研究问题。在这种复杂的背景条件下，个人和家庭的生计资本将决定农户家庭生计策略和生计活动的选择和调整，最终带来生计输出。

2. 可持续生计分析框架应用研究

在实践中我们借助生计方式这一分析工具，可以更好地理解生计的复杂性，理解生计方法对贫困的影响以及做出采取何种干预措施的决定（Farrington，2009）。随着农户生计研究和实践的深入，可持续生计分析框架被广泛应用于世界各国的减贫与农村发展问题以及全球变化领域中的人文社科领域。不管是作为一个整体性的指导框架，还是针对某一特定国家、区域、部门或问题进行研究，可持续生计分析框架都为研究微观农户的决策和行为提供了有力的指导和一个新视角。

（1）国际实践。

国际上很多学者运用可持续生计分析框架对农户生计的各个领域展开研究，如生计响应（Sallu et al.，2010；Reid et al.，2006）、生计多样性、生计脆弱性、生计安全、生计与减贫、生计与能源消费、生计与土地利用、生计与资源保护、生计与海洋渔业等。

Sallu 等（2010）运用生计轨迹方法探索影响农户生计的冲击和压力，阐述了与恢复力和脆弱性密切相关的生计策略特征，并提出如果能够认识到正式和非正式制度的重要性，那么农户可以拥有更多具有弹性的生计轨迹选择。Babulo 等（2008）实证分析了埃塞俄比亚农户与林产品相关的生计活动，发现资本贫穷对农户从事高收益的生计活动形成阻碍，导致贫穷农户对自然资源的依赖程度较高。Smith 等（2001）的定性和定量分析结果显示，乌干达农户的传统职业和非传统职业在财富和性别方面存在差异，而社会历史特征和当前的投资水平是生计多样化呈现不同水平的决定因素。Simtowe（2010）采用马拉维 400 个农户的截面数据分析了生计多样化的影响因素，发现超过 60% 的农户选择包括农业在内的多种生计策略，而只有 37% 的农户单纯依赖农业。Hahn 等（2009）通过收集莫桑比克两个不同行政区的社会人口特征、生计、社会网络、健康、食物、用水安全、自然灾害和气候变化数据，设计了生计脆弱性指数去估计这两个行政区的气候变迁脆弱性，结果显示一个区在水资源方面更加脆弱，而另一个在社会人口结构方面比较脆弱。Singh 和 Hiremath（2010）分析设计了可持续生计安全指数，实证发现印度东部地区的可持续生计安全指数可以作为实现可持续发展的参考指数。Kelman 和 Mather（2008）将可持续生计分析框架用于火山相关的生活场景，认为框架对理解和管理脆弱性与风险有帮助，有利于社区更好地管理火山环境，控制脆弱性环境，有利于管理风险和进行灾后重建和恢复。Cherni 和 Hill（2009）采用可持续生计方法研究了古巴贫困农村可再生能源与农户生计的关系，发现如果将小规模的可再生能源技术与政府的可持续发展政策有效结合起来，可以明显提高农户生计的可持续性。Vista 等（2012）通过探索菲律宾土地改革对农户可持续生计的影响，发现社区进行土地改革后并不能显著增强农户的生计可持续性，只是农户有了更多选择的自由，这在一定程度上可以改善农户对未来生活的预期和社会资本。Ahmed 等（2010）对孟加拉国西南部沿海以捕虾为生的渔民展开实证研究，尝试分析农户可持续生计与捕虾之间的关系，结果发现当地渔民的捕虾活动对海岸生态系统的生物多样性有一定程度的影响。Allison 和 Horemans（2006）分享了西非 25 个国家将可持续生计分析框架用于渔业管理的经验，文章认为框架有利于形成统一的渔业政策，有利于识别致贫因素，并且维持渔业的可持续发展。

此外，围绕自然保护区的建立与社区经济发展，研究者采用可持续生计分析框架对农户生计展开大量研究。有代表性的如 Cetinkaya 等（2014）将土耳其的峡谷国家公园作为研究区域，认为农户如果可以可持续地利用国家公园内的药用草木植物，那么这种生计策略将给当地带来积极影响。Shoo 和 Songorwa（2013）的研究旨在探讨生态旅游对提高农户生计水平的作用，发现阿玛尼自然保护区中实施的生态旅游并没有给当地农户带来收益，他们建议在一定程度上增强农户对生态旅游的了解和参与度。针对中国自然保护区建立或生态保护政策实施对农户生计的影响亦有探讨，如 Li 等（2011）试图回答中国西部贫困山区实施的生态保护政策对当地农户家庭特别是经济收入方面的影响，采用微观一手农户调查数据进行实证分析，结果表明中国的退耕还林政策对低收入和中等收入农户家庭的经济收入有显著正向作用。Wang等（2011）的实证研究表明，农户经济方式和生产活动的改变在某种程度上可以产生积极作用，例如通过改变土地利用方式可以改善生态恢复的成果，这种现象在一些农村生态系统中表现更为突出。Chen等（2012）分析测算了白水江自然保护区五年间农户生计资本的变化情况，发现社区共管在显著增加当地农户家庭人均收入的同时，也对森林资源起到很好的改善作用。

（2）中国实践。

中国针对可持续生计的研究起步相对较晚。随着国际上可持续生计分析框架研究的深入以及对相关研究成果的介绍和引进（李斌等，2004；Roberts、杨国安，2003），中国学者近十年围绕可持续生计分析框架对农户生计的各个方面进行了大量有益的探索。本书将按照何仁伟等（2013）和汤青（2015）的归纳和思路具体介绍中国在可持续生计分析框架应用方面的研究。

第一，针对生计脆弱性的分析。张国培和庄天慧（2011）实证分析了自然灾害对农户贫困脆弱性的影响，而李伯华等（2011）则从社会资本的视角重新审视了农户生计脆弱性问题，并对农户社会关系网络断裂和重构过程中的各种风险冲击进行了细致分析。阎建忠等（2011）定量分析了青藏高原农牧民的生计脆弱性，发现脆弱性环境、生计资产缺乏和适应能力匮乏是当地农户生计脆弱的重要因素。

第二，针对生计资本的分析。杨云彦等（2009）指出南水北调中线工程库区农户的生计资本薄弱，社会融合度不高，实证研究结果建议通过开发式的移民政策和生态补偿政策引导移民优化生计资本，转换生计模式。生计资产量化方面，有代表性的如李小云等（2007）最早将农户五大生计资本的量化研究引入国内，而赵雪雁（2011）通过构建生计资本评估指标实证分析了农户家庭的生计资本对其生活满意度的影响，发现被调查农户的生计资本存在一定的空间异质性。

第三，针对政策、结构和过程的分析。中国的实践研究主要集中在公共政策干预、农业经营组织和农村社区等对农户生计的影响，特别是生态保护政策、城市化进程中征地引起失地农民生计状况改变等。黎洁等（2009）通过对比纯农户和兼业户的生计资本和生计活动，指出相比于纯农户，兼业户的生计资本禀赋更好，生计活动更为多样，抗风险能力更强，贫困发生率更低，同时较少依赖当地的自然环境，因此建议并鼓励当地农户从事兼业经营，以解决农村贫困与环境保护的双重难题。梁义成等（2013）发现"稻改旱"项目可以显著改变当地农户的生计资本、生计活动和生计结果，实证结果显示项目组农户拥有较多的生产性物质资本和社会资本，增加了工资性劳动供给，总体上对农户的收入水平有显著正向作用。高晓巍和左停（2007）发现社区范围内的农户互助行为可以缓解贫困农户遭受的脆弱性冲击，而成立社区组织对丰富农户生计资本、实现生计创新具有重要意义（黄颖、吴惠芳，2008）。

此外，丁士军等（2016）的实证研究发现农户被征地前的生计资本对被征地后的生计资本存在正向影响，但各个维度的影响重要性存在一定差异。吴海涛和丁士军（2013）回顾了农户生计分析框架，指出失地农户具有生计脆弱性。郭玲霞（2014）认为失地农户的不同生计资本组合可能导致不同的生计输出和响应，失去土地对其维持可持续生计会造成严重影响。陈浩和陈雪春（2013）的研究指出短期内政府的征地付费对中低收入农户家庭的收入水平有一定的正向影响，特别是对低收入农户收入水平的改善作用比较明显，但征地付费同时显著增加了高收入农户的比例，进一步拉大了贫富差距。宋建辉等（2014）指出尽管短期内失地农户的收入和消费水平得到一定提升，但是只有通过培训提升这些农户的就业能力和扭转其就业观念，其收入和消费水平才能提到持久性提升。江雪萍和李尚蒲（2015）发现失地农户的收入结构产生明显变化，工资性收入作为其最重要的收入来源主要来自农户的本地非农务工活动。

第四，针对生计策略的分析。中国农户生计研究非常关注生计策略，研究成果较多。有代表性的如梁义成等（2011）通过识别农户的非农和农业多样化生计策略，实证分析了农户多样化生计策略的主要影响因素。王成超和杨玉盛（2011）的研究发现农户生计非农化与土地流转之间存在正向的反馈关系，两者之间既相互作用又相互联系，密不可分。汤青等（2013）通过对不同类型农户的可持续生计效益进行评估，提出了未来适宜黄土高原农户生存发展的生计策略。也有研究对农户生计多样化和土地利用之间的关系展开分析。卓仁贵（2010）发现农户生计多样化对土地利用有影响，同时提出相应策略来应对当前农户生计与土地可持续利用中存在的问题。此外，生计多样性与农村居民点布局或整合也有关系。王成等（2011）通过构建农户生计资本量化指标体系对农户的生计资本进行了量化分析，并重点剖析了不同类型农户的生计来源和居住意愿。赵雪雁等（2011）的研究表明农户的生计资本可以显著影响其对生计策略的选择。由于农户缺乏自然资本，不得不寻求其他谋生手段，但人力资本、物质资本、金融资本和社会资本的匮乏会严重限制农户的生计多样化。还有学者研究了农户的能源消费和采药行为，如邰秀军（2011）发现贫困导致了农户对薪柴能源的依赖，不稳定的脱贫并不能减少农户的薪柴消费量，而劳动力外出务工可以促使农户减少对薪柴的依赖，此外替代能源的可及性也对农户薪柴消费量有重要影响。黎洁（2011）认为当地农户上山采药与家庭从事非农活动和农林业生产的特征、信用约束、家庭劳动力数量等相关。

第五，针对农户生计对生态环境的影响的研究。黎洁（2011）提出禁止当地农户采药行为的关键在于农户可以实现生计活动转型以及降低他们面临的信用约束。朱利凯等（2011）认为脆弱的生态环境对农户生产活动的反应十分敏感，政府在解决农牧户生计问题的同时必须注意对生态环境的保护。

总体来说，当前使用可持续生计分析框架进行生计研究尚有如下不足。

首先，可持续生计这一概念兼具客观性和主观性，由此导致的模糊性和不确定性使得定量分析存在一定程度上的困难。此外，关于可持续生计的理论研究也没有走向纵深，缺乏系统完善的理论体系作为可持续生计研究的基础，尤其在概念延伸、变量选择、数量关系、生计动态调节机制和生计禀赋作用机理等方面的理论亟待完善。

其次，可持续生计分析框架偏重一般性的实践应用，导致为数不多的定量研究往往注重对农户生计的某一方面展开分析，如生计策略、生计资产等，这些研究成果相对独立，难以形成全面系统的研究成果。可持续生计分析框架的各个组成部分相互联系、彼此作用，系统综合的研究有利于人们从全局上和整体上对农户的生计状况进行审视和探索，并制定相应政策措施促进农户生计可持续。

再次，可持续生计思想的初衷是解决发展中国家的贫困和农村发展问题，因此当前的多数研究多聚焦于农村减贫与发展。随着可持续生计内涵和外延的不断扩展，可持续生计受制度、组织机构、政策干预和法律法规影响的程度逐渐加大，越来越多的学者意识到仅针对农村地区的可持续生计研究略显片面。在中国当前新型城镇化、农业现代化和公共服务均等化的背景下，针对移民搬迁、就地就近城镇化、脱贫和实现非农转型的农户的可持续生计研究并不多见，学界理应加强针对这一特殊类型农户的生计研究。除展开公共政策分析和制度研究外，学者们还应关注此类农户的生计脆弱性、适应性、弹性、生计资本、生计策略和生计活动等，揭示移民搬迁等政策干预对农户可持续生计的影响机制和相互作用的规律，为其他地区和国家的政策执行提供科学依据。

最后，当前关于农户生计的研究成果多数集中于地理学和社会经济学两大领域，基于不同的学科背景，地理学家倾向从综合性研究视角讨论可持续生计总体分析框架，而社会学家则多数采用计量经济学的方法主要对生计资本等进行定量研究。在针对具体研究问题，特别是分析新型城镇化背景下移民搬迁农户的生计决策时，必须将可持续生计分析框架与家庭迁移相关理论结合起来，为移民生计变化和实现生计可持续提供理论支撑。

三 能力方法研究进展

经济增长作为一种工具性手段，旨在提高人们的生活质量和水平。经济学家们不应仅仅关注经济增长、收入分配、物质资产和商品服务等，而应该对与人们的生产生活密不可分的其他众多因素也进行深入研究和探讨（胡怀国，2010）。正是基于这些思考，阿玛蒂亚·森将人们的生产生活方式作为研究出发点和研究对象，提出了着重研究各种工具性手段（包括经济增长）在提高人们生活质量和水平中的作用、手段和目的之间的转化效率与转换机制等的能力方法（The Capability Approach）。能力方法以人为实现理想的生活水平和方式而能够掌握的能力集合（包括选择和机会）为核心，深入分析了各种手段对生活水平的影响、商品和服务向能力转化的内在机制以及能力集合的基本内容等，提出了很多关于经济问题的全新、有效的解决方案和政策建议等（胡怀国，2010）。

能力方法直接关注与人的生产生活紧密相关的"能力"和"功能"，各种商品和服务只是人实现"能力"和"功能"的工具性手段。进一步地，作为实现"能力"和"功能"的工具性手段，各种商品和服务都必须经历一个漫长的过程才能最终达成目标，而其间的每一个中间环节都有可能对商品和服务（工具性手段）以及"能力"和"功能"（最终目标）之间的转化效率和转换机制造成深远影响。事实上，能力方法中所有的中间环节（比如权利、环境、社会、政治以及个人特征等）都扮演着比商品和服务更为重要的角色。阿玛蒂亚·森认为，在评价人的生活水平和质量时，不仅应将已经实现的"功能"作为主要目标，而且应将可以实现潜在功能的"能力"和关键性影响因素作为评价的重要内容。换句话说，能力方法更加关注人的"能力"和"功能"，更重视商品和服务与"能力"和"功能"之间的转化效率以及关键性影响因素，这是其不同于传统经济理论的显著特征。

为了进一步阐释能力方法，阿玛蒂亚·森尝试采用了一系列新的概念。他认为"发展可以看作扩展人们享有的真实自由的一个过程"，"自由"既是经济发展的重要目标，也是经济发展的主要手段，"功能"是经济发展的终极目标以及人们的生活质量和水平的核心构成要素，而"能力"则是将客观现实的工具性手段和自身条件相结合，并在实现"功能"时表现出来的能力和机会。因此在能力方法中，"功能"和"能力"构成了"自由"的两大基本内容，对于"自由"的扩展就是发展经济和提高人们的生活质量和水平。显而易见，"功能"、"能力"和"自由"是经济发展的重要内容，也是人们生活质量和水平的集中体现以及能力方法理论的核心，这三者之间存在异常紧密但稍显微妙的联系（胡怀国，2010）。其中，"能力"在整个能力方法中居于核心位置，负责各种影响因素的承载和传递，所起的重要作用无可替代。

研究者如果对收入贫困进行过多关注，就容易使公共政策偏离改善人的生活质量这一最终目标。正是认识到这一点，阿玛蒂亚·森才从能力方法的视角来看待贫困问题，即"以能力看待贫困"。贫困作为一个多维的概念长期以来被忽视，直到 Sen（1999）提出重新定义贫困的多维贫困理论。Sen（1999）将发展看成是扩展人们享有的实质自由的一个过程，而实质自由包括免受困苦的基本可行能力。贫困剥夺了人们的可行能力，其表现形式不仅仅是收入低下。除此之外，其他因素也会使人的可行能力被剥夺，导致人们掉入真实的贫困陷阱。Sen（1999）定义贫困的方法被称为能力方法（The Capability Approach）（王小林、Alkire，2009）。

随着国民收入的显著提升，个体的客观福利指标有了明显提升，相对贫困逐渐成为相关政策制定者关注的重要方面，因此 Sen（1999）利用能力方法定义的多维贫困的核心观点在于，个体贫困的表现形式不仅包括收入上的贫困，而且包括饮用水、道路、卫生设施等众多客观指标的贫困以及对个人福利的主观感受的贫困。随着多维贫困概念的不断发展，人们逐渐认识到采用单一的收入这样的货币标准来衡量贫困越来越没有说服力。

将收入作为衡量贫困的标准有以下局限性。首先，个体容易对其贫困状态做出这样的主观描述，即认为自身不仅陷入收入贫困，而且在教育、健康、住房、土地和生活燃料等资源方面同样缺乏。尽管高收入水平人群可以获得良好的教育，但某些维度的贫困，比如饮用水、通电、道路和卫生设施等公共服务和基础设施的缺乏，并不能依靠提高收入水平去解决。其次，收入作为一种生存手段不应被过多关注，我们应该更注重对生活质量、教育和健康等方面的评估，例如考察是否接受了高等教育和身体健康状况等。最后，获取的收入维度方面的贫困信息比较单一，如果可以从多个维度对贫困状况进行测量，就能更加清晰地认识到各个维度的贫困程度和表象，进而分析深层次的原因。因此在分析收入维度的贫困之外，从多个维度去识别和瞄准贫困人口已经被广泛接受。

联合国千年发展目标特别指出，收入并不应该作为衡量贫困的唯一尺度，对贫困的理解和测量应从多个维度进行。多维思想在《人类发展报告》中得以体现。自 1997 年建立人类贫困指数（Human Poverty Index，HPI）以来，联合国一直致力于对该指数的不断开发和扩展。2011年多维贫困指数（Multidimensional Poverty Index，MPI）首次替代人类贫困指数出现在联合国《人类发展报告》中。尽管这两个指数都注重多维贫困现象，但是与 HPI 不同的是，MPI 可以从微观农户和个体层面进行测度，这样不仅能展现贫困剥夺的发生率，而且能反映贫困剥夺的深度，同时可以进行多方面分解（譬如年龄、性别、地区和维度等），了解贫困的相对构成比例（高艳云，2012）。

虽然越来越多的研究表明，对贫困的认识、测度和治理要超越单一的收入维度，应该考虑更多的维度，包括平等的教育机会、平等的卫生医疗条件、平等的社会保障安排、平等的获取信息和技术的机会等（邹薇、方迎风，2011），但是 Sen（1999）提出能力方法后，众多学者对他的理论提出批评，认为该理论太过抽象，在公共政策实践中缺乏可操作性，很难对贫困进行测量。因此如何测量多维贫困成为 Sen（1999）提出多维贫困理论后面临的一大挑战，相应地，如何对多维贫困指数 MPI 进行测度、加总和分解成为目前研究多维贫困的热点问题。Alkire 和 Foster（2009）认为与能力方法密切相关的多维贫困测量方法可以有效提供更为准确的信息，便于在实践中进行操作以减少能力剥夺的发生。他们率先提出了多维贫困识别、加总和分解的方法，并对世界各国的多维贫困进行了测量，随后王小林和 Alkire（2009）采用此方法对中国城市和农村家庭的多维贫困状况进行了测算。结果表明，中国的城市和农村家庭都存在着收入之外的多维贫困现象，城市和农村近 20% 的家庭存在收入之外任意三个维度的贫困，其测算的贫困发生率远超国家统计局测算的贫困发生率，建议今后应从多维度识别和瞄准贫困（王小林、Alkire，2009）。到 2010 年，联合国开发计划署在《人类发展报告》中正式公布了 104 个国家的多维贫困指数。

第二节　易地扶贫搬迁相关理论研究

Michael（1980）认为经济因素是影响移民做出迁移决策的重要因素。迁移给移民带来了投资和成本，移民在做出迁移决策时会重点考虑迁移的成本和收益。移民不仅是各国尤其是发展中国家治理贫困的重要工具，而且在一国的城市化和城镇化进程中扮演着举足轻重的角色，因为它可以创造低成本的城镇化实现路径。经济学家很早就开始关注人口迁移的原理、动机、规律和后果等，借此梳理人口发展的脉络和城镇的形成机制。

经典的二元经济结构论可以很好地解释城乡之间人口流动现象的深层次原因，但模型显然忽视了劳动力个人或家庭的迁移决策过程和影响因素。随着学者们逐渐意识到这一问题的重要意义，强调人口迁移决策和行为是基于有限理性假设的个人利益最大化的人口迁移微观理论浮出水面。尽管该模型可以解释劳动力不顾城市失业和隐蔽失业的风险而选择继续迁移的原因，但仍然忽视了劳动力的迁移成本和影响因素。此外，该模型的假设条件较为理想化，认为存在一个完善的劳动力市场体系，劳动力转移除个人因素外不存在其他阻碍，而且劳动力信息非常充分。这为该模型带来了不少批评和质疑。之后，有学者以家庭福利最大化为假设提出新经济迁移理论，强调家庭和家庭决策在人口迁移决策中的重要性。但一个重要的事实是，新经济迁移理论认为推动迁移的力量源泉仍然是城乡之间的收入差距。那么问题来了，为什么农户基于家庭效益最大化做出部分成员外出决策后又选择移民搬迁？如果移民搬迁和外出打工决策在逻辑上保持一致，那么农户为什么不在做出外出打工决策之初就选择移民搬迁？进一步地，为什么有的农户一直都没有外出务工，也不准备或参与移民搬迁？可以发现，新经济迁移理论在尝试对上述问题进行解答时略显牵强。

家庭迁移理论为易地扶贫搬迁提供了坚实的研究基础。易地扶贫搬迁不是家庭成员个人的迁移行为，而是具有鲜明家庭特征的迁移活动，这可以从移民搬迁活动以家庭为单位进行得到体现，或从家庭根据外部环境和家庭结构在已有成员外出务工的情况下选择连锁迁移得到印证。相比针对劳动力个人的迁移研究，家庭迁移更加强调家庭方面的因素，例如家庭生命周期阶段、家庭网络和家庭束缚等（Root and De Jong，1991）。该模型很好地突破了个人迁移理论将迁移视作具有理性选择行为的劳动力个体完成自我人力资本投资过程这一局限，通过把家庭迁移作为因变量实现了从个人迁移向家庭迁移的转变，在理论上弥补了前者的研究不足。

事实上，家庭迁移亦从属于迁移的人力资本投资模型，其假设也是家庭或个人效用最大化。与个人迁移模型不同的是，家庭迁移模型不仅可以解释家庭或成员个人的迁移行为，而且可以反映家庭内部各成员之间的关系。值得一提的是，西方发达国家的家庭迁移理论普遍关注的研究对象是举家迁移或者不迁移者，研究主题主要包括家庭迁移的影响因素和家庭因素对家庭成员迁移的影响，因此该理论更加契合当前移民搬迁这一现象和行为，并为更好地解释这一现象和行为提供了可靠的理论支撑。但必须强调的是，中国的社会结构、农民基数、就业压力和文化背景等特殊性，使得研究者们无法将西方人口迁移理论中关于家庭框架的讨论直接应用于中国的研究实践，必须对其进行调整和完善以符合中国社会的实际。依托家庭迁移理论对当前新型城镇化、农业现代化和公共服务均等化背景下的移民搬迁行为、决策和影响进行考察，无疑为中国的易地扶贫搬迁研究提供了一个新颖独特的研究视角和科学合理的研究方向，有助于人们更好地观察和思考人口迁移现象并服务新型城镇化、农业现代化等，进而提出国家宏观层面的政策建议，最终提高农户家庭的生活水平和能力福祉。

一 家庭迁移理论研究

现实世界中的迁移很多时候都不是家庭成员个人的迁移行为，而是具有鲜明的家庭特征，例如举家外迁、移民搬迁或连锁迁移等，此外除了已知的外部环境和个人特征是劳动力个人迁移行为的主要影响因素，家庭生命周期、家庭网络和家庭束缚等家庭方面的因素对迁移的影响同样重要（Root and De Jong，1991）。所有这些信息都揭示了微观模型在上述方面的局限，学者们逐渐发现将家庭迁移作为因变量或将家庭因素作为个人迁移决策的重要影响因素，可以弥补上述不足并实现将迁移研究从劳动力个体转向家庭。由此，家庭迁移开始进入研究者的视野。

多数学者认为 Mincer（1978）开创了家庭迁移研究的先河，但事实上 DaVanzo（1972）对家庭迁移进行讨论的时间更早。家庭迁移理论建立在家庭效用理论的基础上，而家庭效用理论是建立在人力资本投资理论基础上的。DaVanzo（1972）基于 Sjaastad（1962）的人力资本投资理论开创性地建立了家庭收入函数，该模型假定家庭在追求终身效用最大化的目标上与个人保持一致。家庭迁移势必为家庭带来实际收入的变化，包括迁移家庭成员共同的实际劳动产品变化、非市场的家庭劳动所得变化、迁移过程的"纯粹消费品"变化和迁入地的"耐用消费品"变化等（檀学文，2010）。此后不久，DaVanzo（1976）明确提出家庭迁移这一概念，并在数据、计算程序和数理模型等方面做了很大改进，进一步应用和深化了此前提出的迁移框架。之后的研究大多延续了 DaVanzo（1972）的家庭迁移框架（Mont，1989；Nivalainen，2004；Root and De Jong，1991；Cooke and Bailey，1996），例如 Sandell（1977）认为家庭迁移追求家庭或个人的效用最大化，家庭效用除包括家庭的全部收入外，还将丈夫和妻子各自的闲暇包含在内。Mincer（1978）认为引起家庭迁移的原因是家庭的净收益而不是个人的净收益，净收益是指迁移的收益与成本之差。

在家庭迁移最初的研究中，家庭迁移往往指已婚夫妻的联合迁移，对照组往往是举家迁移或者不迁移的家庭，如果遇到家庭中存在未成年子女的情况，学者们一般倾向于选择将其处理为控制变量或者自变量。此后针对国际迁移中家庭网络（事实上用家庭战略来表达可能更为贴切）作用的研究使学者们将家庭研究的目光由发达国家转向发展中国家，利用家庭迁移框架研究到底是全部还是部分家庭成员进行迁移。故当前家庭迁移研究的对象包括以下三种类型：发达国家广泛存在的举家迁移或者永久不迁移现象、发展中国家独有的举家迁移或者部分家庭成员的迁移现象以及发展中国家向发达国家或发展中国家内部的部分家庭成员迁移现象（檀学文，2010）。

最有代表性的人力资本投资理论认为，所有用于增加人力资源并影响其未来货币收入和消费的投资行为都是基于经济理性原则考虑的结果（贝克尔，2005）。人口迁移之所以能够发生，是因为个人想在迁入地获取更多的预期收益，因此劳动力个人迁移实质上就是一种人力资本投资行为。换句话说，人口迁移决策本质上是一个投资决策过程，潜在迁移者基于经济理性原则选择是否迁移，如果迁移净收益高于成本就选择迁移。由此，本书在分析贫困山区农户的移民搬迁行为时，将采用经济学中家庭效用最大化的一般性指导框架。

二 家庭迁移理论应用研究

事实上，想要分析移民搬迁对农户和农户生计的影响，不得不将其与农户的迁移动机和决定因素紧密联系起来。对人口迁移的动因和决定性因素进行研究，一直以来都是人口迁移研究重点关注的议题。以往关于家庭迁移的研究主要从人力资本和性别视角对家庭迁移的可能性和意愿进行讨论（Mulder and Malmberg，2014；Cooke et al.，2009；Cooke，2003）。其中，人力资本理论认为迁移后夫妻的联合预期收入决定了迁移行为的发生与否，而性别角色理论则把男性的收入预期和职业视为家庭迁移行为的决定性因素（Nivalainen，2004；Cooke，2003；Agesa and Kim，2001；Compton and Pollak，2007），也有学者认为妻子的文化程度是家庭迁移的重要因素（Pailhé and Solaz，2008）。随着研究的不断深入，学界不再单纯局限于采用经济学模型对家庭迁移进行研究，而是逐渐向社会学、人类学和地理学等学科发展。学者们开始关心一些与迁移相关的变量比如家庭结构、家庭要素禀赋、社会资本、心理成本、家庭与迁出地的纽带关系、住房成本、家庭生命周期等，这些变量进一步丰富了家庭迁移的决策模型（Nivalainen，2004；Mulder and Malmberg，2014；Agesa and Kim，2001；Ryan and Sales，2013；Fan et al.，2011；Hiwatari，2016；Massey and Espinosa，1997；Bohra and Massey，2009）。Agesa 和 Kim（2001）强调家庭在迁移决策中的重要作用，他们构建了一个家庭三阶段迁移决策模型，发现当城乡工资差距较小而在城市中难以找到工作或城市生活成本太高时，家庭会选择滞留农村；当对城市的期望效用足够高时，家庭会选择尽早进入城市；如果妻子擅长的家庭生产活动在城市中无法施展或者家庭规模过大，那么基于家庭效用最大化和生活成本的考虑，家庭会选择分离迁移；如果妻子在农村的生产产品收入高于生活成本，而且该净值超过丈夫在城市的工资减去生活成本的净值，那么家庭倾向于选择举家迁移。他们将核心家庭作为研究对象，假设丈夫是家中的绝对权威。Nivalainen（2004）的研究验证了家庭迁移的决定性因素，结果发现家庭生命周期与家庭迁移呈显著负相关关系，而双工资家庭倾向于选择不迁移。同时丈夫的文化程度越高、夫妻收入的差别越大，家庭越可能选择长距离迁移，但妻子就业不利于家庭选择长途迁移。Ryan 和 Sales（2013）的研究对妻子只是被动迁移者的观点提出了挑战，认为妻子的一些迁移决策是基于一系列诸如经济、情感、现实和社会等问题做出的，而年龄、教育和父母对迁入地可获得机会的期望这些因素会影响对孩子的需求和适应能力的考虑。Mulder 和 Malmberg（2014）分析了丈夫和妻子各自与当地的纽带关系对家庭迁移可能性的影响，发现工作地离家近、父母和兄弟姐妹在附近居住以及有人临近出生地居住都与家庭迁移呈现显著负相关。除丈夫的工作纽带关系在影响迁移方面比妻子的重要以外，他们没有发现其他纽带关系影响在性别方面的不同。Fan 等（2011）的实证研究发现夫妻共同迁移和举家迁移都是中国农户主动在家庭中进行劳动力重新分配以实现从城市工作机会中获取工资最大化，迁移者将孩子留在农村或者带在身边的决定取决于孩子的年龄和迁移者的父母能否提供帮助，而与预期相反的是多数家庭成员表示既不想留在城市也不信任城市社会。Hiwatari（2016）考察了社会网络对中亚农户迁移决策的影响，发现同龄人效应正向影响农户的迁移决策，而网络位置并没有积极影响，强社会网络的存在会导致溢出效应，可能增加农村社会的迁移概率。

新近的研究表明，较高的金融、人力和社会资本在移民搬迁过程中存在自选择（Massey and Espinosa，1997；Bohra and Massey，2009），但环境因素特别是气温对农户迁移有非常重要的影响（Bohra et al.，2014）。具体地，气候变化影响永久性迁移，而间断式的灾害对永久性迁移有很小或者几乎没有影响。在另外一项关于气候变迁与移民关系的研究中，作者指出与地缘关系、相对经济机会、社会和文化网络以及政治稳定这些已经被无数次证明的驱动因素不同，未来气候因素将在全球变暖背景下扮演越来越重要的角色。他们通过工具变量法实证分析了气候变迁、农产量和人们的迁移反应，发现气候导致农作物产量变化对迁移率有显著影响（Feng et al.，2010）。

可以发现，国际上关于家庭迁移决策和行为影响因素研究的领域和视角非常广泛，但对中国人口流迁特别是举家搬迁的关注有限，这一方面是由于中国在特殊历史时期形成的二元经济发展战略和二元社会结构等制度层面的因素，另一方面与缺乏相应的家庭调查数据以及发展中国家更多关注部分家庭成员的迁移决策不无关系。

中国学者普遍关注部分家庭成员的个人决策和行为，一般通过对Todaro（1969）模型的扩展和改进展开研究（周天勇，2001；孙晓琳等，2003），也有采用多目标决策理论进行分析（王春蕊等，2012）。随着外出务工人员连同妻子和孩子"举家迁移"成为城市化进程中农村地区劳动力向城市人口转变的过渡模式（马瑞等，2011），研究人员开始从宏观视角分析家庭迁移决策的影响因素，认为家庭规模和结构、制度性因素、首批外出者个人特征等是举家迁移的决定性因素（侯佳伟，2009；洪小良，2007；王志理、王如松，2011；袁霓，2008；唐震、张玉洁，2009；周皓，2001，2004）。

近来中国学者开始从微观家庭视角来研究农户举家迁移的决策和

行为。盛亦男（2016）在家庭"理性人"假设的基础上改进了 Todaro (1969) 模型，并构建了流动人口家庭化迁居的决策模型，发现家庭对迁居的货币价值进行精确衡量，其迁居策略可能并非最优的经济决策。卫龙宝等（2014）认为新时期计生政策和户籍政策等对迁移意愿的影响减弱，而教育、住房、工作和城乡社区环境因素作用更为明显。李强（2014）构建了一个以生活成本为核心的多期动态模型，分析了城市生活成本信息的积累和修正以及城市社会网络规模的变化对农民工举家迁移的影响。孙战文和杨学成（2013）构建了四阶段农民工家庭成员市民化分析框架，分析不同阶段迁移状态的影响因素，但该研究仍以新经济迁移学为基础理论建立模型。邓曲恒（2013）发现城乡收入差距扩大以及就业率差距缩小能够提高农户举家迁移的可能性，建议推进基本公共服务均等化，降低农民工子女在城市接受教育的门槛和成本。

意图破解秦巴山区集中连片贫困地带经济发展和环境保护双重难题的陕南移民搬迁工程，努力着手在城乡户籍制度、社会保障制度和公共服务均等化等方面进行政策配套改革，力图吸引农民向城镇集聚以快速推动城乡经济统筹均衡发展。当前陕南各地的城镇化水平已得到明显提升，农民进城的制度环境已大幅改善。然而，如今中国农村劳动力正处于从个人迁移到家庭迁移的过渡阶段，早年间劳动力多以单独外出为主，家庭处于分离状态（李强，1996），当前劳动力以家庭形式进行城市务工经商逐渐增多（盛亦男，2016）。这一宏观背景再加上中国政策改革呈现"渐进性"特点以及长期以来形成的制度壁垒和收入分配差距，导致现实生活中的移民搬迁不可能一瞬间完成，且往往也不是家庭成员共同迁移。真实的移民搬迁过程可以这样描述：在劳动力市场上更具竞争力的家庭成员率先迁移，在城市工作一段时间后，农户家庭开始考虑继续选择分离迁移，还是选择举家迁移，实现移民搬迁。因此对移民搬迁的分析必须建立在家庭迁移理论的基础上，并以家庭为单位探讨农户的举家迁移行为和决策，而这显然是新经济迁移理论所不能解释的，因为以往该理论的研究只注重分析部分家庭成员的外出务工决策，忽略了对何种情况下会发生举家迁移行为的讨论。

总体而言，当前关于迁移决策的研究大多关注劳动力个人，特别是在发展中国家，尽管近年来学者们对农户举家迁移现象有所重视，但多数依然使用新经济迁移理论构建模型对迁移决策和行为进行解释，真正依托和使用家庭迁移框架进行分析的研究不多，这为本书的研究提供了一定的空间，也为未来这一领域的研究指明了方向。

第三节　易地扶贫搬迁与农户生计相关研究

一　易地扶贫搬迁与贫困农户识别研究

移民搬迁作为一项重要的社会救助和开发式扶贫措施，其资源分配一直以来都是学术界、政策界和普通民众关注的重点问题。一方面，这是因为社会公共资源救助是保障民众的最后一道安全网，事关社会稳定和公平正义的实现（刘凤芹、徐月宾，2016）；另一方面，如何更加精确有效地瞄准那些真正需要搬迁的贫困人口是移民搬迁项目发挥减贫效果的关键（东梅等，2011）。因此对移民搬迁农户的识别和瞄准、瞄准效率以及瞄准精度展开研究具有十分重要的学术意义和政策意义。

以往国内外关于贫困农户识别和瞄准的研究多数集中在贫困瞄准、社区瞄准等，较少关注移民搬迁项目的瞄准。国际上普遍认为贫困应该瞄准更小单元（如村庄），由于较小区域内农户的社会经济特征以及农业生产和气候条件具有同质性和相似性，较小区域的瞄准可以有效减少项目漏出效应，缓解区域瞄准产生的政治紧张，同时瞄准那些最贫困的地区和村庄可以明显增加贫困人口被覆盖的比例以及政策工具选择的多元性（Park et al., 2002; Notten and Gassmann, 2008; Bigman,

2000）。世界银行（2000）认为区域瞄准（瞄准到县）会导致50%的贫困农户漏出项目，建议项目瞄准到乡镇和村庄以提高瞄准效率。Park和Wang（2010）发现扶贫政策未能提高贫困农户的收入和消费水平，相反导致项目覆盖区域相对富裕农户的收入和消费水平分别提高6.1%和9.2%。

相比而言，中国的贫困瞄准研究并不多。有代表性的如汪三贵等（2007a）使用瞄准缺口和瞄准错误这两个概念，对贫困县和贫困村的瞄准精度展开评价。结果发现以收入为标准，在精确瞄准状态下，48%应该被瞄准的村庄发生项目漏出，而村级瞄准效率并没有预期中的高效，建议中国政府需要在非西部和非贫困县地区积极改变贫困瞄准的方式，提高扶贫机构的运作能力，提升瞄准的精确性和有效性。汪三贵等（2010）发现国家统计局估计的贫困人口规模和民政部门测算的低保人口在很大程度上是两个不同的群体，认为中国需要建立全国统一的贫困人口识别机制，完善农村扶贫工作的瞄准机制，增强扶贫效果。李小云等（2007）认为尽管中国的扶贫瞄准单元经历了从县到村再到户的不断精确转变，但实际上扶贫资源瞄准偏离的困境一直没有得到有效改善，这是由于扶贫资源标准与传递背后的治理和管理机制容易造成资源的使用与贫困人口的实际需求相脱离，而社会阶层分化和基层社会治理结构往往也会导致精英俘获，从而使中国扶贫瞄准机制面临严重的治理困境。

社区瞄准是发展中国家在农村地区实施社会救助制度的重要瞄准机制，在中国也被称为社区排序方法。国际上关于社区瞄准机制的研究主要集中在社区瞄准是否具有额外信息和社区瞄准的权利滥用（精英俘获）这两个方面。Galasso和Ravallion（2005）认为发展中国家的社区瞄准实践中，土地分配不平等程度较高，而且地理位置偏远的村庄更容易出现精英俘获现象。Camacho和Conover（2011）的研究表明，即使在社会救助项目开始之初不存在精英俘获，但是随着当地社区代理对项目的熟悉以及对博弈技巧的掌握，他们就开始从中渔利。Alatas 等（2016）发现印度尼西亚的村庄不存在精英控制，比起其他瞄准方式，社区瞄准更能使当地农户满意。

中国学者主要针对农村低保制度的社区瞄准机制和瞄准效果展开研究，对移民搬迁目标农户识别、瞄准效率的研究关注较少。唐丽霞等（2005）发现贫困农户物质资本积累不足以负担移民搬迁成本，人力资本特点难以适应安置地的农事生产系统以及社会资本网络不能提供必要支持和帮助，从而不能做出搬迁决策，并造成以扶贫为目标的自愿性移民瞄准的偏离。东梅等（2011）构建了一个生态移民瞄准精度评价指标体系，发现收入和财产状况是早期移民首要考虑的因素，随着项目的推进生态移民瞄准更加精准，而且户主特征、家庭人口特征、家庭财产状况和基本生存条件均可以对移民产生一定的影响。尽管上述研究触及了移民搬迁项目的瞄准效率，但并未对项目错误识别的原因以及提升瞄准效率和识别有效性的方法等移民搬迁对贫困农户的识别机制和作用机理展开系统深入的分析，本书拟在这一方面有所突破。

二 易地扶贫搬迁与生计能力、多维贫困研究

回顾以往关于生计能力的研究，可以发现 Chambers 和 Conway（1992）最先概括了生计能力的几种表现形式：在一定的生存环境中，个体和家庭处理胁迫和应对冲击的能力以及发现并利用生计机会的能力。但 Ellis（2000）却认为能力这个概念与资产和活动语意重复，易造成过程和结果混淆，使研究者很难将其明确区分开来。此后多年，尽管能力方法对发展政策有较强的影响，但一直都没有引起可持续理论的足够重视（Burger and Christen，2011）。近来有研究尝试证明能力方法有益于实现可持续，Burger 和 Christen（2011）通过识别可持续能力的六个适宜条件构建了一个可持续能力的范式框架，论证了能力方法对该框架需求的适应性并指出了未来研究的方向。Pelenc 和 Ballet

（2015）尝试通过创建至关重要的自然资本和能力方法之间的联系提升稳固可持续能力的概念化，并认为这种概念上的联系能为从稳固可持续能力视角去研究人类发展项目在实践中的干预措施提供帮助。Polishchuk 和 Rauschmayer（2012）从能力方法的视角考察了生态系统服务，认为该方法可以作为主流功利主义视角外的一个多维框架，可以更有效地审视生态系统服务从多方面为人类能力所做的贡献。Kolinjivadi 等（2015）通过引入能力方法拓展了以往生态系统服务付费对收入效应的研究，将人们具备渴望做事和成为某一种人的能力和自由视为一种公正，发现不同生态系统服务付费设计的合法性可能改善水质和提升福利。Rauschmayer 和 Lessmann（2013）认为从能力方法的视角将可持续发展概念模型化比较困难，因为可持续发展和能力方法的核心要素并不相同，建议通过关注自然环境和引入集体制度减轻个人的认知和道德负担。

在中国学者对生计能力的研究方面，有学者从生计资本状况的视角考察农户生计能力（丁士军等，2016），这种将生计能力和生计资本等同起来的做法难以客观评价农户的生计能力。也有人通过案例分析研究水库移民的可持续生计能力，发现移民可持续生计能力短缺，水库移民成为潜在贫困社会群体的风险很高，同时其五大生计资本均很薄弱（张华山、周现富，2012）。还有人构建综合生计能力计量指标体系分析独生子女户和多子女户的生计能力状况（赵锋、邓阳，2015）、生态补偿对贫困农户生计能力的影响（王立安等，2012）。针对农户生计能力的概念界定也有不同，有学者提出农民发展能力、农户自主发展能力和农户发展能力等概念并进行定量分析（曾艳华，2006；李小建等，2009；黄鑫鑫等，2015）。此外，少数学者尝试在理论上进行突破，将可持续生计范式和能力范式相互融合构架新的理论研究框架，这不失为一种创新性研究，但他们的研究均停留在理论建构表层，缺乏对该框架的实证性检验（向德平、陈艾，2013；张峻豪、何家军，2014；赵锋，2015b）。

通过以上的分析可以发现，学界近来开始逐渐重视对生计能力的研究，但多数研究将生计资本和生计能力混为一谈。这与狭义上的生计资本影响和代表着农户生计能力大有关系（Koczberski and Curry，2005）。进一步有学者认为，这五类生计资本不单单是用来构建家庭生计策略的资源和禀赋，更是农户的一种能力和权利，是一种对抗贫困的可行能力（Giddens，1979；Bebbington，1999；Habermas，1973）。更为重要的原因在于生计能力不可直接观测。本书中的生计能力是以可行能力为基础的，基于本书对生计能力的定义，对生计能力的测量实则对可行能力的测量。Sen（1999）采用能力方法重新定义贫困后，学者们对多维贫困的测量和应用进行了大量研究。

Bourguignon 和 Chakravarty（2003）最先使用贫困度量的公理性推导方法，通过可加贫困和不可加贫困将贫困的不同维度区别开来，解决了不同维度之间的替代性和内在相关性问题。Deutsch 和 Silber（2005）率先使用 Ch－M 和 F－M 两种多维度贫困指数测算了以色列的多维度贫困状况，Chakravarty、Deutsch 和 Silber（2005）将 Watts 单维度贫困指数扩展为 Watts 多维度贫困指数，并使用世界各国的截面数据测算了1993 年、2002 年世界多维度贫困状况（陈立中，2008）。Alkire 和 Foster（2009）基于 Sen（1999）的基本可行能力理论提出了构建多维贫困指数的 A－F 方法以及全球多维贫困指数（MPI），并测算了包括健康、教育和生活质量三个维度的多维贫困指数。此后的研究基本上都认可 A－F 方法，由此学界关于多维贫困的讨论又聚焦到了维度和指标的选择上，主要是关于收入是否应该作为多维贫困的一个维度。部分学者认为收入与教育、健康、生活质量等共同构成了多维贫困指数，收入理应纳入多维贫困指数并作为其一个维度（Dhongde and Haveman，2015；Santos，2014；Whelan et al.，2014），而以 Alkire 和 Foster（2009）为代表的研究者坚持认为多维贫困主要测量个体和家庭贫困的非货币方面，这种测量方法应该成为收入贫困测量方法的有益补充（王小林、Alkire，2009；Alkire and Foster，2009）。与此同时，世界各国也设定了各自的国家多维贫困指数，比如墨西哥的多维贫困指数包含教育、卫生等七个社会权利维度，加上收入这一经济权利共八个维度（Wang et al.，2016），而哥伦比亚的国家多维贫困指数则涵盖家庭教育、儿童和青年、就业、健康、获得公共设施以及住房条件等 15 个指标（Pinzón，2014）。

中国学者对多维贫困的研究以引进和吸收国际前沿研究成果为主，相比过去近 40 年举世瞩目的减贫成就，中国的多维贫困研究和实践黯淡不少。尚卫平和姚智谋（2005）最先开始分析多维贫困程度测度指标的性质和具体表现形式，利用 UNDP 发布的数据比较分析了不同国家间的贫困程度。张建华和陈立中（2006）不仅讨论了基于公理方法、福利方法的贫困测度和多维度的贫困测度，而且分析了各种贫困指数的构造、优缺点和适用性，探讨了几种总量贫困测度方法之间的关系，还进一步探索了中国如何构建和选择科学合理的贫困指数。陈立中（2008）在发现并没有文献使用多维度方法对中国贫困问题进行测算后，第一次采用 Watts 多维度贫困指数对中国转型时期的多维度贫困状况进行分析测算和分解。结果显示，1990～2003 年间我国多维度贫困人口出现大幅度减少，其中收入贫困减少最多，健康贫困减少最少。郭建宇和吴国宝（2012）利用 2009 年山西省贫困县的住户数据，通过调整多维贫困测量指标、指标取值和权重，结果发现调整后的多维贫困指数值变化非常大。邹薇和方迎风（2011）选用了中国健康和营养调查八个调查年度的面板数据，对中国贫困状况的动态变化进行了多维考察，结果发现与单一的收入贫困相比，多维贫困程度波动性更大，贫困人口应对外部冲击的脆弱性更加明显。方迎风（2012）又采用 2006 年的调查数据，使用模糊集法中的 TFR 方法构造多维贫困指数来反映中国的贫困状况。最近的研究开始关注不同研究对象的多维贫困，如王春超和叶琴（2014）估计了中国九个省份的劳动者在收入、健康、教育、医疗保险四个维度的多维贫困，解垩（2015）估计了老年人在消费、健康、未来信心三个维度的多维贫困，而张晓颖等（2016）测算了流动妇女的收入贫困和多维贫困指数，廖娟（2015）则同时使用收入贫困和多维贫困测量方法对残疾人贫困状况的动态特征进行研究，并采用 Logit 模型分析残疾对个体贫困的影响和导致残疾人贫困的因素。

综上所述，由于生计能力是一个综合概念，影响因素复杂，存在各种不便直接测量的要素，当前对生计能力开展的研究分为三类：尝试将能力方法引入可持续生计分析框架搭建理论架构、把生计资本等同于生计能力进行分析和基于可行能力方法构造多维贫困指数并进行测算。本书试图克服以往研究的缺陷，将能力方法与可持续生计分析框架联结起来，通过测算移民搬迁背景下农户多维贫困状况来表征其生计能力的变化，进而实证检验分析框架的解释能力，探索移民搬迁变量对农户生计能力的影响路径和作用机制。

三　易地扶贫搬迁与生计策略研究

移民用以实现其生计目标的主要生计策略可分为生计多样化、非农化和迁往外地，这些手段和方式可以提高移民维持生计安全的能力和福利。Rigg（2006）和 Tacoli（2009）的研究指出，生计多样化和非农化转变可以减少农户对农业和土地等自然资源的依赖，降低外界环境压力和风险冲击给农户带来的生计脆弱性，作为农户适应气候缓慢变化的一种重要生计策略，有利于移民分散生计风险并促进移民生计的可持续。

国际上比较关心农产品贸易、农业生产模式和农业生产补贴政策等社会和经济因素对农户生计变化的影响（Niehof，2004；Jha，2009；Rahut and Maja，2012）。Glavovic 和 Boonzaier（2007）的研究指出政府有效管理和强有力的政策干预是农户实现可持续生计的重要保障，如将资源产权由国家转向个人可以有效提高资源的管理和利用效率，进而实现资源利用的可持续（Cao et al.，2009a）。Bouahom 等（2004）认为市场对农户实现生计多样化和非农化的影响作用比自然资源的更为重要，因为开放社会经济系统中可替代性资源的增多会减少生计多样化和非农化转变对自然资源的依赖。Jha（2009）将生态系统产出、增收、人口流向外地和环境教育视为农户实现可持续生计的重要因素，但他的研究忽略了市场的作用。新近的研究表明，移民搬迁有利于改善迁出地生态环境，移民的汇款在增加农村收入的同时也促进了迁出地的发展，但一个重要的问题是，农户迁移后迁出地的传统农业被遗弃，传统生计模式遭到破坏，原有的村落社会和人文景观等都逐渐消失，乡土文化呈现出严重断裂的迹象（Gray and Bilsborrow，2014）。

大量关于移民生计策略的研究集中在移民生计策略选择的影响因素、作用机制和生计替代模式。现有移民生计策略影响因素的研究主要集中在生计资本、教育水平、资源管理政策与生计策略选择之间的关系（Bhandari，2013；Land and Hummel，2013）。如越南西北地区农户移民搬迁后自然资本遭受严重冲击进而降低农户收入，而农户通常将政府的搬迁补偿用于消费而不是进行生产资料的投资，因此补偿结束后生计出现明显恶化（Bui and Schreinemachers，2011）。事实上，不同区域和不同类型的移民对生计策略的选择存在明显差异，如气候变化引起的农户生计转变往往与生物多样性保护紧密结合，采用农业集约化与生物多样性保护结合的方式实现农户的生计安全和可持续生计（Devkota et al.，2012）。渔民相比于其他类型的移民对极端天气事件的发生更为敏感，但他们可以通过采取多元化和空间离散化的策略来降低生计脆弱性，可替代性资源的存在有助于其降低外界环境压力和风险冲击的负面影响，被迫迁移反而成为他们最后的生计选择（Morand et al.，2012）；北极土著移民的生计稳定性与驯鹿的迁移模式有非常重要的联系（Nicolson et al.，2013）；平原地区移民的生计策略仍以农业生产为主，因此交通、耕地面积和灌溉系统等因素对移民的生计选择有重要影响（Souksavath and Maekawa，2013）。森林退化将给山区农户的生计带来负面冲击，但如果在非林地为农户提供与森林同等的资源替代产品，这种负面影响就会消失（Pouliot et al.，2012）。

中国学者的研究主要关注生计资产、土地利用模式等对移民生计策略的影响以及移民搬迁对农户经济收入、贫困和其他福利的影响。Cao 等（2009b）和曹世雄（2012）认为对移民因生态修复产生的机会成本的补偿和给予其更好的替代性生计不仅有利于巩固生态修复的成果，而且是持续改善当地居民生计、改变其对原有土地利用方式和生存路径依赖的有效措施。自然环境、社会经济条件、自身素质和生计资产是影响生态脆弱区农户及移民生计多样化和土地可持续利用的关键变量（阎建忠等，2010；张丽萍等，2008），但在社会经济环境条件较好的城市郊区，土地利用的低效益则是推动农户非农化和生计多样化的重要原因（李翠珍等，2012），因此影响移民生计策略选择的因素具有显著异质性和地域性，自然环境、经济发展、原有生计模式、自身素质、生计资本及其可替代性要素供给都对移民生计选择有重要影响。

评估移民搬迁的收入效应、贫困风险和其他效应，一直以来都是学者和政策制定者关注的重要内容。持消极观点的研究者认为，移民工程对搬迁农户的社会影响、经济水平和心理健康等带来了潜在的危害（Hwang et al.，2011；Webber and McDonald，2004；Wilmsen et al.，2011；Webber，2012），特别是对三峡工程移民等非自愿性移民来说。Hwang 等（2011）的研究指出，尽管搬迁农户的住房质量得到相对改善，但搬迁对农户的经济福利有显著的负向效应。进一步，他们认为当研究者对工程移民的经济效应进行评估时，不仅需要对比搬迁前后的失业情况、收入水平和债务问题，而且需要注意与这些方面紧密联系的生活质量。Webber 和 McDonald（2004）发现尽管政府表现出卓越的组织能力以及给予搬迁农户土地和货币补偿，但未来搬迁农户在物质方面的福利并不确定。

并非所有的研究者均持消极态度。一部分研究认为移民工程提高了搬迁农户的生计安全、居住质量以及公共服务水平（Xue et al.，2013；Li et al.，2015）。Xue 等（2013）指出，大多数情况下调查区域的搬迁人口从移民工程中获益良多，他们不仅重获生产能力，而且对道路、市场、教育设施和其他社会影响也很满意。Li 等（2015）发现从长期来看，移民工程不仅对当地政府、跨区域以及全球的利益相关者表现出积极的环境改善净效应，而且对当地农户的福利影响也非常广泛。移民工程在改善农户收入水平、生活条件和生计安全方面作用突出，但他们的土地资源和金融储备也遭受负面冲击，同时家庭债务得到增加。Zeng 等（2014）的实证结果与以往研究不同，她们认为工程移民并没有对老年搬迁户的心理健康带来不利影响。这些研究均针对自愿性移民，这种自愿性移民被很多研究者描述为"引导式自愿性"或"强制式自愿性"，因为在搬迁过程中各级政府组织为确保农户自愿搬迁，为他们提供支持性政策和商业性贷款，鼓励引导农户理性自主有序搬迁（Xue et al.，2013；Wu et al.，2015）。

搬迁农户的收入变化引起研究者的极大兴趣。针对工程移民等强制性移民进行研究的学者普遍认为，迁移后一些移民的经济活动和收入被迫中断，基本生活保障和社会公共服务严重缺失，更为重要的是，移民在实物资本、人力资本和社会资本方面的福利损失影响深远（盛济川、施国庆，2008）。胡静和杨云彦（2009）的研究表明，人力资本对搬迁农户的收入改善和贫困缓解的解释能力失灵，正规教育、培训和迁移等因素均不再发挥显著作用，当他们搬迁后面对崭新而陌生的生产和生活环境时，原有的生产能力、素质、见识以及生活经验均出现不同程度的失灵现象。不少学者如李聪等（2014）发现与工程移民不同，自愿性移民搬迁有利于农户优化生计结构，促进其生计模式转向非农。同时移民搬迁显著提高了农户家畜养殖和外出务工的收入，而集中安置对农户参与外出务工有显著促进作用。

生态移民对农户收入的提高有积极作用，如东梅（2006）发现农户收入水平在移民后有很大提高，而移民的非农收入则是提高总收入的主要方式。刘小强和王立群（2010）认为搬迁后移民收入增加的多少受到搬迁前贫困程度的影响，同时搬迁后主导产业选择以及搬迁时间也是重要的影响因素。东梅和王桂芬（2010）对生态移民与非移民的收入及收入结构的影响评估发现，搬迁后移民的收入有很大提高，甚至与非移民的收入不相上下，并且收入结构的变化效益也在逐渐显现。赵剑波和余劲（2015）认为农户在资本、受教育和地理因素方面的巨大差异导致移民的收入水平不同质，他们的实证研究发现资产要素禀赋和农户经营结构对农户收入存在正向影响。

中国学者对移民搬迁户的特征、原因和收入变化进行分析的同时，非常关注移民搬迁给农户生计带来的贫困风险及长期影响，尤其是工程移民的"介入型"贫困、多维贫困和致贫因素等。如杨云彦等（2008，2011）研究了南水北调工程与中部地区经济社会可持续发展、南水北调水库移民的可持续生计等，同时重新诠释了工程移民"介入型"贫困的含义。"介入型"贫困的主要表象是能力受损，这种能力受损是由外力介入带来一定程度的冲击，即政府主导和完成的资源重新分配，各种能力受损互为因果导致主体的自我发展能力受损，同时受损者也无法获得他们损失的资源原本可以带来的超额收益，因此他们极易陷入贫困之中难以依靠自身力量摆脱贫困（杨云彦等，2008；Cernea，2000）。

少数研究者探讨移民搬迁特征和家庭特征对农户贫困的影响。严登才等（2011）从个体主义范式、社会主义范式和可持续生计范式视角切入，发现移民技能、素质和劳动力的缺失，社会性别，贫困文化，文化冲突以及社会制度等是导致移民陷入贫困的重要因素。石智雷和邹蔚然（2013）认为移民搬迁对库区农户造成冲击的影响针对不同搬迁时间的农户存在较大差别，农户对新鲜事物的态度和其社会资本对他们是否陷入贫困有重要作用。刘伟等（2015）将移民搬迁农户分为选择性贫困、暂时性贫困和持久性贫困三种类型，发现自愿搬迁和集中安置对农户摆脱持久性贫困有显著帮助，搬迁时间较晚的农户更容易走出选择性贫困陷阱，而农户的家庭和社区特征以及生计类型对他们是否陷入贫困有显著影响。

第四节　小结

本章通过文献回顾和简要述评发现，现有关于移民可持续生计的研究尚有如下不足。

一是分析框架上，国内外的相关研究都遵循比较成熟的可持续生计分析框架。国际上关于可持续生计理论的探讨较为丰富，而中国学者倾向于探索和引进国际上较为成熟的农户生计分析框架，对农户生计中的生计策略和生计资产等进行定量分析，这些研究成果彼此相对独立，没有形成全面系统的研究成果。

二是理论研究上，一方面，原有的可持续生计分析框架偏重一般性的实践应用；另一方面，国际上关于经典人口迁移理论和新经济迁移理论的讨论较为成熟，比较关注以个人为单位的劳动力迁移。随着近些年中国流动人口迁移呈现家庭化趋势，学者们逐渐开始研究农户的举家迁移行为，但真正以家庭迁移理论为分析框架进行探讨的研究并不多，没有从理论上深入分析农户举家迁移的决策机制，无法给出令人信服的解释。

三是实证研究上，国际上针对发达国家农户迁移决策的分析侧重家庭内部各成员之间的关系以及举家迁移或不迁移现象，针对发展中国家农户迁移的分析则侧重部分家庭成员的迁移行为。中国学者通常使用文献考察和研究借鉴等研究方式提出研究假设，多数研究以定性或简单实证为主，在计量设定上缺乏统一的理论基础和指导框架。特别是在研究生计能力方面，多数研究将生计资本视为生计能力的体现，缺乏有针对性的能力测量方法、计量设置方法和系统实证检验思路。

基于上述研究存在的问题和不足，本书提出如下研究策略。

首先，将易地扶贫搬迁这一变量引入经典的农户可持续生计分析框架，从能力方法的研究视角改进生计分析框架，改进后的框架有效联结了可持续生计理论和能力方法，弥补了当前可持续生计研究中对生计能力的关注的不足，也使对生计能力的测量成为可能。

其次，改进后的分析框架需要结合家庭迁移理论形成更好的研究路径和理论方法，用以解释多重约束条件下新经济迁移理论无法做出解释的农户移民搬迁决策和行为，为农户迁移决策的实证研究提供理论上的支撑。除对公共政策和制度进行分析研究外，需要揭示不同移民搬迁特征对农户可持续生计的影响方式和途径，以及生计各有机组成部分之间的关系。

最后，在理论模型和改进后分析框架的支撑下，需要在数据采集和计量设定上充分体现生计脆弱农户对于移民搬迁政策干预的生计响应，进而深入分析各影响因素对农户移民搬迁行为的作用机制和路径，探究自愿性移民搬迁背景下农户实现可持续生计的影响机制，总结移民生计模式的动态变化过程，并发现移民生计方式背后的理性决策机制。

第三章

易地扶贫搬迁对贫困山区农户
可持续生计影响的分析框架

第一节　易地扶贫搬迁变量的引入和理论基础

以 DFID（1999）为代表构建的可持续生计分析框架通过把对贫困的新理解集成到一个分析性的工具之中，洞察关于农户生计的复杂性和贫困的主要影响因素。构建这一框架的初衷是解决发展中国家的贫困问题和农村发展问题，为计划和管理提供一个实践中适用的导向性工具，特别强调对贫困农户生计的理解和帮助。可持续生计分析框架中的农户处于脆弱性背景下，此背景包括社会、经济、政治、人口和自然环境等因素的发展现状和趋势等，这些都能对个人和家庭的生计造成一定影响，例如土地制度变迁、发展政策变动、气候条件变化和市场形势转变等都对农户生计有重要影响。上述脆弱性背景一部分是可以进行分析预料的，例如国家人口结构的变化和生产技术的变迁，另外的部分则无法预测并且极具特殊性，例如市场价格和就业岗位的不断变化等。在这种复杂的背景条件下，农户的生计资本将会决定其生计活动和生计策略的选择和调整，最终输出生计结果。公共政策与这些背景之间会产生相互作用，极有可能促使部分农户面临新的风险冲击，进而陷入恶性循环（DFID，1999）。

移民搬迁与安置有可能为农户带来各种不确定的损失以及相应后果，这些不确定的总和构成了移民生计风险。移民生计风险不仅会在迁移过程中存在，而且会充满整个移民生计修复、重建和发展的过程，涉及经济、社会、环境和政治等各个层面。其具有如下特征：系统性和复杂性；累积性和渐进性；挑战性与机遇性。具体地，移民搬迁不是简单的物资空间位移和流动，而是涉及移民生产生活空间的结构转换、移民经济社会的急剧变迁、移民文化习俗的改变转化以及移民生产力和生产关系的巨大调整等，显然移民生计风险因素贯穿始终，具有极强的系统性和复杂性（杨云彦等，2011）。移民生计风险因素多数并不能被即刻发现和识别，并通过果断措施被全部消除，这些因素导致移民生计风险的累积性，同时也无法在短期内被规避和消除，处理过程呈现渐进性。此外，移民生计风险带有不确定性，这种不确定性决定了有可能产生有益的风险结果，也有可能导致有害的风险结果，趋利避害是风险管理和控制的基本准则，这使移民面临风险的同时也面临机遇。

移民搬迁为移民生计带来了风险，这种风险具有很强的外部性，有学者将这种外部性风险因素称为外力冲击。处于生态脆弱区和集中连片贫困区的农户生计脆弱性具有生态脆弱和生计脆弱的双重特征。对于移民搬迁农户而言，生态脆弱和生计脆弱这两种特征相互交织、彼此作用，导致移民面对更大的生计风险和能力受损，无法依靠自身完成生计能力的恢复重建并实现长远发展。因此，移民生计与其生计脆弱性密切相关，特别是外力冲击下的生计脆弱性是一个动态的概念，影响因素较多。以往研究表明，移民生计脆弱性涉及农户的生计资本、生计能力、生计策略以及生计活动的各个方面，内部因素导致的生计脆弱和外部因素导致的生态脆弱是一种真实的客观存在。

按照上述逻辑，一方面，移民搬迁有可能促使移民原有的低水平但相对稳定的生计结构和模式由于遭受充满极大破坏和胁迫性的外力冲击而呈现不稳定的状态，增加移民的生计风险和使其陷入"介入型"贫困，进而导致移民生计资本和生计能力进一步受损，难以依靠自身力量从外部性极强的移民搬迁中得到恢复和重建，更谈不上分享经济增长的超额收益和实现自我发展。另一方面，移民也可能在"突变演进"后的生产生活空间结构中孕育新的生计模式和创新机遇，通过开发式移民政策的支持和帮扶，完成生计资本特别是人力资本和社会资本的积累以及生计能力的修复再造和提升，实现生计策略的优化，完成既定的生计目标，降低乃至消除生计脆弱性，最终实现移民生计的可持续。因此，分析移民搬迁对贫困山区农户生计的影响需要一个总体分析框架的指导和支撑，这样不仅能够反映贫困农户的理性迁移决策机制，也能体现农户家庭生计模式的动态变化过程。

以往研究发现，移民搬迁是一种普遍的适应和应对环境压力和风险的响应策略（Adamo，2010），是移民生计策略的重要组成部分，如果缺乏向外流动，移民生计可能增加农户面对环境压力和风险时的脆弱性，有学者更是直接指出贫困农户对环境资源的依赖和环境的高脆弱性是农户进行移民搬迁的主要直接动因（Raleigh，2011）。移民搬迁作为农户生计策略的一种，在可持续生计分析框架中得以体现，但公共政策干预下的移民搬迁工程作为一种外力冲击，显然会造成农户生计发生动态变化，并重塑农户家庭的生计策略和生计选择，而新的生计选择和生计模式又会导致不同的生计和环境后果，但这种生计模式、策略的动态变化过程未能体现在现有的可持续生计分析框架中。

可持续生计分析框架已被广泛应用于世界各国的贫困减少与农村发展问题和全球变化领域中的人文社科领域，作为一个一般性的指导框架，人们更注重和强调框架的内涵，而不太拘泥于框架本身，这使得可持续生计分析框架有了很强的灵活性和可塑性，为研究者跳出用静态的短期的方式去探索动态的长期的趋势这一思维定式提供了研究思路的同时，也赋予了框架本身更强的生命力（李聪等，2013），进而指导和审视微观农户的决策和行为，服务于发展中国家的减贫实践和农村发展。因此，将可持续生计分析框架作为研究移民搬迁对农户生计影响的指导框架，在理论上充满可行性，在逻辑上充满合理性，在现实中充满适用性。

尽管可持续生计分析框架为研究移民搬迁问题提供了整体思路和框架指导，但其仍存在一定的局限性，导致我们无法直接将它用于研究这一问题。因为它自身偏重一般性的实践应用，所以在针对具体研究问题时，必须结合相关理论进行分析。在陕南移民搬迁语境中，需要结合家庭迁移理论对移民生计问题进行全面细致的理解和分析，反映移民生计恢复、重建和发展的过程和全貌，并洞察移民搬迁对农户生计资本、生计能力和生计策略的影响机制和作用机理。此外，由于该框架只是一般意义上的概念框架，缺乏对现实中特定研究问题的指导分析能力，在实际运用过程中必须针对特定问题进行细化和改进。

可持续生计理论认为，个人和家庭的生计资本既是理解其拥有选择的机会、采用的生计策略和所处的风险环境的基础，也是减贫和农村发展项目设计、制定、实施政策的切入点（Ashley and Carney，1999）；而家庭迁移理论与新经济迁移理论均认为，迁移是为了追求家庭效益最大化和风险最小化，外出务工及其汇款可以提高农户的资产可及性，突破流出地家庭发展的限制，进而创造参与其他生计活动并获得多样化收入的机会（Stark and Bloom，1985）。因此，迁移带来的资产积累机会通过权利和资源的交换降低和突破了生计资本的限制，生计资本的提升为进一步实施生计策略和实现生计目标创造了有利条件（Ashley and Carney，1999）。可以发现，生计资本不仅为可持续生计分析框架和家庭迁移理论的结合提供了可能，而且是设计、制定和实施移民搬迁政策以及引入可持续生计分析框架的切入点。

通过以上的分析，本书认为将移民搬迁变量引入可持续生计分析框架并进行一定的改进和完善，用以研究移民搬迁对贫困山区农户可持续生计的影响，在理论上和逻辑上充满可行性和合理性，可以较为全面系统地反映移民生计的动态变化及其背后的理性决策机制。

第二节　分析框架改进后的易地扶贫搬迁与可持续生计

一　能力方法的融入

Sen（1999）以人的生活本身为研究对象和出发点，提出了着重研究各种手段（包括经济增长在内）在提高人的生活水平和质量中的作用、手段和目的之间的转化机制和转化效率等的能力方法（The Capability Approach）。这一方法比较侧重"人与人"之间的关系、不同群体之间的"个人特征"与相对价格以及不同群体之间的相对地位等较为全面的因素，有助于考察中国当前存在的诸多重大社会经济和发展问题，具有一定的解释力。作为主流经济理论的重要补充，该方法将有助于中国政府采取高效率和针对性的政策举措，而政府新近出台的诸多社会保障和扶持政策，已经在相当程度上触及了能力方法的核心（胡怀国，2010）。

Chambers 和 Conway（1992）首次提出生计能力包含的表现形式，认为对于外界带来的负面冲击，生计能力不仅仅是被动的反应，还是主动性和动态适应性之间的互动。这种生计能力包括获取、利用服务和信息，练习预见，实验创新，与他人竞争和合作以及开拓新资源和环境。此后，有研究指出实施不同生计策略的能力依赖个人所拥有的物质资本、社会资本和其他资本（Scoones，1998）。基于 Sen（1999）的可行能力理论，农户生计能力是农户有可能实现的、各种可行的功能性活动的组合，是实现各种不同生活方式的自由，而生活水平和质量不是根据物质财富而是根据实质自由来衡量的。中国学者杨云彦等（2011）认为能力是一个综合概念，影响因素比较复杂。能力的形成需要以个人人力资本的投资和积累为核心要素，以家庭禀赋和社会资本为物质基础，以政治制度和社区保障为环境依赖。赵锋（2015b）将农户为实现生产生活空间结构转换而进行的整合、修复和重建内外基础资源以便适应环境变化的后果，并最终实现农户生计稳定、高效发展的能力称为可持续生计能力。也就是说，生计能力是指个人利用自身所拥有的知识技能获取并利用自然和社会资源，以满足自身生存所需的能力，而且生计能力的修复需要重建贫困人口被剥夺的基本可行能力（赵锋、邓阳，2015）。

一般意义上，经典的人力资本理论认为迁移是人力资本投资的方式之一。Sjaastad（1962）认为无法孤立地看待迁移行为，对人进行的投资也许与迁移过程本身一样重要，有可能更为重要。但将迁移视为人力资本投资方式的一种暗含着一个前提条件，即移民从人力资本回报率低的地方迁往回报率高的地方，具体到移民搬迁，是指移民从交通、市场和基础设施建设落后不完备的居住地向生产生活条件发达完善的地方搬迁。可以说，理论上移民搬迁有利于促进农户人力资本的投资和积累，能够在优越的生产生活环境中对农户进行相当程度的激励，进而实现生计结构的优化和生计模式的创新。

种种迹象表明，对于移民户来说，生计能力的修复和提高是防止生计脆弱性和生计风险增加、掉入贫困陷阱以及被边缘化的关键步骤，也对农户的生计策略和生计模式的重塑乃至实现预定生计目标有着举足轻重的影响作用。在陕南移民搬迁的语境中，农户生计能力的形成和提升对移民在迁入地实现"稳得住"目标以及追求生计可持续至关重要。具体地，贫困农户对自然资源的依赖非常严重，他们通过生计管理创造收入，但由于这些资源通常都属于公共物品，它们的使用会导致一般或潜在的资源损耗、环境退化和生物多样性消失这些灾难，由此降低人类继续利用资源的能力，特别是从长远的福利角度来讲。研究表明，能力形成和提升严重依赖可利用的资产集合，特别是自然资本，而且，比起补偿农户能力受损或者使他们可以应对冲击和脆弱性，通过增加农户的机会空间优化其生计策略更为重要。

本书认为移民实现可持续生计目标的关键在于如何完成自身生计能力的重建和提升，其为农户生计的长远发展带来源源不竭的动力。可以说，生计能力受损则生计结构和模式受限，生计能力提升则有利于生计策略优化和生计模式创新，进而达成可持续生计的目标。以 Sen（1999）的可行能力理论为基础的能力贫困研究范式，是能力方法在贫困研究中的具体应用。能力贫困对贫困治理来说非常重要，它从能力匮乏的视角回答了个体或家庭为什么会陷入贫困的问题，却无法满足当前学界关于相关群体的脆弱性和可持续生计研究的需要，因此急需发展新的研究范式以适应目前的研究需要。

DFID 的可持续生计分析框架中生计资本和生计策略相互影响、互为因果的循环，就是生计能力形成的过程。此过程与生计脆弱性相互对立，而生计能力得到提升的过程则与生计可持续相一致，因此这一过程可以作为从生计脆弱性到可持续生计的内在解释逻辑和趋势（张峻豪、何家军，2014）。

尽管可持续生计分析框架是基于 Sen（1999）的可行能力理论研究减贫和农村发展的指导框架，但它并没有将农户生计发展的原动力——生计能力涵盖在内，导致在分析移民可持续生计时无法体现移民搬迁影响农户生计的完整链条和关键步骤，也不能清晰呈现移民掉入贫困旋涡或实现飞跃发展背后的深层次景象。

本书试图实现可持续生计分析框架和能力方法的有效联结，将能力方法融入可持续生计分析框架。作为一种探索式的尝试或一个过渡式的结果，本书认为可持续发展指出了社会环境资源稀缺和社会环境制度脆弱作为人类发展的结构性条件，能力方法可以提供人类发展可估价空间的内在要素，却不能令人满意地详细说明输入的维度。反过来，可持续生计分析框架对于可持续标准的理解较为狭隘，但为能力方法关于工具性输入因子留下的研究空白提供了绝佳的研究路径。此外，关于可持续发展治理的讨论也指出了治理问题的重要性（Lienert and Burger，2015）。以上这些表述为本书将可持续生计分析框架和能力方法联结起来提供了理论上的支撑，同时也使得本书可以从一个全新的视角去审视典型的可持续问题，譬如移民生计的可持续。

总的来说，考察移民可持续生计问题无法回避生计能力，农户生计能力的变化可以真实地反映移民搬迁对农户生计的冲击效应。作为农户实现可持续生计过程中的关键环节，生计能力的培育和提升是通过相关制度和环境介入进行要素传导，以个人或家庭为基础，在新的生产生活空间范围内适应并发展，最终引起福利的增加。生计资本积累是这一过程的核心，匹配性保障制度同时得到一定程度的完善（张峻豪、何家军，2014）。本书试图实现可持续生计分析框架和能力方法的融合，对能力贫困研究范式进行拓展，发展出一个适用于移民可持续生计研究的能力范式。因此，本书既可以从能力方法的视角去审视移民搬迁农户的福利和"能力"匮乏的贫困，也可以打破当前关于农户生计能力的研究主要从生计资本研究视角切入的窠臼。

二　改进后的分析框架

根据 Chambers 和 Conway（1992）、Scoones（1998）以及 DFID（1999）的研究，本书尝试将易地扶贫搬迁作为政策干预变量引入可持续生计分析框架，并实现后者与能力方法的有效联结。结合贫困山区农户生态脆弱和生计脆弱的双重特征和易地扶贫搬迁背景，在农户层面探索易地扶贫搬迁影响农户生计资本进而作用于生计能力，最终重塑生计策略的影响机制和作用机理；在政策层面分析扶贫搬迁项目识别和瞄准农户进而实施有效帮扶，最终实现农户稳定脱贫的政策执行效果。本书试图完整呈现易地扶贫搬迁对农户生计影响的动态变化过程，同时深入挖掘移民搬迁农户"搬得出"、"稳得住"和"能致富"的深层次原因。改进后的移民可持续生计分析框架见图3-1。

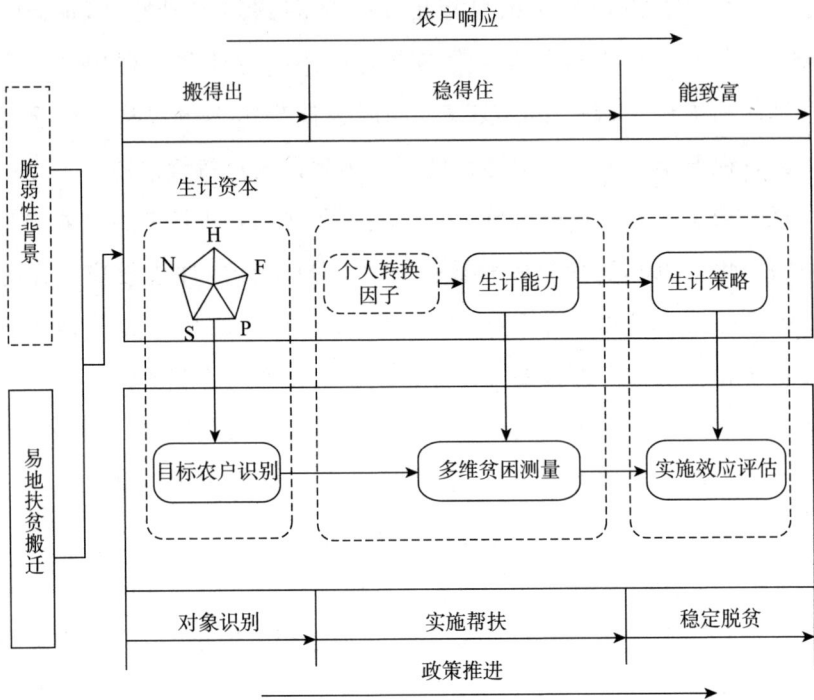

图3-1　本书分析框架

农户的生计资本包括自然资本、物质资本、人力资本、金融资本和社会资本，不同农户的五大资本在数量和结构上有所差异，并随着时间的推移产生改变。农户在生态脆弱和生计脆弱的双重特征和易地扶贫搬迁背景下，基于自身生计状况做出理性迁移决策。由于易地扶贫搬迁属于社会救助型公共政策，政策对目标农户的识别主要取决于农户的生计资本和生计环境。易地扶贫搬迁对农户生计资本造成的冲击影响到生计能力，有益的外力冲击或政策干预可以帮助农户恢复和重建生计能力并摆脱多维贫困，而不利的政策干预损伤生计能力并导致农户深陷多维贫困旋涡和被边缘化。生计能力的动态变化是农户生计策略形成的基础，不同水平和层次的生计能力将形成不同的生计策略。除了对农户收入的直接影响外，生计能力改变也将给农户生产能力、市场参与程度和贫困脆弱性带来间接影响。

脆弱性背景是指处于生态脆弱区和集中连片特困山区的农户生计脆弱性具有生态脆弱和生计脆弱的双重特征。所谓生态脆弱是指移民个体或家庭在一定的生产生活空间结构中表现出的并长期存在的不稳定、低水平的生计模式；而生计脆弱是社会变迁和外力冲击对移民个体或家庭的外界干扰，具有超强的外部性，极易对移民生计带来风险，且移民在短期内无法通过调整适应这种剧变。以上两种特征相互交织、彼此作用，导致移民面对更大的生计风险和能力受损，很难依靠自身完成生计能力的修复和重建并实现长远发展。

易地扶贫搬迁作为一项开发式扶贫投资的重要举措，旨在通过搬迁安置居住在不适宜人类生存发展、生态环境极其恶劣的农村贫困人口，改善他们的生产生活环境。"搬迁行为"、"搬迁类型"和"搬迁时间"可以分别表征农户的移民搬迁因素。移民搬迁行为对山区农户的影响作用非常直接，而不同的搬迁类型和搬迁时间对农户生计有不同的影响。其中，搬迁类型分为自愿性搬迁和非自愿搬迁，不同搬迁时间的移民在历史背景、国家补偿政策和经济发展环境等诸多方面存在差异。移民搬迁带来的资本积累机会通过权利和资源的交换降低和突破了生计资本的限制，而生计资本的提升为进一步实施生计策略和实现生计目标创造了有利条件。

原有的可持续生计分析框架特别重视对影响生计的诸多因素和过程的分析，并试图将影响生计的主要因素和它们之间的相互关系区分开来，对人们理解贫困人口的生计和致贫原因有重要作用。本书试图从微观农户视角探讨易地扶贫搬迁对农户生计资本和生计环境的识别机制、易地扶贫搬迁政策实施对农户生计能力的影响作用以及以贫困农户稳定脱贫为目标的政策评估效应，构建基于农户可持续生计的易地扶贫搬迁分析框架，将易地扶贫搬迁政策目标的实现分为三个阶段。

第一阶段为易地扶贫搬迁对目标农户的识别阶段，而识别主要取决于微观农户的生计资本和生计环境，尤其是在可持续生计分析框架的生计链条中扮演重要角色的生计资本。作为将易地扶贫搬迁变量引入可持续生计分析框架的切入点，生计资本不仅仅是构建农户生计的资源储备和要素禀赋，也是帮助农户对抗贫困、发展生计的权利和能力。可持续生计分析框架正是通过了解农户的资源要素，寻求其如何将这些资产禀赋转化为农户生计可持续发展的动力源泉以及成功的生计模式，而农户的生计资本可以表征其资源禀赋，是农户实现生计可持续的基础和平台。具体来说，生计资本中的自然资本指自然资源存量，包括生计的资源流及其相关环境服务；物质资本指维持农户基本生计的生产资料和公共服务设施；人力资本通常从教育、培训、健康和迁移四个方面去衡量；金融资本包括农户在生产、交换和消费过程中实现既定生计目标所必需的资金积累和现金流；社会资本可以视为非正规人力资本，表示农户在追求生计目标过程中所利用的人际关系、社会资源和网络等。生计环境是指贫困农户生产生活的外部环境，是生计系统中贫困农户难以控制的因素，直接影响贫困农户的生计状况。在实际操作中，本书考虑将自然灾害、基础设施和公共服务等因素纳入生计环境特征变量，考察其对搬迁救助决定的影响。

从易地扶贫搬迁的结果看，以往研究多将重点放在移民搬迁或迁移对生计资本、生计策略以及生计输出的影响研究上，如移民搬迁影响农户生计资本的因素等，而在移民可持续生计研究中对于政策目标农户的识别和瞄准，哪些因素是影响农户参与易地扶贫搬迁项目的关键，这些都值得在移民搬迁背景下和可持续生计分析框架中进行深入分析和挖掘。易地扶贫搬迁作为新时期中国农村扶贫和社会救助的主要手段，精准识别目标农户是其顺利实施的关键环节和首要任务，也是中央和地方政府必须解决的重大科学问题。政策制定者想要精确瞄准应该救助的贫困农户，关键在于高效识别农户家庭的生计资本和生计环境。本书试图通过这一阶段对农户生计资本和所处生计环境特征变量的识别和瞄准，发现移民搬迁农户选择的决定性因素，进而了解发生错误识别和瞄准偏差的原因，以及找寻提升识别有效性和瞄准效率的方法，以完成针对政策失真性执行和产生偏差的初步检验，明晰搬迁农户"搬得出"的制度性原因。

第二阶段为易地扶贫搬迁帮扶措施实施阶段，也是微观农户生计能力修复和重建的阶段。易地扶贫搬迁的帮扶对象是建档立卡贫困人口，而贫困人口的识别与瞄准向来都是贫困救助面临的首要问题。政策实践中需要通过对目标农户的识别锁定搬迁对象，确保政策目标不发生偏离，为实现政策目标提供保障。在完成上一阶段准确识别和瞄准目标农户后，政府可以根据其贫困类型、致贫原因和生计状况制定并实施相应的帮扶政策和措施，引导相关组织机构参与和介入扶贫搬迁活动，并结合国家和省级层面的精准扶贫、精准脱贫政策方针，对易地扶贫搬迁农户采取有针对性的产业发展扶持、教育培训就业、生态补偿以及社会保障等有效措施，从根本上实现农户生计能力的恢复和提升。在实际操作中，本书试图通过引入能力方法有效联结可持续生计分析框架和能力贫困研究范式，利用多维贫困指数实现对农户生计能力的表述和测量，并实证分析移民搬迁变量对农户生计能力的影响。具体地，生计能力依赖个人所拥有的物质资本、社会资本和其他资本，是实现生计策略的手段。对于外界带来的负面冲击，生计能力不仅仅是被动的反应，更是主动性和动态适应性之间的互动。生计能力就是农户为适应经济社会发展变化必须更新调整自身原有生计行为和方式的能力，这种能力的获得主要依靠权利赋予、资源获取和技术学习。在生计能力形成的过程中，五大资本起着决定性作用，但需要一定的承载体和传导体使商品和服务向能力转换，由于个人异质性、环境多样性、社会氛围、人际关系和家庭内部分配等个人转换因子之间的差异，这种转化程度和效率并不相同。农户通过正规和非正规教育丰富成员个人和家庭的资本要素禀赋，提升把握生计机会和获取生计资本的能力；制度因素和农户自身赋予农户一定的自由权利，提高生产效率的同时进一步改善其生计资本；市场环境、社会网络、基础设施、资金支持以及各种正式或非正式渠道为农户提供了一定的选择机会和发展空间，他们在获取这些资源的同时强化了家庭获取更多资源和发展机会的能力。Sen（1999）将可行能力定义为各种功能性活动的集合，通过对功能性活动的评估实现对不可直接观测的能力的测量，因此能力方法的引入解决了生计能力本身很难测量的问题。与能力方法相关的多维贫困测量能够提供更加准确的信息，便于减少人们的能力剥夺（Alkire and Foster，2009），可以作为测量生计能力的工具。理论上，移民搬迁有可能提升农户的生计能力并改善多维贫困，也可能损伤农户的生计能力使其陷入贫困旋涡，而生计能力受损或增强是移民能否在迁入地实现"稳得住"的根本原因。这一阶段通过计量回归模型实证分析移民搬迁对农户生计能力的影响，试图找寻移民实现"稳得住"的关键要素。

第三阶段为易地扶贫搬迁政策实施效应评估阶段，也是微观农户生计策略形成和优化调整的阶段。在前两阶段完成目标农户识别和帮扶措施实施后，政府需要引导贫困农户形成自身的生计策略，特别地，政府需要根据贫困农户生计资本和生计环境特征的动态变化，调整既定的有针对性的帮扶政策和措施，降低贫困农户的生计风险和生计脆弱性，并根据搬迁农户家庭的生计资本组合，帮助他们制定能够适应外部生计环境变化的生计策略，最终实现稳定脱贫。在实际操作中，本书试图通过分析农户的收入方式和生计多样性考察移民搬迁对农户生计策略的直接影响，并考察其对农户生产能力、市场参与程度和贫困脆弱性等的间接影响，完成对政策实施效应的全面评估。具体地，生计策略是农户通过配置生计资本和选择生产活动，实现其既定生计目标的过程。一般意义上，理性的生计策略是根据当期处境和短期以及长期发展规划做出的，因此农户的生计目标不仅要维持当前的生产和消费模式，而且要规避未来可能出现的生计风险，防止生计脆弱性程度加深，进而掉入贫困陷阱。根据农户家庭的要素禀赋和收入来源，农户主要生计活动包括农林种植、家畜养殖、外出务工和非农经营这四类活动。除此之外，农户还有政府补贴以及来自房租、土地流转租金、亲友馈赠或采药等的其他收入。易地扶贫搬迁及其配套措施对农户生计策略的影响不限于收入维度，事实上易地扶贫搬迁政策设计的意图正是通过改善贫困农户的生计能力，创造改变其自身状况的可能。如果单纯从收入的角度来考察易地扶贫搬迁政策对农户生计策略的影响，势必会严重低估移民搬迁政策的效果，因此有必要从贫困农户的生计能力去考察移民搬迁政策实施的效果。易地扶贫搬迁及其配套支持性政策的实施有利于提升农户生产能力、提高市场参与度和缓解贫困脆弱性，从而对农户生计策略产生间接影响。移民搬迁和基础设施建设等可以从总体上改善贫困群体分享经济增长、发展成果的能力，提升农户自身的生产能力等；劳动力免费培训、税收减免、无息贷款等从促进市场参与的角度发挥重要作用；而社会保障、政府救助等则通过缓解贫困脆弱性对农户生计策略产生影响。这一阶段通过计量回归模型实证分析移民搬迁对农户生计策略的直接和间接影响，试图验证移民实现"能致富"的生计手段。

第三节　改进后分析框架的适用性

随着全球化程度的不断加深，科学技术的加速进步，以及以市场为导向的改革不断深化，转型时期的中国正在经历着急剧深刻的社会变迁。社会变迁不仅通过政治、经济、文化、社会等各个方面和多种形式对人们的生产生活产生影响，而且通过利益关系的调整和社会经济格局的转变对不同区域不同类型的人群产生影响。社会变迁随着经济社会发展不断进行，其表现形式多种多样，既包括外来力量强而有力的干预，也涵盖社会集合内部的自然发展过程（杨云彦等，2011）。外来力量干预的最好证明就是经济全球化，其伴随着以全球价值链为形式的全球产业对世界各国的经济空间进行重构。经济全球化在本质上是不平衡的，特别是不同区域间的发展。社会内部的自我发展也对转型时期的社会经济格局产生重要影响，其对社会格局的重塑具体表现为大规模的人口流迁。

中国正处在经济全球化的浪潮中，其人口迁移和流动的范围与规模举世罕见，全球化及其导致的经济空间和社会格局的重构正是产生这一现象的根本原因。人口流动过程中，多数人面对急剧的社会变迁选择主动适应，通过改变生计方式实现自我能力提升，例如人口密集的中西部地区的劳动力向沿海地区大规模输出。除此之外，社会变迁影响和冲击着大量人群，如大型工程非自愿性移民、经济体制机制变革和社会政策干预等直接改变着不同区域、不同类型人群的利益分配格局。以往研究较多关注劳动力外出务工从商的主动迁移现象和工程移民等非自愿性移民的被动迁移现象，但对重大社会政策干预如易地扶贫搬迁等缺乏应有研究，近年来这已经成为学者和政策制定者关心的热点问题。

易地扶贫搬迁是一种自愿性移民，这种自愿性移民被很多研究者描述为"引导式自愿性"或"强制式自愿性"，因为在搬迁过程中各级政府组织确保农户自愿搬迁，并为他们提供支持性政策和商业性贷款，鼓励引导农户理性自主有序搬迁（Xue et al.，2013；Wu et al.，2015）。国内外的大量研究已经证明非自愿性移民严重损害移民的生计资本，增加生计脆弱性和生计风险，容易使移民陷入"介入型"贫困，而易地扶贫搬迁对移民造成的深远影响尚未得到全面细致的评估和研究，针对这一问题的分析急需一个整体性的指导框架。

事实上，随着经济和社会的全面发展，社会变迁无时无刻不在影响和改变着人们的生产生活状态，只不过强有力的公共政策干预和外力冲击在时间和强度上对农户生计的形塑更为迅猛。在新型城镇化、农业现代化和公共服务均等化的背景下，易地扶贫搬迁将对身处脆弱性背景和"突变演进"的生产生活空间结构中的山区农户带来深远的影响，主要表现在以下几点。

首先，移民后生计资本，特别是自然资本显著下降且收入降低，而移民补偿也常常被用于消费而不是生计资本的投资，最终导致补偿结束后移民生计严重恶化（Bui and Schreinemachers，2011）。更为重要的是，一些移民在迁移后经济活动被迫中断，基本生活保障和社会公共服务严重缺失，其在实物资本、人力资本和社会资本方面的福利损失将在很长一段时间内难以得到弥补（盛济川、施国庆，2008）。

其次，移民的可持续生计能力非常薄弱，他们成为潜在贫困社会群体的风险很高，同时五大生计资本均很不足（张华山、周现富，2012），而移民生计恢复和重建不仅需要新禀赋要素的投入，而且需要后期支持措施和配套的政策激励，直接的移民补偿尽管表现出高效的直接性货币刺激，但在一定程度上会损害移民的自我发展能力（Manatunge et al.，2009）。

最后，有些地区移民的生计策略仍以农业生产为主，因此交通、耕地面积和灌溉系统等因素对移民的生计选择有重要影响（Souksavath and Maekawa，2013）。如果从长远来看，移民工程在提高农户收入水平、改善生活条件和保障生计安全方面作用比较突出，不过他们的土地资源和金融储备会遭受负面冲击，同时家庭债务得到增加（Li et al.，2015）。总体而言，移民在面对心理文化的巨大冲击和生活环境的急剧变化时，其经济收入和自我发展能力将受到严重影响，并且在短时间之内很难恢复和重建（刘伟等，2015）。

可持续生计分析框架非常适合用来研究移民生计的动态变化过程，但原有框架的模糊性和粗线条导致其具有局限性，无法对自愿性移民问题进行深入研究和细化，必须针对具体的研究问题和情境加以改进和完善。改进后的分析框架不仅将移民搬迁这一重要的政策干预变量包含在框架之内，而且融入了以往研究一直以来忽视的生计能力，使移民搬迁对农户生计的影响呈现出一个完整和动态的链条，并能综合反映移民搬迁对农户生计各个环节的冲击效应，全面系统地描绘和刻画移民搬迁对农户可持续生计的影响。

综上所述，在可持续生计分析框架中引入移民搬迁变量是非常合适和必要的，分析移民搬迁对农户造成的深远影响时，急需一个整体性的指导框架来反映农户生计的动态变化尤其是生计能力的损伤或提升，而分析新型城镇化背景下移民搬迁农户的生计决策时，需要将可持续生计框架和家庭迁移相关理论结合起来，为移民生计变化和实现可持续提供理论支撑，也为可持续生计研究提供理论和实践上的新借鉴。

第四节　细化的逻辑关系图

图 3-2 是本书细化后的逻辑关系图，直接反映了易地扶贫搬迁对农户生计三个关键组成部分的影响路径和作用机制。通过对具体研究背景和现实背景的定义和考量，本书尝试在移民搬迁政策推进、微观农户生态脆弱和生计脆弱双重特征背景下，提炼和总结移民搬迁政策推进过程中农户能否实现"搬得出"、"稳得住"和"能致富"的研究问题，为后文的实证提供可操作化的研究路径和方法。

针对易地扶贫搬迁背景下农户家庭能否实现"搬得出"的研究问题，本书试图从生计资本和生计环境这两个方面对目标农户进行识别和瞄准，探寻哪些特征变量在该识别过程中发挥重要作用，同时依据易地扶贫搬迁规划设计的既定目标和识别机制，分析判断影响目标农户识别和瞄准的决定性因素、错误识别的原因以及提升政策瞄准效率和识别有效性的方法。本书认为移民实现可持续生计的关键在于自身生计能力的修复和再造，这可以赋予遭受外力冲击和环境变迁的移民农户发展生计的权利和机会，获得收入水平提高和家庭福利提升的可能，也是移民户在迁入地实现"稳得住"的直接证据；但农户的生计能力

易地扶贫搬迁对贫困山区农户可持续生计的影响

生计环境

生计资本

H

N F

S P

目标农户识别
识别决定
错误识别
识别指标体系

识别现状
（覆盖率、遗漏率、渗漏率）

应搬未搬、搬不应搬

代理家计调查法
多维贫困测量

可持续生计分析框架

个人转换因子

生计能力形成机制
权利赋予
资源获取
技术学习

多维贫困维度、指标
教育
健康
住房
能源
家庭资产
脆弱性

多维贫困测量
多维贫困指数测算
多维贫困指数分解

多维贫困影响

能力方法

主要生计活动选择
农林种植
家畜养殖
外出务工
非农经营

主要收入来源
农林种植
家畜养殖
外出务工
非农经营

间接影响
农户生产能力
市场参与程度
贫困脆弱性

单位耕地农作物产量
家庭资产

家庭现金收入比例

收入多样性指数
收入依赖性指数
贫困发生率

家庭迁移理论

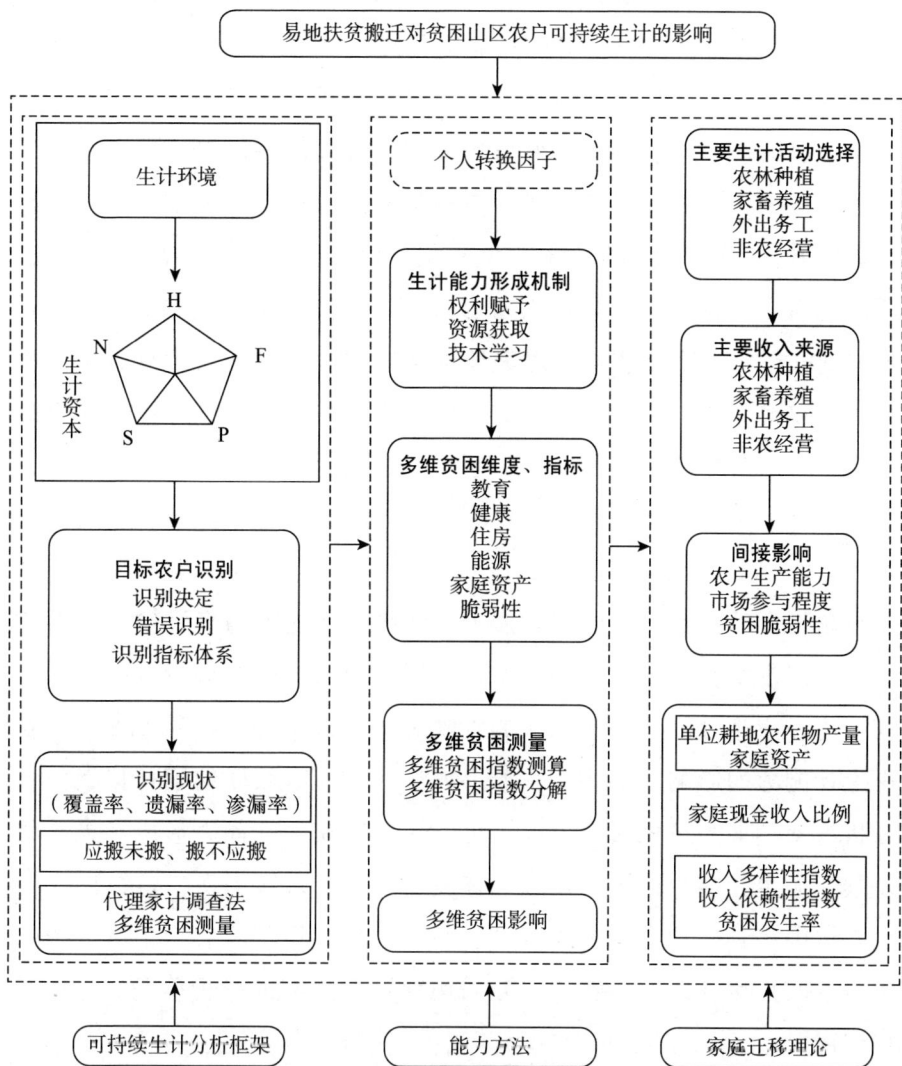

图 3 - 2　细化的逻辑关系

不可能在可持续生计分析框架中实现自我修复和提升，其形成和发展要以生计资本特别是人力资本的积累和增加为先决条件。理论上移民搬迁和迁移有利于增强资本要素的可及性，因此本书并不打算研究过往多数学者关注的重点——将移民搬迁和迁移对农户生计资本的影响作为其中一项重要的研究内容,而是尝试精确识别和有效瞄准具备搬迁帮扶资格的目标农户,实现易地扶贫搬迁政策执行中的"公平"搬迁,赋予真正贫困农户"搬得出"的权利和机会。具体地,在该目标农户识别机制中,本书尝试采用政策瞄准有效性评估中广泛应用的指标(覆盖率、遗漏率和渗漏率)来测量易地扶贫搬迁的瞄准效率。在此基础上,基于发生政策执行失真或偏差现象的考虑,找寻易地扶贫搬迁产生瞄准失败或错误的原因。此外,本书试图提供一种政策调整和有效识别的替代方案,结合代理家计调查法和多维贫困测量克服当前政策执行和识别中严重依赖收入贫困测量方法的弊端,进而提升政策瞄准精度和识别的有效性,降低精英控制的可能。

针对易地扶贫搬迁背景下农户家庭能否实现"稳得住"的研究问题,本书试图打破当前关于农户生计能力的研究主要从生计资本的研究视角切入的窠臼,通过引入能力方法将生计能力与多维贫困联系起来,采用多维贫困测量方法对农户多维贫困状况进行分析测算,并将其视为农户生计能力动态变化的直观表达,再实证分析移民搬迁对农户生计能力的影响。事实上,能力方法的引入有效联结了可持续生计分析框架和能力贫困研究范式,可以完整展现生计能力形成和提升的过程,而生计能力受损或增强是移民能否在迁入地实现"稳得住"的根本原因。具体地,本书通过描述性统计分析和测算农户多维贫困指数考察农户生计能力的变化,并采用计量模型实证分析移民搬迁的影响作用。

针对易地扶贫搬迁背景下农户家庭能否实现"能致富"的研究问题,本书试图通过估计移民搬迁对农户生计策略的直接和间接影响评估政策实施的效应,进而清晰呈现农户生计策略动态调整的结果,并考察验证移民搬迁农户在安置地实现"能致富"的生计手段。事实上,通过分析农户的收入方式和生计多样性考察移民搬迁对农户生计策略的直接影响,并考察其对农户生产能力、市场参与程度和贫困脆弱性等维度的间接影响，可以完成对政策实施效应的全面评估。具体地，本书将生计策略的内容规定为农户为创造收入进行生计活动，并结合农户家庭的要素禀赋、收入来源以及调查地区的实际情况，把农户主要生计活动划分为农林种植、家畜养殖、外出务工和非农经营这四类。除上述生计活动所产生的收入外，农户还有政府补贴以及来自房租、土地流转租金、亲友馈赠或采药等渠道的其他收入。本书认为移民搬迁政策及其配套措施会对农户生计策略产生间接影响，试图采用单位耕地农作物产量和家庭资产考察移民搬迁对农户生产能力的影响，使用家庭现金收入比例分析移民搬迁促进市场参与的程度，使用收入多样性指数、收入依赖性指数和贫困发生率衡量贫困脆弱性。

图 3-2 可以直观反映本书主要研究内容的具体关系，完整展现移民搬迁对贫困山区农户生计的影响路径和作用机制，为实证分析提供研究思路和基础。本书接下来的实证部分均以该图为指导，对移民搬迁影响农户生计进行实证分析。但在具体的实证分析中，需要结合已有研究成果和理论分析对具体研究问题展开实证检验，并且需要特别注意当前现实背景和研究背景的影响作用。

第五节　小结

首先，基于上一章对文献的回顾和梳理，本章结合可持续生计分析框架、家庭迁移理论以及能力方法，将移民搬迁变量引入可持续生计分析框架之中，并有效联结了能力方法和可持续生计分析框架，最终形成和提出了本书进行移民可持续生计研究的总体指导框架。其次，对改进后分析框架的适用性进行说明，并结合当前新型城镇化、农业现代化和公共服务均等化的背景以及陕南秦巴山区的基本情况，梳理移民搬迁的决定因素、政府瞄准、生计能力和生计策略相关研究。最后，进行理论模型的推导和解释，同时形成一个细化的逻辑关系图以直观反映本书主要内容的具体关系，为各章节的实证分析奠定理论基础，明确本书的实证研究内容以及移民搬迁对农户生计的影响路径和作用机制，从而完整展现生态脆弱和生计脆弱双重特征和移民搬迁背景下农户生计动态变化的过程。

第四章

易地扶贫搬迁目标农户的识别

　　以第三章易地扶贫搬迁对贫困山区农户可持续生计影响的分析框架为指导，在本章以及接下来的第五、六章都将对整体分析框架中的各个有机组成部分进行实证分析，以更加系统地理解易地扶贫搬迁对农户生计每个部分的影响路径和作用机制。本章在第三章整体分析框架的基础上，实证分析易地扶贫搬迁目标农户的识别机制，主要包括以下三方面内容：目标农户识别和瞄准的决定，错误识别和瞄偏的原因以及提升瞄准效率和识别有效性的方法。在描述性统计内容中，比较分析不同农户在生计资本和生计环境方面的差异。在此基础上，本章首先测算了易地扶贫搬迁的瞄准效率（覆盖率、遗漏率和渗漏率），采用计量回归模型分析了易地扶贫搬迁实施过程中识别目标农户的决定性因素；其次进一步探讨了错误识别和瞄偏的原因，试图剖析当前政策实施存在的问题，估算移民搬迁政策福利送达的效率；最后通过构建农户家庭识别指标体系，验证并比较该指标体系应用前后瞄准效率和识别有效性的情况。

第一节　研究设计

一　分析框架

　　第三章构建的易地扶贫搬迁对农户家庭生计影响的分析框架已经

说明，以"避灾扶贫"为主要特色和政策追求的秦巴山区集中连片特困区易地扶贫搬迁对中国的精准扶贫、精准脱贫具有重要战略意义，而目标农户识别是精准扶贫的关键环节和首要任务，也是精准扶贫必须解决的重要科学问题。相应地，易地扶贫搬迁活动顺利实施的首要任务和关键环节是目标农户的识别，即准确高效地识别和瞄准应该救助的贫困农户，是否为目标农户主要取决于其家庭的生计资本以及生计环境。所谓目标农户识别是指针对不同生计环境、不同生计资本的农户，采取规范有效的程序和方法进行准确区分、辨别，从而判断其是否为目标农户的过程。

具体来说，政策实践中通过对目标农户的识别可以锁定搬迁对象，确保政策目标不发生偏离，为实现政策目标提供保障。易地扶贫搬迁对象是建档立卡贫困人口，而贫困人口的识别与瞄准向来都是贫困救助面临的首要问题。作为中国当前精准扶贫制度框架下实施的贫困个体瞄准制度之一，"建档立卡"贫困人口识别制度的本意在于掌握贫困家庭的特征和致贫因素，从而合理优化配置社会救助资源以及监测政策执行效果（唐丽霞，2017）。当前的政策实践规定，识别贫困农户主要采取"程序识别法"，具体包括农户据实主动向村两委申请、村民开会进行民主评议、地方扶贫管理人员进行入户调查、上级政府共同完成审核和最终在社区对贫困户进行张榜公示五个程序（唐丽霞等，2015）。需要注意的是，地方政府在识别贫困农户时普遍采取自上而下、逐级分配指标的办法。首先，省级层面根据统计部门提供的农村贫困监测数据将各年度的贫困人口指标总量分解到县级层面，各省在确定本省内各县总的贫困人口规模时基本上都采用贫困线的方法；其次，各省根据收入贫困线和总体贫困发生率，对各县贫困人口总量进行测算，各县再将贫困指标分解到各个乡镇，由乡镇统一分配到各个行政村；最后，行政村通过上述程序识别贫困人口并将名单逐级上报，等待相关部门进行最终核实（唐丽霞等，2015）。在具体的识别过程中，村干部和村委会扮演着极为重要的角色。村干部通过"程序识别法"对本村农户家庭的总体情况进行判断，从而决定贫困人口名单。

以上的分析显示，识别贫困农户主要涉及乡镇、村两级层面，而且当前的目标农户识别机制面临众多制度和技术上的困境。比如，自上而下的逐级指标分配法会导致无法对识别出来的贫困人口进行经济困难程度的比较，贫困人口之间缺乏横向可比性，且该方法也可能由于缺乏贫困指标而遗漏不少值得救助的贫困人口。现实情况中收入测量的高成本决定了贫困瞄准的政策实践中很少严格采用收入贫困标准线，很多地方形成了自己对贫困人口的判定标准，例如有效劳动力数量和家庭负担情况都是重要的识别指标，尽管这些标准比较契合当前农村的实际情况，但毫无疑问会带来瞄准偏差进而导致错误识别。此外，贫困标准附近临界人口的界定非常困难，即使按照严格的收入贫困标准线来对贫困人口进行识别，临界农户较难识别的问题依然不可避免。

前文提及，在"资本—能力—策略"有机统一的可持续生计分析框架的生计链条中，生计资本是构建农户可持续生计的基础和平台，是形成生计能力和优化生计策略的要素禀赋，在农户家庭的生计发展中发挥重要作用。可以看出，生计资本是重塑生计能力、优化生计策略的重要推手，也是影响农户捕获和占有外部资源的关键因素。过往多数研究表明，资本要素禀赋充裕有利于农户获取更多的权利和机会，进一步提升农户家庭福利和增加收入。易地扶贫搬迁属于公共救助政策，旨在赋予生活在不适宜人类生存发展生态环境中的贫困农户公平发展的权利和机会，帮助资源匮乏、资本缺失、生态和生计双重脆弱的贫困农户摆脱生计困境，享受经济增长和收入分配所带来的福利，因此该帮扶措施并非普惠式的社会救助制度，比如农村最低生活保障制度和惠农政策等，而是针对限制开发和禁止开发主体功能区域的开发式扶贫政策。相应地，移民搬迁项目在执行过程中容易发生项目瞄偏和漏瞄，进而影响公平正义和社会稳定，因此，建立易地扶贫搬迁目标农户的识别机制不仅是项目目标农户精准识别的基本要求，而且是移民搬迁背景下农户可持续生计分析框架的逻辑起点。

易地扶贫搬迁的瞄准精度和识别有效性对该项活动意义重大。准确识别移民搬迁目标农户可以有效减少"应搬未搬"和"搬富不搬穷"等社会不公及社会救助资源浪费，提高扶贫搬迁政策的针对性和项目资源的配置效率，实现易地扶贫搬迁的"真扶贫"和"扶真贫"。尽管移民搬迁是一种减贫和消除弱势群体贫困状态的有效途径和工具性手段，但由于现行制度设计存在的缺陷，当前政策实施过程中存在"搬富不搬穷"等政策执行目标偏离问题，即实际的搬迁对象偏离了政策规定的目标人群，贫困地区的中高收入群体受益更多。就移民搬迁的政策目标来说，项目遗漏所产生的福利损失显然大于过度覆盖的福利损失。如果发生项目遗漏，农户不仅丧失参与搬迁的权利和机会，而且将失去在安置地可获得的隐性福利和后续支持，而这是贫困农户摆脱贫困陷阱的重要手段。这些问题短期内会给易地扶贫搬迁活动带来显著的负向冲击效应，从长远来看，"谁是值得救助的穷人"这一福利思想会对国家的社会政策乃至社会融合产生巨大影响，厘清谁应享受移民搬迁这种公共救助资源具有重要的政策实践意义（刘凤芹、徐月宾，2016；何得桂、党国英，2015）。

本章依据第三章的总体分析框架，结合相关理论和以往研究，构建了易地扶贫搬迁目标农户识别的分析框架，如图4-1所示。利用农户生计资本和所处生计环境分析实际操作中识别目标农户的决定性因素，实证检验农户"搬得出"的影响因素，再观察政策产生瞄准偏差的问题，进而提出有针对性的提升瞄准效率和减少瞄准错误的识别方法。本书从农户生计资本和所处生计环境的视角构建易地扶贫搬迁目标农户识别机制，试图估算移民搬迁政策福利送达的效率，衡量政策结果与政策目标的匹配度。

易地扶贫搬迁属于公共政策，而大量关于公共政策执行的经验研

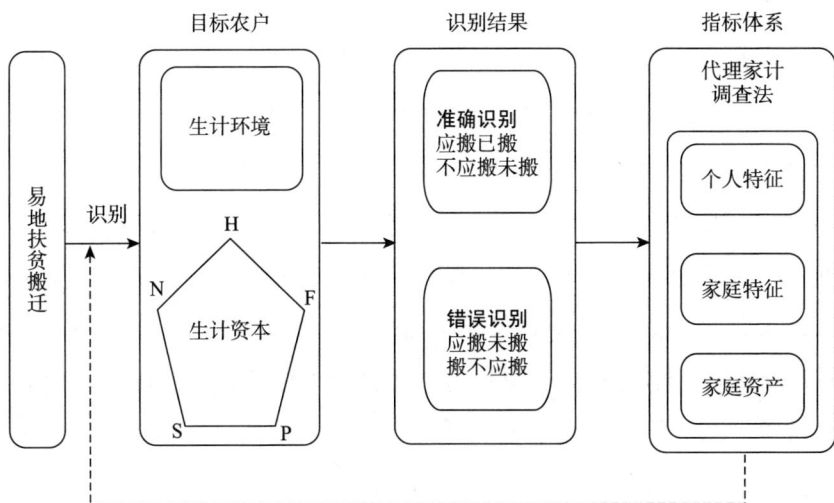

图 4-1　易地扶贫搬迁目标农户识别的分析框架

究表明，文本形态或政府话语体系下的公共政策转化为现实形态的政策并非一个直线的过程，政策目标的实现往往经历政策细化或再规划的过程，中间存在着某种程度上的层级距离，这一距离使政策目标在传递过程中有可能出现信息扭曲和执行偏差，从而导致政策执行在不同层级上容易发生偏差和错误（贺东航、孔繁斌，2011）。

中国的公共政策在执行中形成了中国特色的党政领导下呈现高位推动特点的公共政策执行机制，具有层级性和多属性特点（贺东航、孔繁斌，2011）。易地扶贫搬迁作为典型的多属性公共政策，具有多重政策目标和政策诉求，涉及多级政府部门。层级性可以分为真实性执行和失真性执行两种形态。政策执行失真是指公共政策执行偏离政策既定目标、违背政策本意和初衷、政策产出与政策目标不匹配等问题。作为一项复杂的社会政治实践活动，特别是在基层的行政活动过程中，公共政策执行不可避免地会受到政策质量、政策资源、执行主体、目标群体、制度与环境等因素的影响（翁士洪，2012），发生政策执行失真或偏差现象，这不仅严重影响了公共政策的权威性、有效实施和政策目标实现，而且显著降低了政策执行的效率。

结合贺东航和孔繁斌（2011）提供的有关政策执行的理论框架——"高位推动—层级性治理—多属性治理"，本书将对易地扶贫搬迁政策执行失真，或者说未能实现其扶贫避灾的政策既定目标，进行深入理解和分析。以往研究证实，政策执行的研究策略需要回答两个最为关键的问题，那就是政策执行者和政策目标人群的行为在多大程度上与政策决策保持一致，以及政策结果在多大程度上与政策目标保持一致（Paul，1986）。本书将从农户视角关注目标群体的行为，即农户是否参与移民搬迁。政策结果包含政策产出和政策影响两个方面。政策产出是政策为目标群体提供的服务、产品和资源等，例如搬迁补贴以及后期扶持计划等，可以使用政策瞄准效率对其进行测量。政策影响是政策产出对政策目标群体或政策环境的改变，这种改变通常包含了目标群体或利益相关者的行为与态度的变化（周秀平、李振刚，2015）。本书主要采用"应搬已搬"和"不应搬未搬"比率来衡量政策结果和政策目标的匹配度。

易地扶贫搬迁从中央到地方的执行过程中，如何准确无误地识别应该救助的贫困家庭是至关重要的环节，是政策真实性执行的前提和基础。在本书构建的目标农户识别机制尝试采用政策瞄准有效性评估中广泛应用的指标（覆盖率、遗漏率和渗漏率）来测量易地扶贫搬迁的瞄准效率。在此基础上，基于发生政策执行失真或偏差现象的考虑，找寻易地扶贫搬迁产生瞄准失败或错误的原因。本书试图提供一种政策调整和有效识别的替代方案，将代理家计调查法和多维贫困测量相结合可以克服当前政策执行和识别中严重依赖收入贫困测量方法的弊端，进而大幅提高政策瞄准精度和识别的有效性，降低精英俘获的可能，实现易地扶贫搬迁政策执行中的"公平"搬迁，赋予真正的贫困农户能够"搬得出"的权利和机会。

本章实证分析的思路如下：首先，通过简单的描述性统计比较不同农户在生计资本和生计环境方面的差异，初步判断影响易地扶贫搬迁目标农户识别的决定性因素，并采用覆盖率、遗漏率和渗漏率反映易地扶贫搬迁瞄准效率；其次，从易地扶贫搬迁政策目标的视角，分析政策瞄准失败的深层次原因，在计量模型方面通过建立 MLM（Multinomial Logit Model）模型进一步探讨瞄准偏差和精英俘获现象产生的制度原因；最后，尝试引入代理家计调查法并建模，分析讨论 PMT（Proxy Means Test）模型能否减少瞄准错误，降低遗漏率和渗漏率，进而提升易地扶贫搬迁的瞄准效率。因此，本章试图回答以下几个问题：第一，易地扶贫搬迁在多大程度上覆盖了贫困人口以及搬迁对象具备哪些特征；第二，为什么有些贫困农户符合搬迁条件但没能搬迁，而一些不符合搬迁条件的村庄精英和富裕农户却搬迁了；第三，如何提升当前易地扶贫搬迁的瞄准效率，提高目标农户识别的有效性。

二 计量方法与模型

（1）利用描述性统计方法研究不同农户在生计资本和生计环境方面的差异。

（2）利用 Probit 模型分析易地扶贫搬迁目标农户识别的决定性因素。

在易地扶贫搬迁目标农户识别模拟中，本书采用 Probit 计量经济模型预测农户为搬迁户的概率。作为离散选择系列模型中的一种，Probit 模型可以估计决策者在不同可供选择的选项中做出选择的行为。相比 Logit 和 GEV 模型，它可以处理随机偏好的变动，也允许任何形式的替代，即使跨期重复选择面板数据也能够应用（陈立中，2010）。

本书将农户是否移民搬迁定义为一个二元选择变量 y，当农户移民搬迁时，$y=1$；反之，$y=0$。X 定义为解释变量，包括户主特征、家庭特征和社区变量等。表达式为：

$$p(y=1|X) = F(\alpha_0 + \alpha_1 x_1 + \alpha_2 x_2 + \cdots + \alpha_n x_n + \varepsilon) = F(z) \tag{4-1}$$

上式中，p 为农户参与移民搬迁的概率，$x_1, x_2, \cdots, x_n$ 为解释变量，α_0 是常数项，$\alpha_1, \alpha_2, \cdots, \alpha_n$ 分别作为解释变量的系数，F 是一个取值严格介于 0 到 1 之间的函数，对于所有的实数 z，都有 $0 < F(z) < 1$。$F(z)$ 是一个标准正态分布函数：

$$F(z) = \Phi(z) = \int_{-\infty}^{z} \frac{1}{\sqrt{2\pi}} e^{\frac{-v^2}{2}} dv \qquad (4-2)$$

（3）利用 MLM 模型分析易地扶贫搬迁错误识别的原因。

根据易地扶贫搬迁目标农户的识别结果，本书将所有样本农户划分为"应搬未搬"、"搬不应搬"、"应搬已搬"和"不应搬未搬"四种类型。从福利经济学的角度出发，根据易地扶贫搬迁瞄准失败的利害关系，将"应搬未搬"称为第 Ⅰ 类错误，将"搬不应搬"称为第 Ⅱ 类错误。显而易见，降低遗漏率就是降低第 Ⅰ 类错误（"应搬未搬"）。为了进一步分析易地扶贫搬迁错误识别的原因，本书通过 MLM 模型分析探讨发生两类瞄准错误的情况。

根据研究目的的需要，将"应搬未搬"定义为第 Ⅰ 类农户；将"搬不应搬"定义为第 Ⅱ 类农户；将"应搬已搬"定义为第 Ⅲ 类农户；将"不应搬未搬"定义为第 Ⅳ 类农户（后两类均是准确识别农户）。把上述四种类型视作四项发生事件，其发生概率之和为 1。当因变量所分类别超过三类，而且各类别之间并无次序，应该采用 MLM 模型进行回归分析。Logistic 回归模型并不需要变量分布的假设条件，也不要求变量（特别是因变量）分布的正态性和方差齐性，通过寻找风险因素（即分析某个事件发生的概率）预测事件发生概率的大小，拟合的 Logistic 模型使用最大似然估计法（Maximum Likelihood Estimation，MLE）对回归参数进行估计。模型具体表达式如下：

$$Z_1 = \log(p_1/p_4) = \alpha_1 + \beta_{11}x_1 + \beta_{12}x_2 + \cdots + \beta_{1k}x_k \qquad (4-3)$$

$$Z_2 = \log(p_2/p_4) = \alpha_2 + \beta_{21}x_1 + \beta_{22}x_2 + \cdots + \beta_{2k}x_k \qquad (4-4)$$

$$Z_3 = \log(p_3/p_4) = \alpha_3 + \beta_{31}x_1 + \beta_{32}x_2 + \cdots + \beta_{3k}x_k \tag{4-5}$$

上式中，p_1 为 "应搬未搬" 发生的概率，p_2 为 "搬不应搬" 发生的概率，p_3 为 "应搬已搬" 发生的概率，而 p_4 为 "不应搬未搬" 发生的概率，因此 $p_1 + p_2 + p_3 + p_4 = 1$。将第 IV 类农户 "不应搬未搬" 作为参照组，α_1、α_2 和 α_3 是常数，β_{ik}（$i = 1, 2, 3$；$k = 1, 2, 3, \cdots, n$）为估计系数，而 x_k（$k = 1, 2, 3, \cdots, n$）是自变量。

（4）利用代理家计调查法分析讨论如何提升易地扶贫搬迁的瞄准效率和识别有效性。

代理家计调查法（Proxy Means Test，以下简称 PMT）在一些发展中国家农村扶贫项目的瞄准和实施过程中得到了广泛的应用。代理家计调查法率先在 1980 年被智利政府引入其社会救助项目审核机制中，其后经过不断的修正及完善于 1994 年被哥伦比亚政府全面采用。之后其在许多国家得到推广，比如墨西哥政府在进行学前教育项目注册时使用该法，不久哥斯达黎加政府又将其引入 SIPO 系统等。

代理家计调查法是对农户经济状况的一种判断方法，它通过确定一些被赋予权重的代理变量或指标，来识别或预测农户家庭的经济状况。代理家计调查法的信息收集成本低，操作简单，易于理解，指标权重的确定更为合理，具体使用方法如下。首先，确定影响贫困农户收入或消费的主要变量（即代理变量）。以从农户家庭收集来的与家庭收入消费相关的几个核心指标，如就业、文化程度、健康状况、家庭结构、地理位置、拥有的耐用品数量等为依据，将这些代理变量或指标引入 OLS 回归模型。其次，根据 OLS 回归模型的结果确定每个变量的权重，并通过计算获得每个样本农户的累计分数（或 PMT 分数），用来反映预测的农户收入。分数越低，农户越贫困，以此确定农户是否处于贫困线以下以及是否应该参与移民搬迁。再次，确定每个样本的 PMT 分数之后，需要认定农户家庭是贫困的而且其有资格参与移民搬迁。普遍的做法是依据农户家庭实际年人均纯收入的分布设置相应的门槛线（Cut-off

Line)。门槛线的设置是以百分位数表示，例如第 15 百分位数，第 20 百分位数，第 25 百分位数等，计算该百分位数所对应的门槛线分数，进而判定某样本农户是否具有资格参与移民搬迁。如该农户预测分数小于门槛线分数（瞄准线）即为贫困农户，并且分数越小，贫困状况越严重。最后，通过设置门槛线确定门槛线分数，研究者就可以计算移民搬迁的精确瞄准和错误瞄准的比率。政策制定者通常依据可行的政府预算所能承载的最大贫困农户数量划定门槛线，同时门槛线的选择将严重影响瞄准效率的水平。在确定门槛线分数作为判定贫困和搬迁资格的标准之后，就可以对模型的瞄准效率进行评估，并与已有瞄准情况进行比较等。

三 变量选取及说明

针对一项政策的瞄准效率，国内外研究通常使用以下几个相关指标进行测量：覆盖率、遗漏率和渗漏率。第 I 类错误用覆盖率和遗漏率来衡量，减少第 I 类错误，遗漏率降低；第 II 类错误用渗漏率表示，减少这类错误，渗漏率降低。显而易见，覆盖率＝实际参与移民搬迁的贫困户数量/贫困农户总数，而遗漏率反映移民搬迁的漏瞄或第 I 类错误，即"应搬未搬"的比例（遗漏率＝实际未参与移民搬迁的贫困户数量/贫困农户总数）。渗漏率反映移民搬迁的误瞄或第 II 类错误，即"搬不应搬"的比例（渗漏率＝实际参与移民搬迁的非贫困户数量/参与移民搬迁的样本农户总数）。上述这几个指标计算简便、易于理解，这样的特性使得它们经常被应用到实践当中。

为了更好地理解易地扶贫搬迁目标农户识别的决定性因素，本书基于以往相关研究，结合课题组前期成果以及实地调查所获情况，使用"是否参与移民搬迁"这个变量来反映农户的移民搬迁行为。移民搬迁行为对山区农户的影响作用非常直接，其生计能力和生计策略的变化以是否参与移民搬迁工程为前提。具体地，本书 Probit 回归模型中的被解释变量为"是否参与移民搬迁",为二元选择变量;MLM 模型中的被解释变量为"识别结果",为多分类变量;代理家计调查法采用的OLS 模型中的被解释变量为"农户收入",在实际回归操作当中,本书对其取自然对数无量纲化后纳入模型。

在当前的易地扶贫搬迁识别机制中,识别目标农户的方法为在总指标的控制下,由基层政府通过建档立卡和村级民主评议来识别搬迁对象。换句话说,当前的移民搬迁识别机制主要依赖对建档立卡贫困人口的识别。根据经验性判断和理论研究,结合过往对贫困识别和影响因素的研究,本书挑选在实际中与家庭福利等经济状况相关并相对容易收集的变量。由于本书的研究目的是寻找移民搬迁目标农户的识别指标而非移民搬迁的决定因素,因而没有将自变量的内生性问题考虑在内。选择的解释变量涉及农户生计资本和所处生计环境两个方面,用以反映影响易地扶贫搬迁目标农户识别和政策瞄偏的决定性因素。

1. 生计资本

(1)自然资本。本书使用"人均耕地面积"体现农户家庭拥有自然资本的水平。"人均耕地面积"是衡量农户自然资本的重要指标,决定农户进行扩大再生产资本投资的能力,某种程度上还影响农户捕获外部资源的能力(刘伟等,2014)。

(2)人力资本。人力资本体现为农户中以家庭成员数量和质量表示的资本。在家庭成员数量以及劳动能力方面,"家庭规模"对农户收入水平和贫困的影响非常显著,较小的家庭规模对减缓贫困具有十分重要的意义(杨国涛等,2010)。"65 岁以上人员比重"和"16 岁以下人员比重"反映家庭成员获取收入的能力(汪三贵等,2007b)。与老年人和儿童相比,年龄在 16~65 岁之间的家庭成员可以赚取更多工资报酬,因此该年龄段成员越多,农户家庭陷入贫困的可能性就越小。家庭成员质量方面包括教育、健康和培训。其中,"平均受教育年限"可以准确反映农户家庭的人力资本水平,是影响农户生计活动收入的重要因素。受教育程度越高，家庭的人均收入越高，因而相比低教育水平或没有受过教育的家庭，其贫困发生率更低，即教育回报可以提升家庭的生活水平，但关于教育回报率方面的研究争议比较大。疾病是农户家庭面临的一大风险，严重影响农户的生产和生活积极性，家庭成员患病对农户家庭来说有时是致命的打击，因此本书使用"健康状况"来表征农户家庭面临的疾病风险。健康对农户收入的影响是深远的，高梦滔和姚洋（2005）指出劳动力遭受疾病侵袭对其家庭收入有持续影响。劳动力患病后可能部分或完全丧失劳动能力、家庭成员进行照料挤占劳动时间以及患病可能直接影响农户家庭当年的生产性投资和对子女教育的投资等，进而对提升收入水平造成长期影响。"是否接受过培训"可以直接反映农户家庭接受培训的情况。屈小博（2013）的研究指出，劳动力培训是提高劳动力专业化技能水平和专业化人力资本积累水平的有效途径之一。

此外，户主作为家庭最高决策者的作用至关重要。家庭是否陷入贫困与户主的个人素质、生活阅历以及处理外界信息事务的能力关系密切，因此本书使用"户主年龄"、"户主性别"和"户主宗教信仰"这三个指标来判断户主个人特征对农户家庭的影响。考虑到可能存在不可观测或者难以度量的影响因素，用于模型估算的特征变量还增加了"户主年龄平方"。

（3）物质资本。物质资本包括挖掘机、铲车、机动三轮车、拖拉机等生产性工具，摩托车、汽车等交通工具以及电视、冰箱、洗衣机等生活耐用品等共计 11 项，本书对其进行标准化处理，方法参见李聪等（2014）、邰秀军等（2009）的研究。具体计算公式为：

$$Z_i = (x_i - x_{\min}) / (x_{\max} - x_{\min}) \qquad (4-6)$$

其中，Z_i 为农户 i 的变量标准化处理值，x_i 为农户 i 的变量取值，$x_{\max}$ 和 $x_{\min}$ 分别为变量取值中的最大值和最小值。经过一番处理以后，该变量的取值在 0 到 1 之间，数值越趋近 1，代表农户所拥有的家庭资产越丰厚。

（4）金融资本。信贷资本由"有无从银行贷款"、"在银行有无存款"和"有无从亲朋好友处借款"三个指标合成，具体处理方法参见李小云等（2007）的资本指标计算方法。"非农收入比重"作为衡量和识别贫困对象的重要依据，用以反映农户家庭的生计类型和收入方式。一般认为多样化的农户兼业方式和生计策略可以为家庭带来更高收入和提高抵御外部风险冲击的能力。

（5）社会资本。该变量的测量依据宏观和微观两个层面。宏观资本方面，本书使用"参加专业合作协会数量"、"拥有特殊经历人数"和"集体事务参与程度"三个变量来表示。微观社会资本方面，本书使用"人情礼金费用"和"通信费用"来表征农户家庭社会网络的规模。而边燕杰（2004）的研究认为，社会网络的异质性程度更能体现社会资本的质量，因此本书使用"亲戚中有无公职人员"来测量社会网络的异质性。

2. 生计环境

在不考虑经济社会和政策制度作用的情况下，自然地理环境的贫困效应十分明显（曲玮等，2012）。本书使用"是否靠近自然保护区"、"到镇上的距离"、"与小学的距离"、"与初中的距离"和"是否遭受负面冲击"这五个变量来反映农户所处的生计环境。由于自然保护区实施较为严格的环境保护政策，因此"是否靠近自然保护区"直接关系到农户家庭的收入和消费方式是否受限（黎洁、邰秀军，2009）。陕南地区的农户居住分散，而镇政府所在地往往是地理位置优越、公共设施便利、商业相对集中的地方，因此"到镇上的距离"可以反映农户所在村庄距离商店、农产品加工点等生活设施的远近程度，这些地方对于贫困山区农户日常的生产和消费活动至关重要，某种程度上充当着市场的角色，可以表征农户所处的生计环境。到小学和中学的距离是陕南地区生活环境的一项重要指标，本书使用"与小学的距离"和"与初中的距离"这两个变量判断农户家庭学龄子女接受素质教育的便捷程度，距离较远可能是贫困山区农户接受教育的主要障碍。"是否遭受负面冲击"是指农户家庭在过去的一年中是否由于自然灾害和重大意外遭受农林业、养殖业和财产方面的损失，用以考察农户面临的风险。此外，本书在回归模型中还增加了"地区变量"。具体的变量定义及说明见表4-1。

表4-1　变量设置

变量	变量设置
被解释变量	
是否参与移民搬迁	虚拟变量。是=1，否=0
识别结果	应搬未搬=1，搬不应搬=2，应搬已搬=3，不应搬未搬=4
农户收入（元）	农户家庭年人均纯收入的自然对数
解释变量	
生计资本	
自然资本	
人均耕地面积（亩）	连续变量
人力资本	
家庭规模（人）	农户家庭的人口数量
65岁以上人员比重（%）	65岁以上人数/家庭规模
16岁以下人员比重（%）	16岁以下人数/家庭规模
平均受教育年限（年）	所有家庭成员的平均受教育年限
健康状况	医疗费用占家庭总收入20%以下=1，医疗费用占总收入20%~50%=2，医疗费用占总收入50%以上=3
是否接受过培训	虚拟变量。是=1，否=0
户主年龄（岁）	连续变量
户主性别	男性户主=1，女性户主=0
户主宗教信仰	是否有宗教信仰。虚拟变量。是=1，否=0
物质资本	
家庭资产	农户家庭拥有各项资产的极差标准化

变量	变量设置
金融资本	
信贷资本	由"有无从银行贷款"、"在银行有无存款"和"有无从亲朋好友处借款"三个指标合成
非农收入比重（%）	非农收入/家庭总收入
社会资本	
参加专业合作协会数量（个）	连续变量
拥有特殊经历人数（人）	拥有特殊经历（包括曾经是村干部、农村智力劳动者、企事业职工或军人等经历）的家庭成员数量
集体事务参与程度	很高=1，高=2，一般=3，低=4，很低=5
人情礼金费用（元）	连续变量
通信费用（元）	连续变量
亲戚中有无公职人员	虚拟变量。是=1，否=0
生计环境	
是否靠近自然保护区	虚拟变量。是=1，否=0
到镇上的距离（公里）	连续变量
与小学的距离（公里）	连续变量
与初中的距离（公里）	连续变量
是否遭受负面冲击	虚拟变量。是=1，否=0
地区变量	汉滨区=1，石泉县=2，宁陕县=3，紫阳县=4，平利县=5

注：1亩≈666.67平方米。

第二节　描述性统计分析

表4-2给出全样本、搬迁户和非搬迁户在生计资本和生计环境指标方面的对比。搬迁户拥有的生计资本中，家庭规模、65岁以上人员比重、16岁以下人员比重、平均受教育年限、是否接受过培训、户主性别、家庭资产、信贷资本、非农收入比重、参加专业合作协会数量、人情礼金费用和通信费用的均值都大于非搬迁户，高于平均水平；而人均耕地面积、健康状况、户主年龄、户主宗教信仰、拥有特殊经历人数

和集体事务参与程度的均值都小于非搬迁户，低于平均水平。生计环境指标方面，与非搬迁户相比，搬迁户是否靠近自然保护区和是否遭受负面冲击的均值较大，而到镇上的距离、与小学的距离、与初中的距离的均值较小。

以上对比搬迁户和非搬迁户各类指标的结果显示两者之间的特征存在一定差异。本书可以推断农户家庭的生计资本和生计环境特征变量可能是影响易地扶贫搬迁目标农户识别的决定性因素和导致政策瞄偏的根本性原因，但将他们的各项指标进行简单比较只能反映一种表象，并不能说明两者之间的因果关系，具体哪些变量是决定性因素和根本性原因需要更为精确的计量。

表 4-2　搬迁与非搬迁样本农户特征的描述性统计信息

变量	农户		
	全样本（N = 1404）	搬迁户（N = 408）	非搬迁户（N = 996）
生计资本			
人均耕地面积	1.55 (2.80)	1.20 (3.17)	1.70 (2.63)
家庭规模	3.65 (1.57)	4.17 (1.56)	3.44 (1.52)
65 岁以上人员比重	0.14 (0.25)	0.15 (0.23)	0.14 (0.27)
16 岁以下人员比重	0.13 (0.17)	0.15 (0.17)	0.12 (0.17)
平均受教育年限	6.25 (2.83)	6.38 (2.54)	6.19 (2.93)
健康状况	2.30 (0.78)	2.29 (0.78)	2.30 (0.78)
是否接受过培训	0.25 (0.43)	0.31 (0.46)	0.22 (0.42)
户主年龄	50.49 (12.75)	50.03 (13.04)	50.68 (12.63)

续表

变量	农户		
	全样本（N=1404）	搬迁户（N=408）	非搬迁户（N=996）
户主性别	0.89 (0.32)	0.92 (0.27)	0.88 (0.33)
户主宗教信仰	0.08 (0.26)	0.04 (0.19)	0.09 (0.28)
家庭资产	0.24 (0.14)	0.28 (0.13)	0.23 (0.14)
信贷资本	0.28 (0.25)	0.36 (0.25)	0.25 (0.24)
非农收入比重	0.55 (0.37)	0.66 (0.35)	0.51 (0.37)
参加专业合作协会数量	0.05 (0.25)	0.08 (0.31)	0.04 (0.21)
拥有特殊经历人数	0.45 (0.86)	0.41 (0.78)	0.46 (0.90)
集体事务参与程度	3.33 (1.16)	3.10 (1.18)	3.42 (1.14)
人情礼金费用	2362.44 (3307.57)	3167.77 (4434.56)	2032.55 (2644.49)
通信费用	114.39 (140.60)	152.10 (195.32)	98.94 (106.98)
亲戚中有无公职人员	0.25 (0.43)	0.25 (0.43)	0.25 (0.43)
生计环境			
是否靠近自然保护区	0.40 (0.49)	0.51 (0.50)	0.35 (0.48)
到镇上的距离	9.50 (8.05)	8.49 (7.01)	9.92 (8.40)
与小学的距离	2.69 (4.54)	0.99 (2.32)	3.38 (5.01)
与初中的距离	8.99 (7.70)	7.75 (7.17)	9.50 (7.86)
是否遭受负面冲击	0.11 (0.32)	0.13 (0.34)	0.10 (0.30)

注：括号内数值为标准差。

表 4 - 3 的描述性统计结果显示，不同识别结果的农户在生计资本和生计环境特征变量之间表现出一定程度的差异性。第Ⅲ类农户拥有的人均耕地面积显著少于其他三种类型，而第Ⅳ类农户的人均耕地面积是最多的，由此可以推测人均耕地面积在搬迁识别和瞄准方面的重要性。第Ⅰ类农户的平均受教育年限明显偏低，只有 5.74 年，而第Ⅲ类农户最高，达到 6.57 年，可以反映出政策在较大程度上覆盖了文化程度偏高的农户群体。健康状况方面，第Ⅰ和Ⅲ类农户的均值相差无几，明显高于第Ⅱ和Ⅳ类农户，说明值得救助的搬迁群体不仅在经济生活上表现出相对弱势，其健康状况同样较差。总体来说，第Ⅰ类农户的资本要素禀赋相对弱势，可获资源相对稀缺，这从物质资本和金融资本的均值上得以体现。

针对第Ⅱ类农户，他们拥有一定数量的耕地面积、相对较高的文化程度和较为健康的体魄，在整个资本要素禀赋方面相对第Ⅰ类农户拥有绝对优势，特别表现在物质、金融和社会资本上，比如人情礼金费用、通信费用以及亲戚中有无公职人员，这些特征变量对农户信息捕捉和资源获取至关重要。

表 4 - 3　不同识别结果农户特征的描述性统计信息

变量	识别结果			
	应搬未搬（第Ⅰ类农户）N = 348	搬不应搬（第Ⅱ类农户）N = 282	应搬已搬（第Ⅲ类农户）N = 115	不应搬未搬（第Ⅳ类农户）N = 611
生计资本				
人均耕地面积	1.12（1.34）	1.29（1.43）	0.50（0.74）	2.08（3.13）
家庭规模	3.48（1.60）	4.12（1.58）	4.16（1.43）	3.39（1.47）
65 岁以上人员比重	0.17（0.29）	0.16（0.22）	0.14（0.25）	0.13（0.25）

续表

变量	识别结果			
	应搬未搬 （第 I 类农户） N = 348	搬不应搬 （第 II 类农户） N = 282	应搬已搬 （第 III 类农户） N = 115	不应搬未搬 （第 IV 类农户） N = 611
16 岁以下人员比重	0.13 (0.18)	0.15 (0.17)	0.16 (0.18)	0.12 (0.17)
平均受教育年限	5.74 (3.11)	6.33 (2.51)	6.57 (2.53)	6.40 (2.79)
健康状况	2.59 (0.68)	2.18 (0.76)	2.56 (0.75)	2.15 (0.79)
是否接受过培训	0.17 (0.38)	0.33 (0.47)	0.27 (0.44)	0.24 (0.43)
家庭资产	0.21 (0.14)	0.28 (0.13)	0.28 (0.12)	0.24 (0.14)
信贷资本	0.22 (0.24)	0.39 (0.24)	0.27 (0.25)	0.27 (0.24)
非农收入比重	0.53 (0.41)	0.68 (0.31)	0.61 (0.42)	0.51 (0.34)
参加专业合作协会数量	0.01 (0.11)	0.09 (0.34)	0.03 (0.16)	0.06 (0.26)
拥有特殊经历人数	0.43 (0.96)	0.42 (0.73)	0.38 (0.87)	0.47 (0.84)
集体事务参与程度	3.55 (1.13)	3.07 (1.14)	3.16 (1.23)	3.30 (1.13)
人情礼金费用	1459.74 (2256.44)	3302.07 (3446.99)	2130.44 (2087.11)	2335.22 (2727.94)
通信费用	82.87 (93.72)	143.79 (136.89)	166.46 (295.73)	106.28 (112.05)
亲戚中有无公职人员	0.20 (0.40)	0.26 (0.44)	0.20 (0.40)	0.27 (0.44)
生计环境				
是否靠近自然保护区	0.29 (0.45)	0.49 (0.50)	0.57 (0.50)	0.37 (0.48)
到镇上的距离	10.09 (8.33)	9.40 (7.45)	6.10 (5.43)	10.04 (8.44)

续表

变量	识别结果			
	应搬未搬 （第 I 类农户） N = 348	搬不应搬 （第 II 类农户） N = 282	应搬已搬 （第 III 类农户） N = 115	不应搬未搬 （第 IV 类农户） N = 611
与小学的距离	4.07 (5.68)	1.12 (2.54)	0.70 (1.67)	3.05 (4.51)
与初中的距离	9.32 (7.61)	8.48 (7.74)	5.84 (5.26)	9.77 (8.00)
是否遭受负面冲击	0.11 (0.31)	0.13 (0.33)	0.12 (0.33)	0.09 (0.29)

注：括号内数值为标准差。

以下根据课题组微观一手调查数据，利用 Stata 12.0 统计分析软件，对样本调查地易地扶贫搬迁项目的瞄准和测算情况进行描述性统计，结果报告如下。

需要说明的是，被调查农户是否参与移民搬迁的统计时间为 2011 年以前，而是否为贫困户使用了 2011 年的数据进行测算，这样就形成了统计时间上的差异，本书无法回避由此带来的误差。理想的状况应该是是否参与移民搬迁的时间对应是否为贫困户的时间，而且捕捉那些被认定为搬迁户但尚未进行搬迁的农户信息。

表 4-4 是样本调查地移民搬迁项目的瞄准情况。在 2011 年调查的全部样本农户中，463 户农户家庭的年人均纯收入低于国家贫困线（年人均纯收入 2300 元），即全部样本中 34.14% 的农户陷于收入贫困，而在所有的收入贫困农户中，有 115 户参与移民搬迁项目，项目覆盖率是 24.84%，项目瞄准的遗漏率是 75.16%，即有 3/4 的收入贫困农户被排除在移民搬迁项目之外。而在非收入贫困样本农户中，有 282 户获得了搬迁，即移民搬迁项目瞄准的渗漏率是 71.03%，换句话说，超过 7/10 的获得移民搬迁项目支持的农户为非收入贫困农户，即作为陕南移民搬迁项目实施的起始年份，2011 年样本调查地移民搬迁项目的瞄准效

率较低。

表4-4　样本调查地移民搬迁项目瞄准情况

单位：户，%

	收入贫困户	非收入贫困户	合计
搬迁户	115	282	397
非搬迁户	348	611	959
合计	463	893	1356
遗漏率	75.16	—	—
覆盖率	24.84	—	—
渗漏率	—	71.03	—

第三节　易地扶贫搬迁目标农户识别的实证分析

一　Probit 模型回归分析

一般而言，对移民搬迁目标农户进行识别时，需要考虑两方面的因素：一方面是家庭消费标准低；另一方面是家庭收入标准低。由于农户消费和支出的度量极其困难，再加上选择性消费和个人偏好，消费支出低的农户家庭并非完全属于贫困户，因而在实际操作中，研究者往往采用收入指标作为衡量和识别贫困农户的依据，但由于目前我国收入并没有完全货币化，特别是在偏远的西部山区，隐性收入和实物收入的问题不可规避，所以采用一些显性的指标（例如家庭生产生活工具、耐用品等）。本书选用前者进行实证分析，将一些显性指标纳入识别的决定性因素中。表4-5给出了易地扶贫搬迁农户识别的 Probit 模型回归结果。本书认为，虽然农户的生计资本是影响贫困的主要因素，但贫困问题从来不是一个单纯受经济社会和文化制度等人文环境约束的问题，恶劣的自然地理环境也会严重影响某一地区的经济发展和农民增收，因此计量回归模型 1 中仅包含生计资本变量，而全模型 2 是在模型 1 的基础上引入生计环境变量和地区变量。

表 4 - 5　易地扶贫搬迁农户识别的 Probit 分析（ASLE2011）

变量	模型 1		模型 2	
	边际效应	Z 值	边际效应	Z 值
生计资本				
人均耕地面积	- 0. 14 ***	- 4. 32	- 0. 12 ***	- 3. 30
家庭规模	0. 12 ***	3. 80	0. 14 ***	3. 89
65 岁以上人员比重	0. 68 ***	3. 14	0. 62 ***	2. 68
16 岁以下人员比重	- 0. 14	- 0. 51	- 0. 14	- 0. 47
平均受教育年限	- 0. 02	- 1. 36	- 0. 02	- 1. 24
健康状况				
≤20% （对照组）	—	—	—	—
20% ~ 50%	- 0. 05	- 0. 41	0. 12	0. 95
≥50%	- 0. 09	- 0. 89	0. 12	0. 98
是否接受过培训	0. 28 ***	2. 94	0. 39 ***	3. 66
户主年龄	- 0. 04 *	- 1. 71	- 0. 03	- 1. 21
户主年龄平方	0. 00 *	1. 77	0. 00	1. 34
户主性别	0. 39 ***	2. 85	0. 29 *	1. 91
户主宗教信仰	- 0. 51 ***	- 2. 80	- 0. 37 *	- 1. 81
家庭资产	0. 04	0. 12	0. 36	0. 87
信贷资本	0. 66 ***	3. 85	0. 44 **	2. 35
非农收入比重	0. 42 ***	3. 65	0. 67 ***	5. 09
参加专业合作协会数量	0. 30 *	1. 92	0. 29 *	1. 76
拥有特殊经历人数	- 0. 11 **	- 2. 17	- 0. 11 *	- 1. 90
集体事务参与程度	- 0. 10 ***	- 2. 86	- 0. 11 ***	- 2. 77
人情礼金费用	0. 00 ***	2. 69	0. 00	1. 14
通信费用	0. 00 **	2. 37	0. 00	0. 20
亲戚中有无公职人员	- 0. 25 ***	- 2. 60	- 0. 22 **	- 2. 10
生计环境				
是否靠近自然保护区			0. 68 ***	5. 46
到镇上的距离			0. 05 ***	2. 68

变量	模型 1		模型 2	
	边际效应	Z 值	边际效应	Z 值
与小学的距离			− 0.09 ***	− 5.35
与初中的距离			− 0.06 ***	− 3.07
是否遭受负面冲击			0.44 ***	3.02
地区变量				
汉滨区（对照组）	—	—	—	—
石泉县			0.08	0.57
宁陕县			− 1.08 ***	− 5.81
紫阳县			− 0.09	− 0.52
平利县			− 0.09	− 0.58
常数	− 0.36	− 0.55	− 0.75	− 1.05
Pseudo R²	0.1341		0.2405	
样本数	1302		1292	

注： $*p < 0.1$ ， $**p < 0.05$ ， $***p < 0.01$ 。

表 4 – 5 的回归结果表明，各解释变量对易地扶贫搬迁农户识别的影响不尽相同。模型 1 中，人均耕地面积、家庭规模、65 岁以上人员比重、是否接受过培训、户主年龄、户主性别、户主宗教信仰、信贷资本、非农收入比重、参加专业合作协会数量、拥有特殊经历人数、集体事务参与程度、人情礼金费用、通信费用和亲戚中有无公职人员对易地扶贫搬迁农户识别产生显著性的影响。具体来说，随着家庭人均耕地面积的增加，被识别为搬迁户的可能性也降低。土地资源尤其是人均耕地面积对农户收入有显著的正向影响，人均耕地面积越多，理论上农户家庭陷入贫困的可能性越小，表明政策倾向排斥自然资本更为丰厚的农户。

人力资本方面，家庭规模变量表现出 1% 的正向显著水平，Probit 模型的回归结果显示，当其他变量保持不变时，农户家庭人口数量每增加 1 人，农户参与搬迁项目的概率平均增加 12%。一般而言，家庭规模越大的农户劳动力越多，亦能有效提升收入水平。如果将农户视为一个独立的生产单位，根据其所拥有的耕地资源和资本禀赋等，不同生产单位对人口数量的需求并不一致，即随着家庭人口数量的变化，农户获得搬迁的概率存在一定的不确定性。在没有给出的结果中，本书尝试在模型 1 中加入"家庭规模的平方"这一变量，可以观察到家庭规模和搬迁救助决定之间并非简单的线性变化关系，"家庭规模的平方"也处于统计显著水平。由于平方项的 Z 值为负，故推断在移民搬迁农户识别过程中存在自我选择的问题。农户家庭中年龄在 65 岁以上的成员越多，被识别为搬迁户的可能性越高，可能的解释是老年负担比这一变量与家庭结构存在相关关系，两者共同影响农户获得搬迁的可能性。中国农村的主干家庭不仅有利于经济储蓄，而且成年人的农业和非农收入以及老年人的金融储备均能够在全部家庭成员中共享。与仅有老年人的家庭相比，主干家庭被识别为搬迁户的可能性更高。教育和健康对搬迁救助决定的影响并不显著，这与前文的描述性统计保持一致，搬迁政策并未将文化程度低、健康状况差的农户家庭识别为目标农户，而这些特征恰巧与贫困相生相伴。培训可以提高劳动力专业化技能水平和专业化人力资本积累水平，使外出务工和本地就业人员能够拥有专业技能进而赚取工资和收入。该变量在模型中表现出显著的正向影响，表明农户接受培训后被识别为搬迁户的可能性更高。至于户主特征方面，户主年龄同样表现出自我选择的行为，随着户主年龄的增加，被识别为搬迁户的可能性降低，当年龄增加到某一临界点，农户获得搬迁的概率开始增加。户主性别对搬迁救助决定有显著的正向影响，而户主宗教信仰的影响显著为负。在其他条件保持不变的情况下，男性户主家庭被识别为搬迁户的可能性明显高于女性户主家庭，而如果户主具有宗教信仰，获得搬迁的概率要明显低于无信仰家庭。本书认为户主年龄和户主性别变量对易地扶贫搬迁农户识别有明显的影响，针对目标农户的识别倾向排除女性户主家庭。

家庭资产作为重要的物质资本未见对搬迁救助决定有显著影响，这可能是由于西部农村生产工具和生活耐用品等在农户之间并不存在异质性，方差波动较小，当然也有可能是由于农户倾向隐瞒或少报自己的资产和收入，这在以往的农村调查中并不少见。理论上搬迁项目应该识别和瞄准资产较少的农户，这一结果表明未来需要加强对家庭资产的识别。金融资本中的信贷资本和非农收入比重均在 1% 的显著性水平上表现出强劲的正向边际效应，说明拥有一定的借贷能力和家庭储蓄可以增加农户获得搬迁的可能性，佐证了前文提到的"精英控制"或"精英捕获"现象。

宏观社会资本方面，农户参加专业合作协会的数量在 10% 的统计水平上保持显著，方向为正，而拥有特殊经历人数和集体事务参与程度对搬迁救助决定有显著的负向影响。微观社会资本中的人情礼金费用和通信费用分别在 1% 和 5% 的显著性水平上保持正向影响，而亲戚中有无公职人员却表现出显著的负向影响。尽管各个表征社会资本的变量对搬迁救助决定的影响并不相同，但对人力资本和物质资本都相当匮乏的贫困山区来说，相互搀扶式的民间社会网络、非正式信贷以及现金和礼物的馈赠等社会资本作为"穷人的资本"，在抵御风险冲击、重塑农户生计等方面起到重要作用（刘彬彬等，2014），可以增加农户获得搬迁的可能性。理论上农户集体事务参与程度对其能够获得搬迁项目有显著的正向影响，本书的这一结果恰好与理论假设完全相反。可能的解释是，尽管农户积极参加集体事务并向基层政府靠拢，但一定的搬迁成本成为阻碍他们获得搬迁项目的重要因素。

模型 2 在生计资本特征变量的基础上，增加了五个生计环境特征变量来解释搬迁救助的决定性因素。生计环境变量中，是否靠近自然保护区、到镇上的距离、与小学的距离、与初中的距离和是否遭受负面冲击五个变量，对搬迁救助决定有明显的影响。针对在模型 1 中对目标农户识别有显著影响的生计资本变量，在模型 2 中，除户主年龄、人情礼金费用和通信费用变得不再显著外，其余变量仍然对目标农户的识别有显著影响。回归结果显示，是否靠近自然保护区和到镇上的距离在1%的统计水平上对搬迁救助决定有正向影响，而与小学的距离和与初中的距离显著性则完全相反，负向影响明显。如果农户的居住地靠近自然保护区，其收入和消费方式会遭受一定程度的限制，而区域性的禁止开发和限制开发等保护政策会导致当地公共服务设施薄弱和基础设施建设缓慢，存在水源供给保障率低、出行困难、居住条件落后等诸多问题。而集镇在陕南山区集商贸、文化、教育、卫生、信息等于一体，在农户的生产、交换和消费活动中扮演着极其重要的集市角色，如果居住地距离集镇太远，农户家庭的日常生活诸如购物、看病和子女上学就会受到严重影响，无形中会增加农户的时间成本和机会成本。这两个变量的影响作用符合本书的预期，政策倾向将这种类型的农户识别为移民搬迁的目标农户，如果农户的居住地靠近自然保护区并且距离集镇远，其获得搬迁的可能性更高。另外，本书发现农户离小学和初中的距离越近，获得搬迁的可能性越高。以往研究已经证明，与小学和初中的距离作为农村生活环境的重要指标，可以反映农村地区教育的艰苦程度，较长的路途可能是抑制贫困地区经济发展的关键因素，同时也是农村人口迁移的重要诱因（姚树洁等，2010；欧璟华等，2015）。易地扶贫搬迁旨在通过提升教育质量特别是义务教育质量促进贫困地区全面发展，赋予农村儿童获得公平教育的权利和机会，但这一结果表明教育条件较为艰苦的农户被识别为搬迁户的可能性更低。是否遭受负面冲击对搬迁救助决定表现出显著的正向影响，说明政策运行中采用的贫困人口识别方式和目标识别机制除综合考虑申请农户的金融资本和人力资本状况外，还考虑到自然灾害等负面冲击因素。这一变量对搬迁农户的选择产生明显的影响。

就地区变量对搬迁救助决定的影响而言，五个样本区县中农户年人均纯收入相对较低的宁陕县参与搬迁项目的概率明显低于其他四个收入相对较高的区县。事实上由于样本调查地各区县之间生态环境和文化惯习等非经济因素基本相同，因此本书可以推断地区变量中的经济发展水平是影响搬迁救助决定的直接因素，而当前的政策瞄准方向朝非贫困地区和农户倾斜的态势非常明显。

二　MLM 模型估算结果

易地扶贫搬迁属于公共政策，而一项公共政策的执行产生错误识别和瞄偏在所难免。本书通过引入 MLM 模型对发生瞄偏的情况进行分析，旨在深入挖掘"应搬未搬"和"搬不应搬"农户的特征和属性，进一步探索移民搬迁项目错误识别的原因。MLM 模型中对照组为第 I 类农户即"应搬未搬"农户。

表 4-6 的计量结果显示，与"应搬未搬"农户相比，非收入贫困农户之所以能够获得移民搬迁主要是因为拥有更多的土地资源、更大的家庭规模和 65 岁以上人员比重、更多接受过培训的家庭成员、更为丰厚的家庭资产和信贷资本、更大的非农收入比重，参加专业合作协会的数量更多，人情礼金费用更高以及更靠近自然保护区；家庭健康状况更少集中在医疗费用占家庭总收入 50% 以上这个层次、拥有特殊经历人数更少、集体事务参与程度更低以及与小学的距离更近。本书发现，与对照组农户相比，"搬不应搬"农户拥有更多的土地资源、家庭资产、信贷资本和社会资本。这一发现回应了本章节分析框架部分所阐述的易地扶贫搬迁等农村扶贫项目中存在的"精英控制"现象，显然良好的借贷能力和资金储备有利于农户在争夺社会救助资源和扶贫资金时表现出相对优势。

与"应搬未搬"农户相比，同是收入贫困农户但能够获得移民搬迁主要是因为拥有更少的人均耕地面积、更大的家庭规模和 65 岁以上人员比重、更多的人情礼金费用，集体事务参与程度更低，户主无宗教信仰和更靠近自然保护区。整体上来说，尽管都属于收入贫困农户，但是获得移民搬迁的家庭同时表现出更明显的自然资本贫困和生计环境约束特征，尤其是遭受负面冲击方面，如果农户遭受自然灾害等负面冲击，获得搬迁的可能性将变高。

表 4 - 6   易地扶贫搬迁错误识别的 MLM 模型分析（ASLE2011）

变量	搬不应搬（第Ⅱ类农户）		应搬已搬（第Ⅲ类农户）		不应搬未搬（第Ⅳ类农户）	
	边际效应	Z 值	边际效应	Z 值	边际效应	Z 值
生计资本						
人均耕地面积	0.21 **	2.24	- 0.84 ***	- 3.88	0.37 ***	4.97
家庭规模	0.14 *	1.67	0.17 *	1.66	- 0.14 *	- 1.98
65 岁以上人员比重	1.17 **	2.14	1.26 *	1.74	0.09	0.22
16 岁以下人员比重	- 0.56	- 0.82	- 0.08	- 0.10	- 0.27	- 0.50
平均受教育年限	- 0.01	- 0.26	- 0.04	- 0.68	0.02	0.74
健康状况						
≤20%（对照组）	—	—	—	—	—	—
20% ~ 50%	0.24	0.77	- 0.50	- 1.08	- 0.14	- 0.57
≥50%	- 1.09 ***	- 3.74	0.12	0.32	- 1.36 ***	- 5.95
是否接受过培训	1.09 ***	4.27	0.12	0.37	0.26	1.26
户主年龄	- 0.07	- 1.30	- 0.01	- 0.10	- 0.00	- 0.01
户主年龄平方	0.00	1.51	0.00	0.09	0.00	0.13
户主性别	0.33	0.93	0.40	0.94	- 0.24	- 0.99
户主宗教信仰	- 0.19	- 0.40	- 2.37 **	- 2.12	0.20	0.59
家庭资产	1.67 *	1.70	0.80	0.65	1.37 *	1.81
信贷资本	1.49 ***	3.37	0.10	0.18	0.44	1.22
非农收入比重	1.93 ***	6.03	0.06	0.14	0.29	1.23
参加专业合作协会数量	1.16 **	2.04	0.93	1.21	0.68	1.27
拥有特殊经历人数	- 0.31 **	- 2.28	- 0.05	- 0.28	- 0.07	- 0.69
集体事务参与程度	- 0.28 ***	- 3.00	- 0.26 **	- 2.21	- 0.11	- 1.48
人情礼金费用	0.00 ***	3.78	0.00 *	1.84	0.00 ***	3.62
通信费用	- 0.00	- 0.17	0.00	1.04	0.00	0.57
亲戚中有无公职人员	- 0.37	- 1.48	- 0.46	- 1.37	0.05	0.25

续表

变量	搬不应搬 （第Ⅱ类农户）		应搬已搬 （第Ⅲ类农户）		不应搬未搬 （第Ⅳ类农户）	
	边际效应	Z 值	边际效应	Z 值	边际效应	Z 值
生计环境						
是否靠近自然保护区	1.94 ***	5.60	1.82 ***	3.86	0.90 ***	2.90
到镇上的距离	0.06	1.28	− 0.01	− 0.17	− 0.08 *	− 1.84
与小学的距离	− 0.18 ***	− 4.73	− 0.11	− 1.62	− 0.02	− 0.73
与初中的距离	− 0.04	− 0.96	− 0.08	− 1.56	0.09 **	2.23
是否遭受负面冲击	0.52	1.57	0.75 *	1.70	− 0.30	− 1.10
地区变量						
汉滨区（对照组）	—	—	—	—	—	—
石泉县	1.58 ***	4.40	− 0.31	− 0.71	1.11 ***	3.83
宁陕县	− 1.91 ***	− 3.95	− 2.70 ***	− 4.38	− 0.09	− 0.23
紫阳县	0.39	0.92	− 0.04	− 0.08	0.40	1.16
平利县	1.23 ***	3.23	− 1.05 **	− 2.02	0.89 ***	2.98
常数	− 1.84	− 1.11	0.03	0.01	− 0.17	− 0.13
Pseudo R^2	0.2360					
样本数	1292					

注：$* p < 0.1$，$** p < 0.05$，$*** p < 0.01$。

三 PMT 模型估计结果

以下引入代理家计调查法（PMT）并建模，分析讨论 PMT 模型能否减少弃真错误和取伪错误，降低遗漏率和渗漏率，提升移民搬迁项目的瞄准效率。

1. 模型构建与变量选择

代理家计调查法使用最小二乘法模型进行估计，被解释变量为农户家庭收入，这里使用农户家庭年人均纯收入的自然对数。当有很多解释变量时，最小二乘法是最方便可行的。最小二乘法模型估计的参数作为家计调查代理指标的权重容易被理解和接受。但这种方法同样存在一些不足：如有部分解释变量可能内生于被解释变量农户家庭收入，不过该方法的目的仅仅是预测贫困的发生，并不打算寻找影响贫困发生的原因，因此在一定程度上可以规避这一不足。

在国内外相关研究文献的基础上，借鉴前人的研究成果，本书选择家庭人口社会特征变量和户主个人特征变量作为 PMT 模型的解释变量。解释变量的选取一般遵循以下两大基本原则：第一，该变量与农户收入水平高度相关，确保其较强的解释能力以及模型的预测能力；第二，具有可观测和可验证性，确保相关审核人员可以方便快捷地对各代理指标做出准确的判断，这样获取的数据才真实可靠（Narayan et al.，2006）。

解释变量包括以下几个方面。

（1）户主个人特征。已有研究表明户主的个人特征，如年龄、宗教信仰等对农户家庭的经济状况有显著的影响（Grosh，1994）。

（2）农户家庭特征。农户的家庭规模、土地面积、培训与否和社会资本等也是影响农户家庭经济状况的重要因素。这些变量基本上都是公开的信息，农户彼此之间或驻村干部都比较了解，方便观测和监督。

（3）农户家庭资产。这里包括生产性工具和生活耐用品。是否拥有生产工具和耐用品以及拥有的数量，特别是摩托车、汽车、水泵、电视、冰箱/冰柜、洗衣机和电脑等，对农户家庭的生活水平和经济状况有很强的代表性。

2. 模型估计结果和稳健性检验

基于上文对解释变量的分析，运用农户调查所获数据建立计量模型。在剔除个别样本的缺失值以后，最终进入 PMT 模型的实际样本为1289 户农户，通过逐步回归引入家庭人口社会特征变量和户主个人特征变量进行估计，模型的估计结果如表4-7所示。

表 4 – 7   PMT 模型的估计结果

特征变量	系数	标准误差	权重
户主年龄（对照组 = Age≤30）			0
30 < Age≤40	– 0.111	0.146	– 11
40 < Age≤50	– 0.131	0.141	– 13
50 < Age≤60	– 0.204	0.144	– 20
Age > 60	– 0.207	0.147	– 21
户主宗教信仰（对照组 = 无）			0
有	0.351 ***	0.117	35
家庭规模（对照组 = 两人及以下）			0
3 ~ 4 人	– 0.083	0.078	– 8
5 ~ 6 人	– 0.233 **	0.088	– 23
7 ~ 8 人	– 0.278	0.193	– 28
9 人及以上	0.223	0.377	22
人均耕地面积（对照组 = Area≤1 亩）			0
1 亩 < Area≤2 亩	0.328 ***	0.072	33
Area >2 亩	0.737 ***	0.078	74
集体事务参与程度（对照组 = 很高）			0
高	– 0.255 **	0.125	– 25
一般	– 0.291 **	0.113	– 29
低	– 0.308 **	0.121	– 31
很低	– 0.372 ***	0.123	– 37
是否接受过培训（对照组 = 否）			0
是	0.239 ***	0.068	24
亲戚中有无公职人员（对照组 = 无）			0
有	0.122 *	0.066	12
电视机（对照组 = 无）			0
有	0.303 ***	0.098	30
冰箱/冰柜（对照组 = 无）			0
有	0.195 ***	0.064	20
汽车（对照组 = 无）			0
有	0.273 **	0.128	27

续表

特征变量	系数	标准误差	权重
是否靠近自然保护区（对照组＝否）			0
是	0.412 ***	0.075	41
地区变量（对照组＝汉滨区）			0
石泉县	0.569 ***	0.092	57
宁陕县	−0.091	0.106	−9
紫阳县	0.587 ***	0.102	59
平利县	0.603 ***	0.095	60
常数	7.447 ***	0.209	745
N = 1289		$R^2 = 0.2110$	

注：$*p < 0.1$，$**p < 0.05$，$***p < 0.01$。

表 4 – 7 显示，户主年龄、家庭规模、人均耕地面积、集体事务参与程度和地区变量等 12 个变量最终进入模型。进一步地，从模型估计的结果可以看出，代理家计调查法瞄准的贫困农户家庭主要有如下特征：家庭规模较大、人均耕地面积少、集体事务参与程度较低、未接受培训、亲戚中没有公职人员、拥有较少数量的生活耐用品、远离自然保护区以及生活在汉滨区和宁陕县。尽管模型中有个别变量并未通过显著性检验，比如户主年龄，但本书的计算结果是在预测整体趋势的走向，个别变量数据对整体的影响可以忽略不计。

表 4 – 7 的模型拟合优度检验显示，判定系数为 0.21，因此模型拟合的程度表现一般。回顾国内外相关研究的拟合优度发现，模型的判定系数大多数介于 0.2 至 0.3 之间，Ahmed 和 Bouis（2002）的研究判定系数最高，为 0.43，因此本书构建的 PMT 模型拟合程度难以使人完全满意，但表现尚在可接受的范围。在建模并获得计量估计结果后，需要对 PMT 模型的有效性进行稳健性检验。在对模型进行检验的过程中，值得注意的是，如果依旧采用建模时使用的样本，结果可能是有偏的，这是由于同样的样本用于模型估计之后又用于预测，会引起所谓的

"过度拟合"问题。相关研究者使用了一种较为便捷的方法：将整体样本随机分为两份，一份用于建模，另一份用于检验（Sharif，2009）。但Sharif（2009）的研究表明，采用上述方法所产生的样本与采用整体样本对模型进行稳健性检验并未发现明显区别，相反采用整体样本的估计表现相当稳健（Hou，2008）。本书采纳 Sharif（2009）的研究结论，检验采用农户调查所获取的全部样本。

3. 模型的瞄准效率评估

当确定了用于检验的样本之后，如何认定农户家庭是贫困的并且有资格参与移民搬迁项目成了本书最关心的问题。如前所述，通常根据实际农户家庭年人均纯收入的分布设置相应的门槛线，以此作为判定贫困农户的标准。门槛线的设置是以百分位数表示，例如第 15 百分位数，第 20 百分位数，第 25 百分位数等。门槛线的设定也反映了研究者瞄准样本农户中相对贫困者的思想，同时，由于遗漏率和渗漏率会随着门槛线的提高而逐渐降低，因此门槛线的选择将严重影响瞄准效率和财政支持的可行性。

本书根据表 4-7 的 PMT 模型估计结果，分别计算全部样本农户的PMT 分数，并进行排序。如果预测的结果显示农户家庭的年人均纯收入低于门槛线，那么此农户家庭即贫困农户并且有资格获得项目资助，即代理家计调查法将排序在门槛线以下的那些农户视作搬迁对象。一旦完成对门槛线的设置，就可以对模型的瞄准效率进行评估，这里同样可以使用遗漏率和渗漏率来表示。具体计算方法为：遗漏率 = 门槛线以下农户中大于门槛线分数的农户户数/门槛线以下农户户数×100%；渗漏率 = 门槛线以上农户中小于门槛线分数的农户户数/所有小于门槛线分数的农户户数×100%。

模型的评估结果如图 4-2 和图 4-3 所示。图 4-2 和图 4-3 显示，当门槛线为第 25 百分位数时，模型的遗漏率是 47.5%，渗漏率是58.9%，相较当前样本调查地移民搬迁项目的瞄准效率有显著的提升

（表4－4显示当前调查地的遗漏率和渗漏率分别为75.2%和71.0%）。可以看出，本书建立的识别模型遗漏率较低，因而在甄别贫困农户的效果方面令人满意。然而模型的渗漏率仍然较高，达到58.9%，难以对非贫困农户进行准确识别。这可能的原因在于，中国农户家庭的收入仍然以实物收入为主，特别是农林种植和家畜养殖活动方面，缺乏相应的信息系统以供审查人员核对估算，而部分被调查农户特别是从事外出务工和非农经营的农户，倾向于在调查过程中故意隐瞒自己的收入和资产。

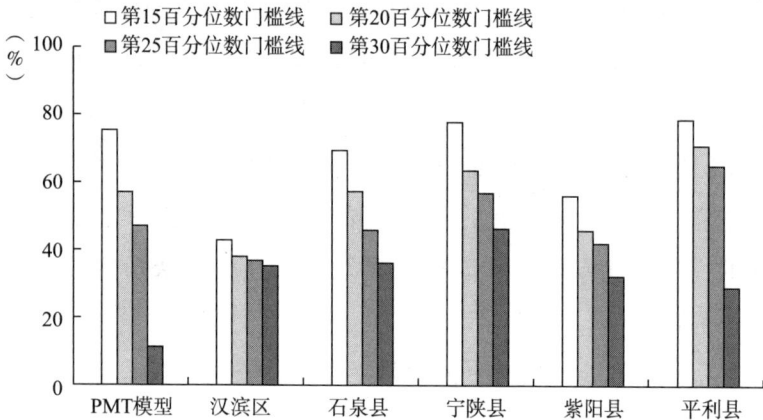

图4－2 不同区域 PMT 模型遗漏率 （ASLE2011）

图4－2也表明，随着政策实践中门槛线的不断提高，模型的遗漏率可以从76%降低到11.3%，除汉滨区外，其他调查县同样保持急剧下降趋势，观测到的变化比较明显。作为对照组的汉滨区，遗漏率仅从42.9%降低为35.7%，从图上几乎观察不到变化。当门槛线设置为第30百分位数时，平利县相较其他四个样本调查区域具有最低的遗漏率，为29.2%，说明如果采用此识别模型分配救助资源，平利县将在瞄准穷困农户方面具有高效率。而渗漏率方面，图4－3显示全部样本的该比率仅从69.8%降为53.6%，总体上变化的幅度不大。特别地，当门槛线设置为第30百分位数时，石泉县的渗漏率最低，为45.8%，紫阳

县为 46.5%。这表明采用此方法对这两个调查样本县的识别表现出了
相对较好的排除非贫困农户的能力，但是识别结果并不理想，因此本书
建议可以同时采用代理家计调查法和社区瞄准的混合瞄准机制，增强
瞄准效果并有效排除不合格的救助对象。

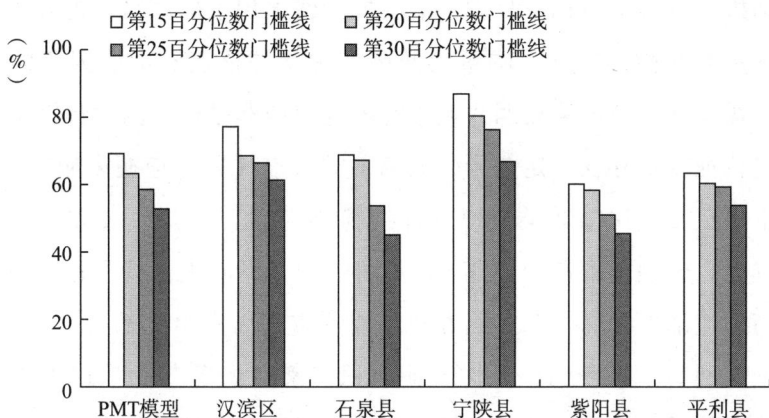

图 4-3　不同区域 PMT 模型渗漏率（ASLE2011）

显然，随着政策实践中门槛线的不断提高，PMT 模型在识别贫困
农户方面能力较好，但对非贫困农户的排除作用有限。这一结论回应了
学界关于社会救助资源分配的质疑：享有贫困救助的农村人口数量高
于同期绝对贫困人口的总量，理论上应该根除农村的绝对贫困现象，但
现实情况是仅有少量人口走出绝对贫困陷阱（汪三贵、Albert Park，
2010）。事实上，政策实践中想要绝对排除非贫困群体非常困难。以往
研究指出社会救助资源和扶贫资金并没有流入真正急需救助的贫困家
庭的原因在于，政策表达的"收入贫困"和实际瞄准机制的贫困测量
方式发生错位现象（Ravallion，2008）。因此政策实践中单纯使用代理
家计调查法降低渗漏率并有效排除非贫困群体不太现实，必须结合代
理家计调查法、多维贫困测量方法和社区瞄准，从而有效提高瞄准效
率（刘凤芹、徐月宾，2016），降低把非贫困群体纳入救助范围的可
能性。

第四节 小结

在第三章总体分析框架的指导下，围绕易地扶贫搬迁政策实践中的识别机制，包括目标农户识别的决定、错误识别的原因、提升瞄准效率和识别有效性的方法，本章展开瞄准现状的描述和影响因素的实证分析。描述性统计结果表明，调查地搬迁户与非搬迁户的生计资本和生计环境特征变量存在一定差异，而第Ⅰ类农户（即"应搬未搬"农户）的资本禀赋明显比第Ⅱ类农户（即"搬不应搬"农户）要差，特别是物质资本、金融资本和社会资本。此外，样本调查地保持了移民搬迁项目较高的遗漏率，而且非贫困农户渗漏严重进而产生"精英控制"。计量模型的回归结果表明，人均耕地面积、家庭规模、65岁以上人员比重、是否接受过培训、信贷资本、非农收入比重和社会资本对移民搬迁农户的选择产生显著性的影响。与"应搬未搬"农户相比，收入贫困农户之所以能够获得移民搬迁是由于遭受过生活上的负面冲击以及更加靠近自然保护区，而收入不贫困但获得搬迁的农户更大程度上依赖丰厚的信贷资本、更大的非农收入比重以及培训的重要性。相对而言，代理家计调查法在降低移民搬迁项目遗漏率、提升项目覆盖率方面效果良好，但对降低渗漏率的作用有限。具体来说，本章的主要发现包括以下内容。

第一，农户的生计资本和生计环境特征变量均是影响易地扶贫搬迁目标农户识别的决定性因素。就生计资本而言，五大资本分别表现出对搬迁农户选择的不同影响，其中农户的土地资源、家庭规模、老年负担比、培训状况、金融资本和社会资本等均对移民搬迁农户的选择产生显著性的影响。具体地，随着家庭人均耕地面积的增加，农户被识别为搬迁户的可能性逐渐降低，这表明政策倾向于排斥自然资本更为丰厚的农户。家庭规模变量存在自我选择，其对搬迁救助决定的影响并非简单的线性作用。老年负担比较高的农户家庭获得搬迁的可能性更高，可能的解释是 65 岁以上人员比重与家庭结构存在相关关系，两者共同影响农户获得移民搬迁的可能性。是否接受过培训变量在回归模型中表现出显著的正向影响，表明农户接受培训后被识别为搬迁户的可能性更高。金融资本中的信贷资本和非农收入比重均表现出强劲的正向边际效应，表明丰裕的金融资本可以显著提升农户获得搬迁的可能性，验证了本章分析框架部分所阐述的"精英控制"现象普遍存在的假设。尽管各个表征社会资本的变量对搬迁救助决定表现出不同的影响作用，但整体而言社会资本作为"穷人的资本"可以显著增加农户获得搬迁项目的可能性。表征生计环境的五个变量均对搬迁救助决定有明显的影响，而且模型在加入生计环境特征变量后绝大部分的生计资本变量仍然对目标农户的识别有显著影响。尽管本书捕捉到的搬迁户所处生计环境信息均为搬迁后的实际情况，但陕南移民 90% 的安置模式采取就地就近集中安置，由此带来的搬迁距离的误差能够得到有效控制，再加上项目实施初始年后期配套建设严重滞后，特别是学校、医院和社会活动中心的完善需要一定时间，因此计量模型针对生计环境的估计应在合理的范围之内。本书发现"是否靠近自然保护区"和"到镇上的距离"这两个变量对目标农户的识别有非常重要的影响，如果农户居住地靠近自然保护区并且距离集镇较远，其获得移民搬迁的可能性会得到明显提升。教育条件较为艰苦的农户被识别为搬迁户的可能性更低，表明当前的政策没有赋予农村儿童获得公平教育的权利和机会，此发现值得我们反思。搬迁政策的执行考虑到了自然灾害等负面因素对农户的冲击，是否遭受负面冲击这一变量对搬迁农户的选择产生明显的影响。

第二，当前政策实践中的"收入贫困"与移民搬迁瞄准机制发生错位是导致错误识别的根本原因。本章的研究发现回应了本章研究设计部分提出的问题，即为什么有些贫困农户符合条件但没能搬迁，而一些不符合条件的农户却参与了搬迁。实证研究的结果表明，尽管都属于收入贫困农户，但"应搬已搬"的农户家庭生活上遭受过负面冲击，而且居住的地理位置更加靠近自然保护区。至于"搬不应搬"农户，他们能够获得搬迁的主要原因在于遭受过负面冲击，但是否接受过培训、信贷资本和非农收入比重也表现出显著的积极作用。本书发现，政策设计并规定的贫困将范围限定为经济上的收入贫困，但事实上在政策实践和实际操作中，移民搬迁瞄准的对象包含了更为丰富的贫困类型。与以往研究相同，本书认为对这种政策实际救助的对象与政策规定的对象之间存在不可忽视的背离现象最为合理的解释是新制度主义的"制度嵌入性"（刘凤芹、徐月宾，2016；顾昕、方黎明，2004）。就易地扶贫搬迁嵌入的社会经济大环境而言，中国农村的实际情况导致在发达国家运行良好的家计调查收效甚微，加上农村地区广泛存在的熟人社会特征，决定了移民搬迁等社会救助和扶贫项目在实施过程中对于社区瞄准的严重依赖。一直以来，作为一种重要的瞄准方式，社区瞄准在识别救助对象的过程中发挥决定性的作用，同时也很好地体现了实践中社区居民和村民小组对"谁是穷人"以及"谁是值得救助的穷人"的深刻理解。可以说，易地扶贫搬迁目标农户的识别机制对贫困的判定涵盖了有效劳动力、家庭负担和风险冲击等，而不仅限于收入贫困，这对于减少项目执行瞄准偏差有很大程度的贡献。此外，扶贫搬迁项目也在政策实践中被赋予了太多的使命。调查过程中发现，由于中央财政转移支付和地方财政能力有限，农村大多数地区的社会救助政策和惠农措施采取集中捆绑式实施，这在集中强化优势资源、有针对性地帮扶贫困农户方面作用明显，但也加重了单个社会救助项目的负担，容易发生政策的扭曲变形和错误识别。例如陕南易地扶贫搬迁项目涵盖的搬迁类型包括避灾移民搬迁，该类型需要将遭受自然灾害等风险冲击的农户识别为目标农户，这在一定程度上挤占了农村扶贫资源。

第三，代理家计调查法在识别贫困人口方面能力较好，但对于非贫困农户的排除作用非常有限。实证分析表明，当门槛线设置为第 25 百分位数时，PMT 模型可以显著提升样本调查地搬迁项目的遗漏率和渗漏率，但随着门槛线的提高，模型在识别非贫困人口方面表现一般，因此政策制定者在采用代理家计调查模型有效排除不具备资格的农户家庭时必须保持谨慎的态度，将其与其他识别和瞄准方法相结合可以增强项目的瞄准效果。尽管"制度嵌入性"是导致政策瞄偏的重要诱因，同时政策被赋予的社会救助和社会保护功能也远超它自身的能力和范围，但本书发现"精英控制"对项目渗漏率的影响作用同样不可忽视。社区瞄准可能会出现"精英控制"局面（Rao and Ibáñez，2005；Galasso and Ravallion，2005；Camacho and Conover，2011），中国农村发生"精英控制"的可能性很大。农村剩余劳动力的能力和素质表现不佳，这造成他们在村级集体事务参与和社区管理上影响力较小，进而导致其在农村扶贫项目和资源分配方面丧失话语权，而中国农村的扶贫发展项目分配采取村干部个人决策的方式，参与决策者追求农户动员最大化以履行村干部职能和实现连任（陈前恒，2008）。村干部希望通过控制发展性项目分配加强对村庄的控制力度，倾向于将项目分配给集体事务参与程度和积极性高的农户以及资本要素禀赋突出的富人，以获取进一步支持，包括富人的支持。此外，尽管中国政府一直致力于推进村务信息公开和村庄民主管理制度，但当前中国基层政府仍然缺乏有效的民主监督和信息公开，特别是偏远山区实施社区瞄准时出现"精英控制"的概率非常大，进而严重损害到项目的瞄准效率。

本书的实证分析基于 2011 年底课题组所获的农户数据，这些年随着政府扶贫力度和项目瞄准精度的提升，管理成本和工作量均大幅增加，当前瞄准机制仍然面临着信息失真、错误激励、方法无效和管理成本过高的严峻挑战，因此如何保证政策目标对象识别和瞄准的可靠性仍是未来研究的主要方向。此外，政府和社会已经开始关注无行为能力弱势群体的易地搬迁问题，针对他们建立了相应的目标识别和瞄准机制，但依然存在瞄偏和漏瞄的情况，如何提高瞄准率以及如何帮扶这类人群实现"稳得住"和"能致富"的政策目标，都值得我们深究。

第五章

易地扶贫搬迁对农户生计能力的影响

第四章试图从生计资本和生计环境的视角探讨影响农户易地扶贫搬迁参与的决定因素，分析用以识别和瞄准值得救助的贫困人口的特征和属性，以及挖掘政策实践中瞄准偏差的制度原因。本章将在可持续生计分析框架和能力方法的基础上，结合多维贫困概念构建易地扶贫搬迁背景下农户生计能力的分析框架，采用 A－F 多维贫困测量方法估计中国西部山区农户在不同维度的多维贫困，对比分析搬迁户和当地户多维贫困的状况，进而实证研究移民搬迁这一政策变量对农户生计能力的影响机理。具体内容包括以下方面：首先，提出易地扶贫搬迁背景下农户生计能力的分析框架，并介绍计量方法、模型运用以及变量定义和说明；其次，进行简单的描述性统计分析和多维贫困指数测算及分解；再次，解析易地扶贫搬迁对农户生计能力影响机理的理论框架；最后，结合实证研究结果进行总结和讨论。

第一节　研究设计

一　分析框架

在农户生计框架中，正规和非正规人力资本等资源是农户形成生计能力的前提和基础，没有人力资本的投资和积累，农户的生计能力就不会形成。以往的研究证实，移民搬迁特别是工程移民等非自愿性移民在迁移和经济重建的过程中，随着社会经济变迁和外界环境改变，移民熟悉的生产生活环境不再具有一致性和连贯性，基础教育和技能培训积累的人力资本对创造收入或缓解贫困出现失灵，原有人力资本存量不再发挥有效作用，人力资本积累发生断裂，造成生计能力受损并产生相对剥夺，进而导致生计策略失效，将移民置于生计风险和"介入型"生计困境中（杨云彦等，2011；杨云彦，2008；赵锋、杨云彦，2009）。

易地扶贫搬迁与非自愿性移民有相似之处，如他们都是离开原来熟悉的生产生活环境、改变生计策略和生计模式、重构社会网络和人际关系等，但除上述特征和属性相同外，两者之间也有显著差异，具体表现在以下两方面。一方面，在面对当前经济结构转型背景和生活环境急剧变迁时，自愿性移民农户利用自身生计资源主动选择生计模式，这种行为不再被视为被动的反应，相反是一种积极的适应。而且很多农户属于风险偏好型和积极进取型，他们有充足的准备时间和自由的发展空间。另一方面，自愿性移民的迁入地以城镇和安置社区为主，并实现剩余劳动力的非农转移，而大型工程移民仍迁往本村或周边村落。在自愿性移民搬迁背景下，农户家庭的生计资本积累过程是否中断，生计能力是否遭受不可恢复的损伤值得关注。以往研究发现，尽管自愿性移民农户的自然资本遭受损失，但其物质、人力、金融和社会资本均得到了一定程度的提升，同时集中安置有利于农户提升生计资本（李聪等，2014），而自愿搬迁后移民的人力资本和社会资本对经济收入的改善作用失灵，功能发生中断（冯伟林等，2016）。在自愿迁移视角下，这一冲击性的政策干预对农户生计能力的影响机理如何发生？在移民搬迁这一外部风险冲击下农户的生计能力得到了何种变化？是增强还是减弱？这些问题都值得深入研究。

政策制定者非常关心移民搬迁农户能否在安置地"稳得住",其实质是农户在迁入地的能力发展问题,即他们的可行能力是否遭受剥夺进而陷入真实的贫困。阿玛蒂亚·森认为,能力发展是扩展人们享有基本可行能力的一个过程,基本可行能力的匮乏、被剥夺以及权利的丧失会带来真实的贫困。这种定义贫困的方法被称为能力方法(The Capability Approach),由此形成多维贫困理论。从动态发展的角度看,多维贫困理论的核心观点是个体贫困不仅仅是收入的贫困,也包括可行能力与自由等其他客观指标的贫困和对福利的主观感受的贫困,例如在政治自由、经济工具、社会机会、透明性保障、安全防护等方面的贫困。

依据以往的经验研究,政府支持和自身潜力挖掘为移民带来资本积累的同时,也对他们的能力造成一定损伤(胡静、杨云彦,2009;严登才,2011),自愿搬迁和集中安置对农户摆脱持久性贫困有显著帮助,而短期移民更容易走出选择性贫困陷阱(刘伟等,2015)。那么移民搬迁户的收入贫困和多维贫困状况如何?与当地非搬迁户有多大差异?移民搬迁是否加重了农户的多维贫困程度?移民又能否在安置地"稳得住"?本章将对上述研究问题逐一梳理,以期发现移民搬迁对农户多维贫困的影响机理。

本章在第三章总体分析框架的基础上,结合阿玛蒂亚·森的能力方法和以往关于能力发展的研究(杨云彦等,2011;石智雷,2013a),构建了易地扶贫搬迁对农户生计能力影响的分析框架,如图5-1所示。基于阿玛蒂亚·森(2002)对可行能力的论述,本书将农户生计能力定义为农户有可能实现的、各种可行的功能性活动的组合,是实现各种不同生活方式的自由。其中功能性活动种类很多,包括初级要求(如有足够的营养和不受可以避免的疾病之害)和非常复杂的活动或个人状态(如参与社区生活和拥有自尊)。"可行能力"概念的引入,扩展了贫困的范畴,将收入贫困扩展到能力贫困、权利贫困等多维贫困。

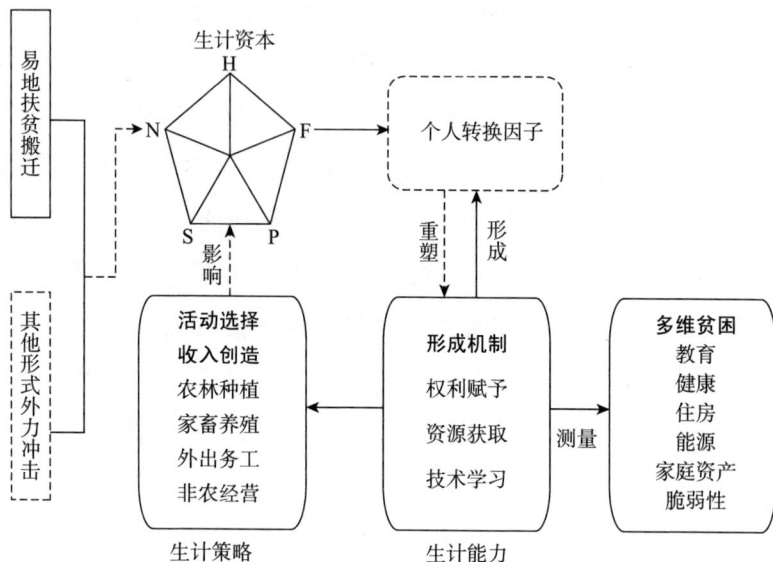

图 5 - 1 易地扶贫搬迁对农户生计能力影响的分析框架示意

易地扶贫搬迁被视为一种外力冲击，它给移民生计带来风险，具有很强的外部性（杨云彦等，2011；赵锋、杨云彦，2009）。外力冲击的表现形式有很多种，它可以是突发的自然灾害（如旱灾、洪涝、泥石流等）、风险因素（如疾病、意外等）、市场约束（如低生产率、高失业率、价格波动、要素限制等）、环境约束（如生态脆弱、集中贫困、资源保护、限制开发等）以及政策干预（如精准扶贫、惠农政策、整村推进等）。外力冲击与经济结构转型、社会变迁对处于脆弱性背景下的农户生计资本产生直接影响，进而影响农户的生计能力。陕南移民搬迁项目作为一项中央和地方政府力推和支持的重大民生工程，其实施势必对身处秦巴山区集中连片特困区的广大人民群众带来持久的重要影响。对于当地农户而言，移民搬迁项目这一外力将给他们的生计资本和生计活动带来结构上的变化，而这种变化在迁入地的生计模式和生计策略方面得到呈现。

不同迁移模式对生计资本结构的重塑大不相同。在诸多资本之中，自然资本最先受到冲击，同时依附其使用的生产性工具等物质资本也基本上失去效用，故搬迁农户的自然资本和物质资本同时受损。进一步来说，有些生计资本得到了根本性的改变和重塑，例如农户选择城镇化安置模式后，自然资本将作为移民进行生计活动的外围空间，其原有的生产功能和保障作用逐渐弱化甚至消失。而获得资金补偿的自主外迁农户的经济资本得到增强，这在降低搬迁成本的同时也丰富了农户寻找生计机会的重要资本。

农户生计能力就是农户为适应经济社会发展变化而更新调整自身原有生计行为和方式的能力，这种能力的获得主要依靠权利赋予、资源获取和技术学习（石智雷，2013b）。在生计能力形成的过程中，五大资本起着决定性作用，但其需要一定的承载体和传导体使商品和服务向能力转换，由于一些来自个人异质性、环境多样性、社会氛围、人际关系和家庭内部分配等个人转换因子之间的差异，这种转化程度和效率并不相同。

具体来说，个人转换因子涉及四个方面，包括个人特征、家庭资源、制度因素和市场环境（石智雷，2013b；张峻豪、何家军，2014）。它们作为生计能力的生成条件，在其形成机制中扮演着不同的角色。首先，成员个人特征是构成能力的基本要素，影响和决定能力的进一步发展。作为能力形成的基本单位，个人是生计资本的直接承接者，也是市场环境和制度因素的发起者。尽管陕南移民以农户为单位实施搬迁，但生计能力的形成始终是基于成员个人。从整个生计链条的动态变化过程来看，成员个人是最基本的节点，其他转换因子均通过它发挥作用。事实上，其他转换因子正是通过将生计资本传导给成员个人，由个人在原有知识储备和技能水平的基础上形成新的生计能力。以陕南移民搬迁为例，个人基于自身利益的搬迁决策是政府实施帮扶的逻辑起点。其次，家庭资源是所有成员个人能力的集合体，最终形成移民农户家庭的生计能力。家庭资源可以表征家庭拥有的生计资本状况，是农户把握生计机会、制定生计策略和应对生计脆弱性的基础，体现家庭凝聚力和家庭决策能力。家庭成员内部表现出牢固的结构，决定着家庭资源对家庭内部成员的分配，以及家庭对个人的保护作用。再次，制度因素是农户所在地区和国家的政策干预、长期保障和社会资本等，是农户生计能力形成的制度基础和资源输送渠道。作为政府构建的保障性政策和社会福利，制度因素是社会组织和其他团体参与扶贫发展的前提条件。在陕南移民搬迁的语境中，制度因素包含搬迁补偿制度、后期扶持发展措施、公共服务和社会保障等。最后，市场环境包括区域内资源条件、基础设施和劳动力市场供求状况等（石智雷，2013b）。市场环境是能力形成的资源约束，为农户提供生产要素配置和自由交换的平台，农户通过它能够相互交往并且开展互惠互利的生计活动，有助于劳动力对职业规划和生活方式的自由选择。

前文提到，阿玛蒂亚·森用能力方法重新定义贫困的同时，也使针对生计能力的测量成为可能。Alkire 和 Foster（2009）认为与能力方法相关的多维贫困测量能够提供更为准确的信息，便于对人的能力剥夺状况进行识别。多维贫困涉及不同维度和指标，针对不同地区、文化惯习和消费特征，理应选择相应的维度和指标对当地的贫困状况进行测量。本书参照联合国千年发展目标中提出的各项计划以及联合国《人类发展报告》中 MPI（多维贫困指数）的构造，提出贫困的六个维度（教育、健康、住房、能源、家庭资产和脆弱性）和相应的六个测量指标。

以往研究多从制度环境、脆弱性背景和风险、机遇和挑战以及生计资本方面去分析和理解农户生计能力的变化（杨云彦、赵锋，2009；丁士军等，2016；李树苗等，2010），并未涉及贫困的本质。根据阿玛蒂亚·森的理论，农户家庭发展中的可行能力（Available Capability）是衡量农户贫困程度的核心指标，因此本书采用多维贫困测量方法评价移民搬迁农户生计能力的变化，以此进一步估计移民搬迁对农户生计能力的影响。本书认为从多维贫困的视角对生计能力进行分析考察是比较合适的，特别是对于移民搬迁户来说。结合本书构建的易地扶贫搬迁对农户生计能力影响的分析框架，本章实证分析的思路如下：首先，运用简单的描述性统计比较搬迁户和非搬迁户在各贫困指标之间的差异，发现收入贫困与多维贫困测量的不同表象；其次，采用 Alkire 和 Foster 多维贫困测量方法估计陕南农户在不同维度的多维贫困，对比分析搬迁户和当地户多维贫困的状况；最后，选择多元线性回归模型实证分析易地扶贫搬迁对农户生计能力的影响。

二 计量方法与模型

（1）利用描述性统计方法研究搬迁户与当地户在各指标贫困发生率之间存在的差异。

（2）采用 A–F 多维贫困测量方法估计农户家庭的多维贫困。

阿玛蒂亚·森（2002）使用能力方法重新定义贫困并提出多维贫困理论后，一直致力于如何测量多维贫困的研究。不久之后，Alkire 和 Foster（2009）在该认识的基础上提出了多维贫困识别、加总和分解的方法，将基本可行能力方法转化为可供测量的贫困标准，同时将贫困测量方法由单一的货币维度扩展到更加全面的涵盖发展能力和福祉的维度。该方法克服了 FGT（Foster-Greer-Thorbecke）方法对贫困的分布、剥夺的深度和强度都不敏感的缺点，满足各个维度的单调性、可分解性，并能对多个方面进行分解。由于其能直接解释贫困深度和强度，而且简洁易操作，结论说服力强，因而近年来在多维贫困测度中得到广泛应用，特别是当学者考察中国的多维贫困问题时。

A–F 方法的基本思路如下：首先，选择各个维度的贫困线；其次，确定个体在每一维度下的贫困状况；最后，选择每一维度贫困的临界值，将一个或者多个维度处于贫困状态的个体确定为贫困者。多维贫困指数（M_0）测算的基本思路是：首先，对每一个维度定义一个贫困标准；其次，根据这一标准识别该个体或家庭是否属于该维度上的贫困；最后，进行加总。在对贫困进行界定时，由于考虑的维度比较多，因此就需要分维度界定每个个体或家庭是否贫困，然后在此基础上进行加总。

多维贫困指数（M_0）取决于给定维度剥夺临界值下的贫困发生率（H）和贫困剥夺程度（A），综合反映了个体或家庭的能力被剥夺情况。计算方式如下：贫困发生率（H）为多维贫困农户家庭人口占总人口的比例，贫困剥夺程度（A）为多维贫困农户家庭平均被剥夺的维度数与总维度数 d 的比值，这两个指标的乘积就是多维贫困指数值。具体计算公式为：

$$H = q/n \tag{5-1}$$

$$A = \sum_{i=1}^{n} c_i(k)/qd \tag{5-2}$$

$$M_0 = \sum_{i=1}^{n} c_i(k)/nd \tag{5-3}$$

其中，n 为研究对象的总人口数量，q 为维度贫困线为 k 时的多维贫困人口数量，$c_i(k)$ 为在 k 个维度下界定为贫困的第 i 个个体或家庭被剥夺维度数的总和。在对维度进行加总时，需要考虑各维度指标的权重。本书采用相等权重。关于 A – F 识别、加总和分解方法的具体内容可参见 Alkire 和 Foster（2009）、王小林和 Alkire（2009）及王春超和叶琴（2014）。

（3）采用工具变量 Probit 模型估计收入贫困对多维贫困的解释作用。

以往研究表明，收入贫困测量个体或家庭的基本需要，而多维贫困测量基本能力。收入贫困可以很好地反映个体或家庭贫困的货币方面，而多维贫困更能体现贫困的非货币方面（Wang et al.，2016；王小林，2012）。根据他们对贫困进行分析的概念框架，贫困的内涵既涉及收入不足造成的难以满足个人或家庭基本需求的问题，也包括个人或家庭由于处于社会困境难以具备基本能力的社会排斥现象。由此看出，单纯的收入贫困测量无法准确反映贫困的非货币方面，而多维贫困测量也会忽略贫困在货币方面的表现。但学界对此有不同的声音。多数学者坚持认为多维贫困测量必须将收入纳入其中才更全面，收入理应成为多维贫困的一个维度，与教育、健康、住房、能源、生产性资产和耐用消费品等维度共同构成多维贫困（邹薇、方迎风，2011；王春超、叶琴，2014；解垩，2015；张晓颖等，2016）。与之形成鲜明对比的是，另外一些学者认为多维贫困是收入贫困的有益补充，其功能主要是捕捉贫困的非货币方面（王小林、Alkire，2009；Alkire and Foster，2009；Wang et al.，2016；廖娟，2015；冯贺霞等，2015）。如果将收入纳入多维贫困指数，其会受到市场价格、汇率和国际购买力平价的影响，导致地区之间和国际之间的贫困比较不再准确。然而，学界在争论上述问题时忽略了一个重要事实，那就是收入与绝大多数非收入贫困维度密切相关，收入贫困与多维贫困这两种测量方法彼此之间有千丝万缕的联系（Wang et al.，2016）。结合当前的时代背景，中国的反贫困战略发生重大调整，在强调增加低收入者收入的同时，从开发、教育、健康、养老保险、生存环境、金融服务等人类全面发展的包容性增长战略下推进反贫困政策举措。事实上这是中国政府多维度减贫思想的体现，其顺利实施具有重要的战略意义。具体到目前集中连片特困区实施的精准扶贫、易地扶贫搬迁政策等，如上一章所言，其在政策实践过程中需要准确地甄别贫困对象，只有精确地瞄准贫困者，才能提升政策和项目的瞄准效率和实施效果。因此本书认为，厘清收入贫困与多维贫困的关系以及收入是否应该纳入多维贫困维度的问题，不仅对移民"搬得出"和"稳得住"有重要作用，而且对当前的精准扶贫、精准脱贫具有重要的实践意义。本书对这一问题的讨论参考和沿袭了Wang等（2016）的研究思路，进一步分析验证其结论建议在中国西部集中连片特困区的适用性和可操作性，希望在技术层面为移民搬迁和中国减贫的政策实践提供一套切实可行的解决方案。

在计量分析方面，本书首先构造如下回归模型进行估计。

$$y_i^j = \beta_0^j + \beta_1^j \ln(X_i) + \beta_2^j Z_i + \mu_i^j \tag{5-4}$$

$$y_i^{mp} = \beta_0^{mp} + \beta_1^{mp} \ln(X_i) + \beta_2^{mp} Z_i + \mu_i^{mp} \tag{5-5}$$

上式（5-4）中的被解释变量 y_i^j 表示农户家庭 i 在维度 j 上是贫困的，其中 $i = 1, 2, 3, \cdots, n$，$j = 1, 2, 3, \cdots, d$。当农户家庭 i 在维度 j 上贫困时，y_i^j 取值等于 1，否则等于 0。式（5-5）中的被解释变量 y_i^{mp} 代表多维贫困。设 $K = 1, 2, 3, \cdots, d$ 表示农户家庭 i 的所有贫困维度之和，$k = K/d$ 表示贫困维度的阈值，当 k 不低于 1/3 时，y_i^{mp} 取值等于 1，否则等于 0。X_i 是农户人均纯收入。Z_i 是控制变量，包括户主性别、65 岁以上人员比重、16 岁以下人员比重、人均耕地面积、农户类型、是否接受过培训、社会网络以及地区变量。

考虑被解释变量均为二分变量，本书采用 Probit 模型，方程可以表示为：

$$P(y_i^j = 1) = \Phi\left[\beta_0^j + \beta_1^j \ln(X_i) + \beta_2^j W_i\right] \tag{5-6}$$

$$P(y_i^{mp} = 1) = \Phi\left[\beta_0^{mp} + \beta_1^{mp} \ln(X_i) + \beta_2^{mp} W_i\right] \tag{5-7}$$

事实上，式（5-7）可以写作另外的形式：

$$\ln\hat{(X_i)} = \hat{\gamma_0} + \hat{\gamma_1} IV_i + \hat{\gamma_2} W_i y_i = 1, \text{if } y_i^* > 0 \tag{5-8}$$

其中 y_i^* 是一个潜在变量，也就是说如果 $y_i^* > 0$，则有 $y_i = 1$。工具变量 Probit 可以使用下面的方程组来表示：

$$y_i^* = \beta_0 + \beta_1 \ln(X_i) + \beta_2 W_i + \varepsilon_i, y_i = 1[y_i^* > 0] \tag{5-9}$$

$$\ln(X_i) = \gamma_0 + \gamma_1 IV_i + \gamma_2 W_i + \xi \tag{5-10}$$

此处，IV_i 就是工具变量，ξ 是随机误差项。这里，$\mathrm{Cov}(IV_i, \varepsilon_i) =$

$0, \mathrm{Cov}(\xi, \varepsilon_i) = 0$，而且 $\mathrm{Cov}[IV_i, \ln(X_i)] \neq 0$。

三 维度指标的定义和变量选取及说明

在构造多维贫困指数时，维度和指标的选择非常重要。针对不同的地域、文化特征和消费习惯，需要选择有针对性的、合适的维度及指标来测量当地的贫困状况。在多维贫困的维度选择中，本书参照联合国千年发展目标中提出的各项计划以及联合国《人类发展报告》中的 MPI（多维贫困指数），同时兼顾农户家庭微观数据的可获取性、可比性，数据质量以及样本区域的实际情况，最终确定了贫困的六个维度（教育、健康、住房、能源、家庭资产和脆弱性）和相应的六个测量指标。具体来说，教育维度采用受教育程度这一指标，健康维度使用健康自评这一指标；住房维度是反映农户生活水平的重要因素，在家庭消费和支出中占有很大比重。农户会出于对地理位置、交通条件、周围环境和房屋价值等多重因素的考量，做出适宜本家庭进行生产生活的居住选择。如果他们的居住条件和生活环境安全系数低、资源可及性差、市场通达性差等，将会严重影响其生计能力的发展和生计选择，本书将住房结构为土木结构的农户列为住房贫困。近来联合国能源署定义了能源贫困，本书将其视为多维贫困的一个维度，采用农户生活燃料种类来衡量。家庭资产不仅是衡量经济状况稳定情况的指标，而且可以代代相传，即通过资产的代际传递在家庭生命周期内将穷困和不平等进行代际传递。考虑到资产可以带给家庭更多的权利赋予和发展机会，本书使用家庭资产进一步反映农户的生活质量和水平。根据样本调查区域农户的实际情况和课题组以往研究，本书增加了脆弱性维度，用以反映当地农户遭受自然灾害和意外等风险冲击的情况。

本书中每一维度的剥夺临界值是多维贫困测量中用以划定一个家庭是否贫困的标准，当一个家庭在某一指标上达到该临界值时，就认为其在这个方面属于贫困家庭，赋值为 1，否则赋值为 0。多维贫困的维度、指标和剥夺临界值见表 5 - 1。其中，根据当地农户调查样本情况和课题组前期研究（黎洁、邰秀军，2009），脆弱性剥夺临界值为家庭当年农林业因灾损失超过 1000 元。

此外，本书分别使用"搬迁类型"和"搬迁时间"这两个分类变量来表征移民搬迁特征。不同的搬迁类型和搬迁时间对农户生计有不同的影响。在搬迁农户样本中，本书将搬迁类型分为自愿性搬迁和非自愿搬迁，其中非自愿搬迁群体指农户调查获取的工程移民，其余移民类型为自愿性搬迁。不同搬迁时间的移民在历史背景、国家补偿政策和经济发展环境等诸多方面存在差异，从而对农户生计能力产生影响，本书将参与 2011 年陕南移民视为短期搬迁，而将 2010 年及之前的移民视为长期搬迁。

表 5 - 1   农户多维贫困的维度、指标及剥夺临界值

维度	指标	剥夺临界值
教育	受教育程度	家庭成员最高受教育程度为小学，赋值为 1
健康	健康自评	家庭成员健康自评低于平均值，赋值为 1
住房	住房结构	住房结构为土木结构，赋值为 1
能源	生活燃料种类	家庭仅以薪柴作为做饭取暖的生活燃料，赋值为 1
家庭资产	生产生活工具	家中没有任何一种生产性工具和耐用品，赋值为 1
脆弱性	风险冲击损失	家庭当年农林业因灾损失超过 1000 元，赋值为 1

移民搬迁对农户多维贫困影响模型的各控制变量及定义如表5 - 2所示。

表 5 - 2   控制变量及定义

控制变量	定义
户主性别	男性户主 = 1，女性户主 = 0
65 岁以上人员比重（%）	65 岁以上人数/家庭规模
16 岁以下人员比重（%）	16 岁以下人数/家庭规模
人均耕地面积（亩）	连续变量

控制变量	定义
是否接受过培训	虚拟变量；是 =1，否 =0
社会网络（人）	亲戚中公职人员的数量
农户类型	非农兼业户 =1，纯农户 =0
地区变量	汉滨区 =1，石泉县 =2，宁陕县 =3，紫阳县 =4，平利县 =5

第二节　描述性统计分析和生计能力测量

一　收入指标、单维和多维贫困发生率的描述统计

根据课题组 2011 年底入户调查所获数据计算可得，样本调查地农户的人均纯收入为 5930.78 元。本书采用国家统计局《2011 中国农村住户调查年鉴》对人均纯收入五等分组的划分方法，发现被调查地区低收入组农户的人均纯收入为 771.19 元，远远低于新的国家贫困线 2300 元，而中等偏下组农户的人均纯收入同样低于国家贫困线，为 2084.16 元，高收入组农户的人均纯收入达到 17051.17 元。可以看出低收入组的收入贫困状况非常严重，并且被调查地区农户贫富差距较大。

根据表 5-1 所设定的各个指标的贫困线，本书计算了样本农户的单维贫困发生率。结果显示，在各维度的贫困中比较突出的是：45.58% 的农户居住在土木结构的房屋中；36.07% 的农户仅以薪柴作为做饭、取暖的生活燃料，无法使用清洁能源；28.42% 的农户家庭成员最高受教育程度为小学；21.30% 的农户家庭健康自评低于平均值。贫困程度最为严重的前三个指标依次是住房、能源和教育，家庭资产和脆弱性的贫困发生率较低，分别为 9% 和 4%。

此外，搬迁户和非搬迁户在各个指标上的贫困发生率存在一定差异。从住房维度看，非搬迁户的住房贫困发生率明显高于搬迁户，大于均值，这说明移民搬迁显著改善了农户的住房条件，提升了居住质量。

从能源维度看，搬迁户的能源贫困发生率稍低于非搬迁户和平均值，数值上未表现出明显差距。而在教育维度方面，搬迁户的教育贫困发生率较低，仅为20%。从家庭资产方面来说，非搬迁户较移民表现出明显的家庭资产贫困，发生率高于平均值。从脆弱性维度看，搬迁户的脆弱性贫困发生率要高于非搬迁户和平均值，可能是因为搬迁户面临自然灾害等风险冲击方面的可能性更高，他们迁移的概率随之增加。整体上来说，搬迁户的单维贫困发生率低于非搬迁户，同时也比平均值低。

多维贫困测量是收入贫困测量的重要补充而非替代（王小林，2012），因此本书采用传统的收入贫困方法计算了全部农户、搬迁户、非搬迁户以及不同搬迁特征农户的收入贫困发生率，如图 5-2 所示。可以发现，依据中国农村扶贫标准人均纯收入 2300 元（2010 年不变价）计算可得，2011 年样本农户收入贫困发生率为 34.14%，略高于重点县收入贫困发生率 29.2%。调查区域贫困程度较高的原因可能是，此次调查涉及的五个区县中，除平利县为陕西省省定扶贫开发工作重点县外，其余均为国家扶贫开发工作重点县。

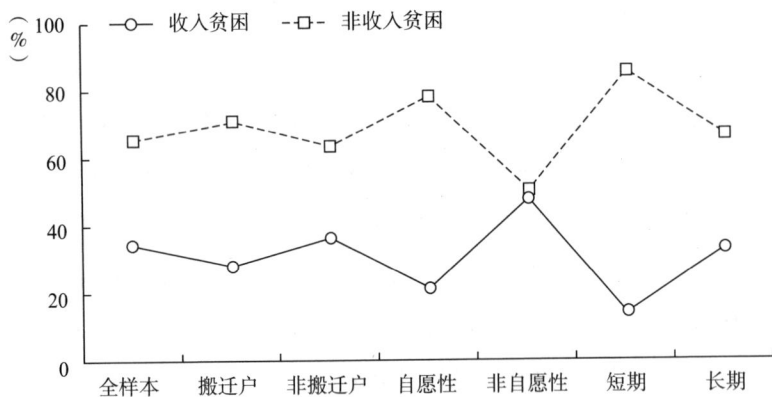

图 5-2　样本农户收入贫困发生率

结合 Alkire 和 Foster（2009）、王小林和 Alkire（2009）、解垩（2015）、冯贺霞等（2015）和 Wang 等（2016）的研究，本书将多维贫困的截断点设置为 33%。进一步地，多维贫困户又可分为一般性多维贫困户和极端性多维贫困户，其中，极端性多维贫困户的截断点定义为66%，即66%及以上维度（或指标）呈现贫困状态的农户，而将维度处于0～33%的农户定义为潜在性多维贫困户。严格意义上这部分农户当前并不属于多维贫困户，但由于其处于多维贫困的边缘，在未来陷入多维贫困的可能性较高，本书将其纳入多维贫困的范畴进行分析。

从图5－2和图5－3可以看出，样本农户的多维贫困发生率远高于其收入贫困发生率。根据上述多维贫困截断点的设置，农户多维贫困发生率为42.17%。如果将潜在性多维贫困户也纳入，即那些有一个维度贫困的农户，那么样本农户的多维贫困发生率将提高到75.43%，这高于Wang等（2016）的测算结果，却低于王小林和Alkire（2009）的测算结果。此外，本书还发现，一般性多维贫困和潜在性多维贫困在农户多维贫困中占据主导地位，极端性多维贫困户的比例非常小。值得注意的是，非搬迁户的极端性多维贫困程度明显比搬迁户严重，也高于平均值，达到7.23%。相应地，搬迁户中非多维贫困发生率高于非搬迁户，为33.09%。另外，自愿性、非自愿、短期、长期搬迁户的潜在性多维贫困发生率均很高，而且从极端性多维贫困发生率来看，自愿性移民低于非自愿性移民，短期移民低于长期移民。

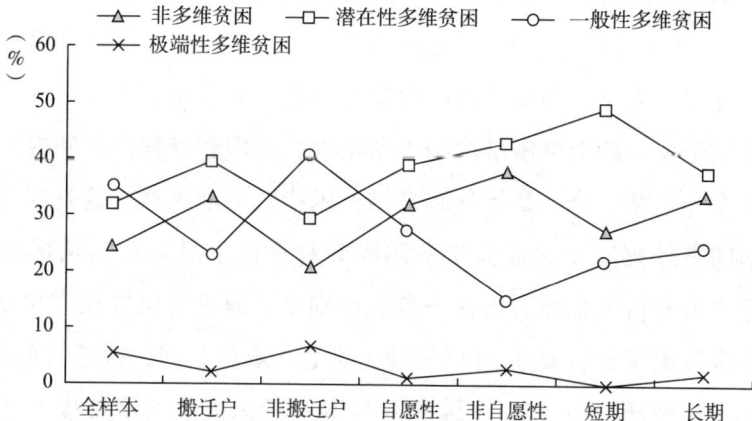

图5－3 样本农户多维贫困发生率

　　总体而言，全样本农户中非多维贫困的比例为24.57%，远远低于使用收入测算的非贫困发生率65.86%。直观上可以读取的信息是，收入贫困与多维贫困这两种测量贫困发生率的方式之间存在明显区别。减少收入贫困有利于人们满足基本需要，而消除多维贫困则能改善人们的基本能力状况，帮助其获取更多的权利和机会。

二　生计能力测量结果

1. 多维贫困指数测算

　　对多维贫困指数进行测算时，关键是对维度 k 的选择。以下使用课题组2011年农村入户调查微观数据，依照前文提到的多维贫困测量方法，在各指标等权重的情况下，即假设教育、健康等六个指标的权重相同。也就是说，教育、健康等各指标的权重均为1/6，按照 k 的取值为1、2、3、4、5的不同临界线，计算贫困发生率（H）、贫困剥夺程度（A）和多维贫困指数（M_0），以此估算调查区域的多维贫困结果（见表5－3）。当 $k=1$ 时，即考虑六个维度中任一维度的贫困，全样本农户的贫困发生率（H）为75.4%，贫困剥夺程度（A）为0.549，多维贫困指数（M_0）为0.414；而当考虑三个维度的贫困时，即 $k=3$ 时，全样本农户的贫困发生率（H）为19.5%，贫困剥夺程度（A）为0.756，多维贫困指数（M_0）为0.148。可以看出，当 k 的取值越来越大时，贫困发生率和多维贫困指数急剧下滑，而贫困剥夺程度却大幅提升。也就是说，随着贫困维度的不断增加，贫困剥夺程度不断提升，贫困发生率却不断下降，最终导致多维贫困指数逐渐降低，这是因为贫困发生率的下降幅度要远远大于贫困剥夺程度的上升幅度，从搬迁户和非搬迁户的分析中也能看出这一点。特别是，通过对比搬迁户和非搬迁户的多维贫困指数（M_0）可以发现，不论 k 取值如何，搬迁户的 M_0 都明显低于非搬迁户的 M_0。多维贫困是本书所构造的贫困维度的整体趋势，本书能够从多维贫困发生率发现样本农户多个维度贫困的整体变化，但若要分析具体是哪些维度导致了这样的变化，还需要对多维贫困指数进行分解。

表 5 - 3　农户多维贫困的贫困发生率、贫困剥夺程度和多维贫困指数

k	全样本			搬迁户			非搬迁户		
	H（%）	A	M_0	H（%）	A	M_0	H（%）	A	M_0
1	75.4	0.549	0.414	66.9	0.387	0.259	78.9	0.605	0.477
2	42.2	0.684	0.288	26.5	0.557	0.147	48.6	0.712	0.346
3	19.5	0.756	0.148	8.8	0.672	0.059	23.9	0.770	0.184
4	5.7	0.878	0.050	2.0	0.773	0.015	7.2	0.891	0.064
5	1.3	0.943	0.012	0.3	0.833	0.002	1.7	0.950	0.016

2. 多维贫困指数分解

通过对多维贫困指数的指标、搬迁行为和特征以及家庭结构类型进行分解，本书可以更加清晰地呈现其在各指标、搬迁行为和特征以及家庭结构类型之间的分布情况。

（1）指标分解。

表 5 - 4 的结果显示了 k 取值不同时相应的多维贫困指数（M_0）和六个指标（或维度）分别对给定 k 值下 M_0 的贡献率。例如，k 取值为 3 时，把六个指标当中同时存在任意三个指标贫困的农户视为贫困家庭。本书选用 k = 3 为例，不仅因为这与实际情况吻合，而且因为其数值的大小更有利于精确分解。

表 5 - 4　全样本多维贫困指数（M_0）以及各指标的贡献率

k	M_0	教育（%）	健康（%）	住房（%）	能源（%）	家庭资产（%）	脆弱性（%）
1	0.414	11.35	18.20	35.55	29.98	2.14	2.78
2	0.288	20.44	14.78	34.59	24.69	3.30	2.20
3	0.148	24.57	13.40	29.21	23.37	7.56	1.89
4	0.050	22.18	9.68	24.19	22.58	17.34	4.03

k	M_0	教育 （%）	健康 （%）	住房 （%）	能源 （%）	家庭资产 （%）	脆弱性 （%）
5	0.012	20.00	20.00	20.00	18.75	15.00	6.25

表 5 - 4 的分解结果表明，当 $k=3$ 时，在六个维度的贫困测量中，全部农户的多维贫困指数（M_0）为 0.148。其中，样本农户多维贫困的主要原因是住房贫困、教育贫困和能源贫困。住房贫困最为严重，对多维贫困的贡献率最大，为 29.21%；其次是教育贫困和能源贫困，它们对多维贫困的贡献率分别为 24.57% 和 23.37%；脆弱性贫困的贡献率最小，仅为 1.89%。由表 5 - 4 可见，随着贫困维度的增加，同时存在多个维度的贫困农户中，每个维度的贡献率相对于 k 值较小的低维度情况更加平均。换句话说，在 k 值越大、更贫困的农户家庭中，所考察的每一维度均存在一定程度的贫困现象和贫困剥夺。本书发现当 $k<5$ 时，住房维度是全样本农户多维贫困贡献率最大的因素，而脆弱性维度在 $k>1$ 时的贡献率最小。

本书也关注搬迁户和非搬迁户的多维贫困指数分解。表 5 - 5 显示，当 $k=3$ 时，搬迁户中健康贫困和能源贫困是多维贫困贡献率中最大的部分，分别为 27.38% 和 26.19%；其次是教育贫困，它的贡献率为 22.62%；再次是住房贫困，其贡献率为 14.29%。与全样本不同的是，能源维度在 $k\neq3$ 且 $k\neq5$ 时成为搬迁户多维贫困贡献率最大的因素，而家庭资产维度的贡献率在 $k<4$ 时保持最小。此外，表 5 - 6 显示，住房维度在 $k<5$ 时仍是非搬迁户多维贫困贡献率最大的因素。这说明住房、能源和教育这三个维度始终在多维贫困中占据重要地位。

表 5 - 5　搬迁户多维贫困指数（M_0）以及各指标的贡献率

k	M_0	教育 （%）	健康 （%）	住房 （%）	能源 （%）	家庭资产 （%）	脆弱性 （%）
1	0.259	12.12	26.67	14.55	40.61	1.21	4.85

续表

k	M_0	教育（%）	健康（%）	住房（%）	能源（%）	家庭资产（%）	脆弱性（%）
2	0.147	25.69	21.53	16.67	28.47	3.47	4.17
3	0.059	22.62	27.38	14.29	26.19	3.57	5.95
4	0.015	17.86	21.43	17.86	25.00	10.71	7.14
5	0.002	20.00	20.00	20.00	20.00	20.00	0.00

表 5 – 6　非搬迁户多维贫困指数（M_0）以及各指标的贡献率

k	M_0	教育（%）	健康（%）	住房（%）	能源（%）	家庭资产（%）	脆弱性（%）
1	0.477	10.93	13.58	47.02	24.17	2.65	1.66
2	0.346	18.90	12.80	39.84	23.58	3.25	1.63
3	0.184	24.90	11.04	31.73	22.89	8.23	1.20
4	0.064	22.73	8.18	25.00	22.27	18.18	3.64
5	0.016	20.00	20.00	20.00	18.67	14.67	6.67

（2）搬迁行为和特征分解。

为识别不同搬迁行为和特征农户的贫困状况，以下对多维贫困指数按照搬迁行为和特征，即是否搬迁、搬迁类型和搬迁时间，进行分解。通过计算可以得到不同 k 值下调查区域搬迁行为和特征对多维贫困指数的贡献率，从中发现不同搬迁行为和特征对多维贫困的影响。

通过对多维贫困指数进行搬迁户和非搬迁户、自愿性和非自愿以及短期和长期的分解，得到不同 k 值下搬迁行为和特征对多维贫困指数的贡献率，如图 5 – 4 所示。当 k 取值为 3 时，搬迁户和非搬迁户对全样本多维贫困指数的贡献率分别为 14.43% 和 85.57%；当 k 取值为 5 时，非搬迁户对多维贫困指数的贡献率为 93.75%，搬迁户对多维贫困指数的贡献率仅为 6.25%。图 5 – 4 显示，考虑的贫困维度越多，非搬迁户贫困状况越严重。另外，随着 k 值的增加，自愿性搬迁农户（当 $k < 5$ 时）和长期搬迁户的贫困程度更高，在教育、健康、住房等方面

表现出相对短缺，这可能是由于当前的政策干预并未及时提供足够的公共产品，进而难以实现贫困人口福祉和基本能力的提升。

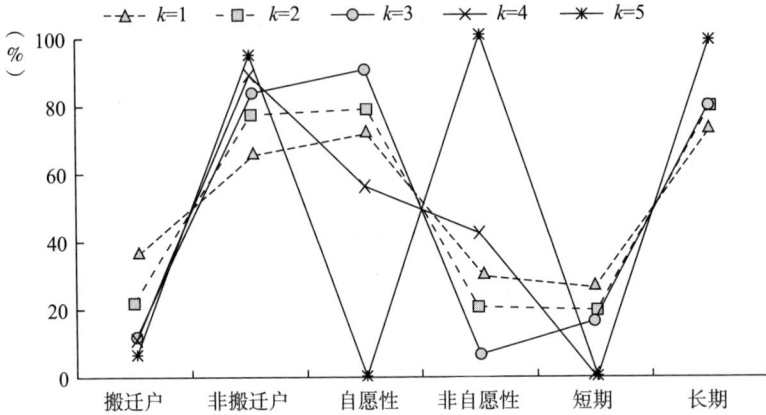

图 5-4　样本农户搬迁行为和特征对多维贫困指数的贡献率

（3）家庭结构分解。

为进一步识别不同家庭结构农户的贫困状况，这里将样本农户分为六种类型：H1（老人、成人和孩子）；H2（成人和老人）；H3（成人和孩子）；H4（老人和孩子）；H5（仅成人）；H6（仅老人）。通过对多维贫困指数按照家庭结构进行分解，可以计算得到不同 k 值下调查地家庭结构的多维贫困指数及其对多维贫困指数的贡献率，同时能从中发现不同家庭结构对多维贫困的影响。

根据表 5-7，按照家庭结构分解的结果表明，当 k 取值为 3 时，全样本农户的多维贫困指数为 0.148，其中 H6 是所有家庭结构类型当中多维贫困状况最为严重的一种；H3 次之，多维贫困指数为 0.244；H2 的多维贫困指数最低，为 0.058。另外，其他两种类型的多维贫困指数也比较高。

在不同家庭结构对全样本多维贫困指数的贡献率方面，以 $k=3$ 为例，H5 对全部农户多维贫困指数的贡献率最高，可以解释全样本多维贫困指数的 41.75%；H3 次之，贡献率为 19.07%，解释了全样本多维贫困指数的 19.07%；H6 的贡献率为 11.86%。以 $k=5$ 为例，H3 对全部农户多维贫困指数的贡献率最高，达到 43.75%；H2 对全样本多维贫困指数的贡献率为 12.50%，而 H1 没有贡献。分解结果也说明，当考虑的贫困维度越来越多时，H6 和 H3 的贫困状况整体上越来越严重，而 H1 的贡献率愈来愈低，贫困程度减轻。

表 5-7　全样本多维贫困指数（M_0）以及不同家庭结构的贡献率

k	M_0						贡献率（%）				
	平均	H1	H2	H3	H5	H6	H1	H2	H3	H5	H6
1	0.414	0.302	0.267	0.555	0.492	0.868	16.09	37.34	12.88	31.76	1.72
2	0.288	0.182	0.157	0.418	0.359	0.704	13.84	31.76	14.78	33.33	5.97
3	0.148	0.067	0.058	0.244	0.197	0.418	11.34	15.98	19.07	41.75	11.86
4	0.050	0.007	0.016	0.103	0.069	0.140	3.23	11.29	17.74	50.00	17.74
5	0.012	—	0.004	0.039	0.015	0.013	0.00	12.50	43.75	37.50	6.25

注：2011 年所有调查样本中 H4 仅两户，故这里对其他五种类型展开分析。

第三节　易地扶贫搬迁对农户生计能力
影响的理论分析

经济、社会的快速发展以及易地扶贫搬迁政策的大力推进，对贫困山区农户的资本禀赋、生产活动和生计模式带来了重要改变，对于不同搬迁行为、类型和安置模式的农户家庭，其生计方式和社会网络也发生了相应变动，这些变化在很大程度上影响了农户的生计能力。本节首先尝试解读阿玛蒂亚·森的可行能力的内在架构；其次以此为基础对易地扶贫搬迁背景下农户生计能力进行概念、内涵的界定和解析；最后理论探讨易地扶贫搬迁对农户生计能力的影响机理。

一　可行能力的内在架构

本书对于移民生计能力分析框架的理论建构是以可行能力理论为

基础的，也即能力方法的基础性理论。值得注意的是，阿玛蒂亚·森对可行能力的内在架构并没有进行过多的解读，而只将其作为一个完整的能力概念。因此，本书延续以往学者的研究思路（杨云彦等，2011；石智雷，2013a；张峻豪、何家军，2014），认为移民可持续生计分析框架中的生计能力概念，不仅包含能力自身的众多组成部分，而且囊括移民生计能力的形成和转化过程。

1. 可行能力的组成要素

（1）政策要素和环境要素。政策要素包括政治自由、经济条件、社会机会、透明性保障和防护性保证这五个方面，实质上是政府提供的政策或制度的组合，涉及政府的行政管理、市场调控、社会管理和社会保障等政策制度。事实上，个体行为依赖既定的政策或制度环境，而政策或制度也处于不断变化之中，与个体和家庭行为形成互动，可以这么说，政策或制度是个体或家庭行为的外生变量，是个体或家庭形成内生能力的基础和平台。至于环境要素，通常是指一个涵盖自然环境、市场环境以及基础设施等多项因素的集合，其中就包含了政策或制度环境，不过由于政策或制度对个体或家庭的重要性很强，才将其独立出来作为能力的一个重要有机组成部分。市场环境赋予个体生存和发展的权利，市场对资源的合理配置有助于个体摆脱贫困和饥饿的威胁，如公平竞争的劳动力市场可以给予个体自由发展的环境，个体通过就业即可提升其可行能力，实现持续发展。当然，这些集合的组成要素不是独立发挥作用的，而是通过彼此联系、相互制约的复杂机制对个体或农户的生计资本，尤其是人力资本和社会资本等产生影响，进而对他们的生计能力产生作用。

（2）生产性要素。生产作为一项活动和过程，需要投入大量要素，完成物质财富的创造和集聚，这些要素即生产性要素。从经济学上来分析，土地、劳动力和资本是人们进行生产活动的三大要素，而在实际生活当中，生产性要素的范畴更为广阔，如包括管理者才能在内的人力资本以及社会资本等均被视为非常重要的生产性要素。本书认为，生产性要素涵盖自然资本、物质资本、人力资本、金融资本和社会资本，这些资本和要素均可以直接或者间接地被投入到生产领域中。事实上，个体或家庭正是将自身置于一定的政策或制度环境中，运用内在能力发挥生产性要素的作用，来实现可行能力的功能化。从可行能力的角度来看，生产性要素包括以下两个方面的内容。

其一是内在能力。个体或家庭实现阿玛蒂亚·森定义的被珍视的自由受制度条件的约束，同时需要个体以内在能力为重要支撑。所谓内在能力，是指个体拥有的可顺利完成一项活动所需的能力，包括一个人的脑力、体力以及其他能力，主要涉及个人的人力资本和社会资本，是个人社会关系和网络资源的体现。个体的内在能力是阿玛蒂亚·森的可行能力实现的基础，表达个人对权利的公平性主张，其内涵和外延在可行能力中是显而易见的。

其二是可用资源。政策要素和环境要素对阿玛蒂亚·森的可行能力理论意义重大，其重要性可以从对权利基础的公平性主张上得到表现，因此个体能力的形成出现了结构性分化：个体的内在能力、政策要素和各种环境要素所赋予的可用资源（张峻豪、何家军，2014）不仅包括各种有形资本，比如自然资本、物质资本和金融资本，而且包括人力资本和社会资本这样的无形资本。可以发现，这些有形和无形资本是生产性要素的重要有机组成部分，可以直接或间接投入到生产领域用来形成个体的能力，由于这些资本和要素具有自上而下的特征，因此它们可以被视为一种被赋予的可用资源。

2. 可行能力的双重转化过程

（1）生产性要素向生计能力转化。阿玛蒂亚·森的可行能力是一个基于权利基础的能力概念，侧重能力的信息基础和公平性主张，他认为能力的形成是顺其自然的，即生产性要素转化为生计能力。这一转化过程在可行能力理论框架的情境中，表现为处在一定的制度性环境中的个人或家庭，借助政府、市场、组织、家庭和个人之间的互动渠道，通过积累和完善个人或家庭的生计资本存量，获得应对风险和提升福利的功能性活动的资本基础。当这一转化阶段完成后，能力的最终表现形式为各种资本存量和流量的集合，而这些生产性要素转变成个人或家庭的资源，直接受到政策和环境两大要素的影响。

（2）生计能力向功能性活动转化。阿玛蒂亚·森在可行能力的解释框架中提出了一个能力转化的问题，即能力可以转化为被观察到的功能性活动。前文提及，作为实现"能力"和"功能"的工具性手段，各种商品和服务都必须经历一个漫长的过程才能最终达成目标，而每一个中间环节都有可能对商品和服务（工具性手段）以及"能力"和"功能"（最终目标）之间的转化效率和转换机制造成深远影响。因此，能力方法更加关注人的"能力"和"功能"，更为重视商品和服务以及"能力"和"功能"之间的转化效率以及关键性影响因素。尽管阿玛蒂亚·森的研究没有对这一过程进行解释说明，但很多关于能力的解释框架都涉及了这一转化过程。

二 移民生计能力的内涵

上文通过对可行能力内在架构的解析，指出了阿玛蒂亚·森的可行能力与一般能力之间的区别和联系，也明确了可行能力是能力形成和转化的完整结构和过程。基于阿玛蒂亚·森的可行能力理论，移民生计能力再造可以被视为其可行能力的修复和重建，其实质是移民生计能力形成和转化的过程，这一过程即移民个体或家庭主动适应新的生计环境的过程。

易地扶贫搬迁农户需要在完全陌生的生计系统中形成适应新生产生活环境的生计能力，同时将这种能力转化为具体的功能性活动。因此，移民生计能力的修复和重建，是由相关政府部门主导和社会组织帮扶进行生产性要素传递，同时以相关区域、村落或社区为地理空间，以农户家庭为基础，个人和家庭为适应新的生计系统而进行的能力形成和转化过程，其外在表现为农户家庭各种功能性活动的变动，并反映了家庭福利水平的增加。这一过程的核心在于移民农户各种生计资本及其配套性政策保障的积累和完善。

因此，本书定义的移民生计能力的内涵包括两个方面的内容：移民生计能力的形成和功能性活动的转化。

（1）移民生计能力的形成。从移民生计能力形成机制来看，主要包含以下三个环节。

首先，权利赋予。权利是移民生计能力形成的基础和支撑，如果没有制度和政策赋予移民生存和发展的权利，农户无法在劳动力市场进行公平竞争，进而无法利用家庭资源进行生产、交换和消费，难以提升自身生计状况实现长远发展。权利赋予的含义包含两个层面。第一，权利是由国家政策和制度设计所赋予，比如陕南移民搬迁补偿制度、后期措施配套服务、劳动力培训计划、公共服务以及社会保障制度等，这是农户生计能力形成的制度基础和资源输送渠道，也是各级政府、社会组织及其他团队参与的前提条件，构成农户生计发展的外围空间。第二，移民权利自我赋予。中央和地方政府在经济社会发展过程中提供移民个人和家庭发展的制度基础，为移民提供参与市场、资源交换和商品消费的机会和平台，但个人态度在能力形成的过程中发挥重要作用。如果移民拥有积极的态度，就可以把握机会和平台，努力争取有利于自身发展的社会资源，最终实现移民权利的自我赋予。

其次，资源获取。资源获取是移民生计能力形成的重要途径，如果移民无法拥有自身发展必备的资源要素，势必在长远发展中缺乏足够动力，在各种生计活动中面临生计风险和陷入生计困境。这里的资源包括成员个人的人际关系和社会网络，还包括区域市场环境，基础设施，金融支持和正式、非正式的发展渠道。移民家庭在政府和社会赋权的范围之内，有效利用和争取更多的社会资源。理论上在公平竞争的市场环境中，移民个人和家庭可以直接和间接地充分接触周围的社会资源，用来努力提升有利于自身获取更多资源和发展机会的生计能力。

最后，技术学习。技术学习是移民生计能力形成的关键步骤，也是移民家庭成员实现个人素质提升的主要办法。作为能力形成的基本单位，成员个人是生计资本的直接承接者，也是市场环境和制度因素的发起者。成员个人是最基本的节点，其他因素均是外部因素，比如市场环境、制度和各种资源等，所有因素最终都必须通过成员个人发挥作用。事实上，成员个人是在知识储备和技能水平的基础上形成生计能力。技术水平为移民个人和家庭在就业过程中提供有效竞争力，可以提升他们把握发展机会和获取社会资源的能力。同时，个人技术学习的效果也不尽相同。个人素质、机会、态度和积极性均对学习效果产生直接影响，因此这些要素也是影响生计能力形成的关键。

可以看出，这三大环节相互影响，彼此制约。农户通过正规和非正规教育丰富成员个人和家庭的资本要素禀赋，提升把握生计机会和获取生计资本的能力；制度因素和农户自身赋予农户一定的自由权利，提高生产效率的同时进一步改善其生计资本；市场环境、社会网络、基础设施、资金支持以及各种正式或非正式渠道为农户提供一定的选择机会和发展空间，使其在获取这些资源的同时强化其获取更多资源和发展机会的能力。

（2）功能性活动的转化。移民农户各种功能性活动的转变主要体现在其生计策略方面的变化。当移民农户的生计能力发生改变时，作为其外在的表现形式，各种功能性活动就会随之做出改变。阿玛蒂亚·森认为可行能力不仅是人的各种功能性活动的集合，而且是各种福利的集合。当移民的生计能力完成修复和重建后，其各种功能性活动的改变表现为生计策略的优化和调整，促使农户获取更多福利。因此，移民农户各种功能性活动的改变不但可以促进其生计能力的修复与重建，而且可以提升农户家庭的福利水平。

通过上文对移民生计能力内涵的描述可以看出，基于可行能力理论的移民生计能力理论分析框架旨在促使易地扶贫搬迁农户拥有个人有可能实现的、各种可能的功能性活动的集合，并追求更大福利的获取。进一步地，本书将政府相关部门和社会组织提供的政策性支持和配套性保障措施所赋予农户家庭的权利和机会，以及态度和个人转换因子包含的众多要素结合在一起，构成了移民生计能力修复和重建的完整概念。具体的理论分析框架见图5-5。

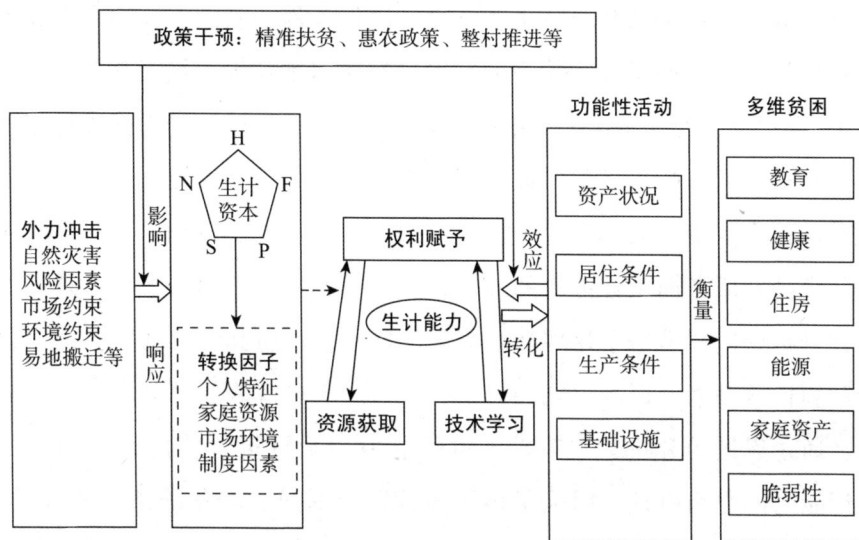

图5-5　易地扶贫搬迁农户生计能力理论分析框架

以上关于易地扶贫搬迁对农户生计能力的影响机理的理论分析框架解析，为下文的实证分析提供了重要支撑。但一个明显的困难是，学界对生计能力测量的研究略显薄弱。Sen（1999）将可行能力定义为各种功能性活动的集合，通过对功能性活动的评估测量不可直接观测的能力，因此能力方法的引入解决了生计能力本身很难测量的问题。与能力方法相关的多维贫困测量能够提供更加准确的信息，便于减少人们的能力剥夺（Alkire and Foster，2009），可以作为测量移民生计能力的工具。

尽管 Sen（1999）探索性地分析了一个人的五种工具性自由：政治自由、经济条件、社会机会、透明性保证和防护性保障，但他并未指出能力到底是由哪些具体的功能性活动所组成，需要研究者们根据不同的研究背景确定具体的指标和功能进行能力分析。构建移民生计能力衡量指标的基本目的在于把复杂抽象的生计能力概念切换为可以度量、计算和比较的客观数据，以便实证检验易地扶贫搬迁政策对农户生计能力的影响效应。本书以易地扶贫搬迁农户为研究对象，依据相关实证研究经验，选取资产状况、生产条件、居住条件和基础设施四个方面的功能性活动作为衡量生计能力的因素。对应多维贫困的维度和指标，本书选择教育、健康、住房、能源、家庭资产和脆弱性六个指标进行移民对生计能力的影响机理的实证分析。由于一些来自个人异质性、环境多样性、社会氛围、人际关系和家庭内部分配等个人转换因子之间的差异，商品和服务向生计能力的转化程度和效率并不相同，本书在具体的实证分析中同样考虑了这些转换因子的影响，并将其分为两大类：家庭特征和社区因素，以尽可能涵盖生计能力中不可观测的部分。

通过以上的分析，本节基于可行能力理论解析了移民搬迁对农户生计能力的影响机理，明确了移民生计能力形成和转化的结构和过程。本章的以下部分拟依据前文提出的理论建构和分析框架进行尝试性实证检验，以剖析和验证易地扶贫搬迁对农户生计能力的影响机理。

第四节　易地扶贫搬迁对农户生计能力影响的实证分析

一　多元线性回归模型和 Tobit 模型估算结果

为了进一步分析易地扶贫搬迁对农户生计能力的影响作用，验证本书在研究设计部分提出的初步假设，本书采用多元线性回归模型来检验移民搬迁对农户生计能力影响的显著性。考虑到数据截断问题，采用 Tobit 模型估计农户遭受意外和风险冲击的脆弱性损失。以往的经验研究证明，是否接受过培训对农村居民工资变化有正向影响（王海港等，2009；陈耀波，2009；宁光杰、尹迪，2012），而社会网络可以影响贫困（王春超、叶琴，2014；张爽等，2007），因此本书在控制变量中加入了是否接受过培训和社会网络变量。针对社会网络的度量，本书使用亲戚中公职人员的数量来代表。

表 5－8 是模型使用的被解释变量的描述性统计结果。可以发现，农户多维贫困状况涉及零到六维。本书采用多元线性回归模型和 Tobit 模型分别对农户多维贫困状况、成员最高受教育年限、平均健康程度、住房质量、能源利用状况、家庭资产状况和脆弱性损失进行估计。控制变量包括户主性别、65 岁以上人员比重、16 岁以下人员比重、人均耕地面积、农户类型、是否接受过培训、社会网络以及地区变量。变量的膨胀因子检验结果显示，自变量之间不存在多重共线性。各方程都通过了显著性检验，方程整体显著。

表 5－8　被解释变量的描述性统计

变量	样本量	均值	方差	最小值	最大值
多维贫困状况	1404	1.44	1.20	0	6
成员最高受教育年限	1404	8.84	3.49	0	15
平均健康程度	1404	0.82	0.23	0	1
住房质量	1388	1.93	0.91	1	3
能源利用状况	1384	1.63	0.81	0	4
家庭资产状况	1404	2.73	1.53	0	8
脆弱性损失	1400	212.41	1724.65	0	50000

回归结果见表 5－9。从回归结果来看，移民搬迁这一政策干预对农户的生计能力存在显著影响。具体来说，移民搬迁有利于减少农户的多维贫困。为了进一步分析移民搬迁缓解农户多维贫困的路径和机制，本书对农户多维贫困的六个维度的原始指标值进行了计量回归。结果

显示：首先，移民搬迁对成员最高受教育年限有显著的正向影响，但对平均健康程度的影响不显著；其次，移民搬迁显著改善了农户的住房质量，同时对能源使用和家庭资产也有显著的正向影响，即移民搬迁工程的实施丰富了农户生活燃料的使用种类，而且促使农户积累了一定的资产；最后，移民搬迁对农户脆弱性损失没有显著影响。通过以上移民搬迁对多维贫困及各个维度的影响的分析，本书认为存在如下可能：移民搬迁通过增加农户教育投资、能源多样性、资产存量和改善住房质量来缓解其多维贫困状况。前文发现住房、能源和教育维度在农户多维贫困的贡献率中占据很大比重，随着移民搬迁项目的推进，农户多维贫困状况会逐步得到改善，这显然有利于农户生计能力的提升和权利机会的获取。

表 5 - 9　移民搬迁对农户多维贫困及各维度的影响估计

解释变量	多维贫困状况	成员最高受教育年限	平均健康程度	住房质量	能源利用状况	家庭资产状况	脆弱性损失
	OLS						Tobit
移民搬迁	-0.48 *** (0.07)	0.49 ** (0.19)	-0.02 (0.01)	0.68 *** (0.05)	0.24 *** (0.05)	0.40 *** (0.08)	-530.98 (786.64)
户主性别	0.27 *** (0.09)	-0.70 ** (0.27)	-0.00 (0.02)	-0.14 ** (0.07)	0.00 (0.07)	-0.02 (0.12)	61.11 (1230.23)
65 岁以上人员比重	0.80 *** (0.13)	-3.10 *** (0.39)	-0.31 *** (0.03)	0.01 (0.10)	-0.00 (0.10)	-1.14 *** (0.17)	-757.43 (1639.45)
16 岁以下人员比重	-0.71 *** (0.17)	-0.37 (0.50)	0.18 *** (0.03)	0.24 * (0.13)	0.16 (0.12)	1.25 *** (0.22)	-4669.65 ** (2196.25)
人均耕地面积	0.03 ** (0.01)	-0.10 *** (0.03)	-0.00 (0.00)	-0.00 (0.01)	0.01 * (0.01)	0.01 (0.01)	166.24 * (85.87)
是否接受过培训	-0.23 *** (0.07)	0.83 *** (0.20)	0.04 *** (0.01)	0.13 ** (0.05)	-0.01 (0.05)	0.29 *** (0.09)	2125.58 *** (790.57)
社会网络	-0.10 *** (0.02)	0.46 *** (0.06)	0.00 (0.00)	0.08 *** (0.02)	0.04 ** (0.02)	0.18 *** (0.03)	287.87 (239.79)

续表

解释变量	多维贫困状况	成员最高受教育年限	平均健康程度	住房质量	能源利用状况	家庭资产状况	脆弱性损失
	OLS						Tobit
农户类型	-0.45 ***	1.18 ***	0.03 ***	0.24 ***	0.21 ***	0.48 ***	640.86
	(0.06)	(0.17)	(0.01)	(0.05)	(0.04)	(0.08)	(713.26)
常数	1.29 ***	9.39 ***	0.86 ***	1.95 ***	1.30 ***	2.51 ***	-9803.14 ***
	(0.12)	(0.34)	(0.02)	(0.09)	(0.09)	(0.15)	(1616.39)
样本量	1364	1364	1364	1350	1347	1364	1360
R^2/Pseudo R^2	0.2228	0.1985	0.1860	0.2281	0.1414	0.2049	0.0163

注：各模型均控制了地区变量。括号中数值为标准差；有的系数为 0.00 并不是系数本身为 0，而是系数小，保留小数点后两位数字造成的； *** 、 ** 和 * 分别表示在 1% 、5% 和 10% 的统计水平上显著。

本书使用搬迁特征，即搬迁类型和搬迁时间，进一步分析移民搬迁对农户多维贫困的作用，模型的回归结果如表 5 - 10 所示。由于部分估计结果不显著，因此本书在表 5 - 10 中仅报告了搬迁特征显著的估计结果。对于搬迁户而言，自愿性搬迁显著加重了其多维贫困状况。具体地，自愿性搬迁对住房质量仍表现出显著的正向影响，而对成员最高受教育年限和能源利用状况的影响显著为负，对脆弱性损失有显著的正向影响；短期搬迁对住房质量表现出显著的正向影响，而对能源利用状况的影响显著为负。本书认为，非自愿性移民倾向于风险中立或风险回避，相对而言自愿性移民对风险冲击的态度属于风险偏好和风险规避，他们主动选择中断教育投资去寻找当前面临的各种生计机会，这从长远来看并不合理。自愿性搬迁比非自愿搬迁使用的能源种类更少是由于大部分自愿性移民迁入新型安置社区后仅使用清洁能源。虽然其生活燃料多样性变差，但是这样既有利于生态环境的保护也有利于节约能源和经济成本。此外，搬迁过渡期土地使用期限的延长大大增加了农户继续耕种土地的机会，但同时由于生产空间和居所相对距离的增加以及看护和照料的时间大幅缩短，自愿性移民遭受风险冲击的可能性很大。总体上，相对非自愿性移民而言，自愿性移民带来的脆弱性风险和教育中断进一步加重了他们的多维贫困状况，这一发现提醒相关政府部门在制定后期配套和扶持措施时重点关注自愿性搬迁户的教育贫困和脆弱性贫困问题。

表 5 – 10　搬迁特征对农户多维贫困及各维度的影响估计

解释变量	自愿性					短期	
	多维贫困状况	成员最高受教育年限	住房质量	能源利用状况	脆弱性损失（Tobit）	住房质量	能源利用状况
自愿性搬迁	0.32 ** (0.13)	– 1.16 *** (0.41)	0.50 *** (0.10)	– 0.38 *** (0.11)	4339.54 *** (1285.96)		
短期搬迁						0.28 ** (0.11)	– 0.41 *** (0.11)
户主性别	0.16 (0.18)	– 0.97 * (0.56)	– 0.06 (0.14)	0.08 (0.16)	– 176.37 (1427.42)	0.01 (0.14)	0.38 *** (0.13)
65 岁以上人员比重	0.61 ** (0.23)	– 2.77 *** (0.71)	0.17 (0.18)	0.11 (0.20)	– 192.98 (1592.44)	0.20 (0.18)	0.10 (0.20)
16 岁以下人员比重	– 0.33 (0.29)	– 1.52 * (0.89)	0.25 (0.22)	0.36 (0.25)	– 3754.71 * (2265.97)	0.08 (0.23)	0.26 (0.25)
人均耕地面积	0.01 (0.02)	0.01 (0.05)	0.00 (0.01)	0.02 (0.01)	– 20.85 (126.43)	0.01 (0.01)	0.02 (0.01)
是否接受过培训	– 0.34 *** （– 3.03）	0.93 ** (0.35)	0.27 *** (0.09)	0.02 (0.10)	77.70 (755.82)	0.25 *** (0.09)	0.04 (0.10)
社会网络	– 0.04 (0.03)	0.45 *** (0.10)	0.03 (0.03)	0.01 (0.03)	59.38 (246.35)	0.04 * (0.03)	0.02 (0.03)
农户类型	– 0.28 *** (0.10)	0.96 *** (0.31)	0.12 (0.08)	0.23 *** (0.09)	310.71 (732.30)	0.14 * (0.08)	0.19 ** (0.09)
常数	1.12 ** (0.21)	9.90 *** (0.65)	1.96 *** (1.16)	1.50 *** (0.18)	– 6285.71 *** (1972.38)	2.04 *** (0.16)	1.57 *** (0.11)
样本量	403	403	401	402	401	392	394
R^2/Pseudo R^2	0.1086	0.1664	0.1505	0.1781	0.0467	0.1159	0.1954

注：各模型均控制了地区变量。括号中数值为标准差；有的系数为 0.00 并不是系数本身为 0，而是系数小，保留小数点后两位数字造成的；*** 、** 和 * 分别表示在 1%、5% 和 10% 的统计水平上显著。

为了进一步考察影响搬迁户陷入多维贫困及各个维度贫困的因素，本书继续采用多元线性回归模型分别对搬迁户和非搬迁户样本的多维贫困状况、成员最高受教育年限、住房质量和能源利用状况进行估计，模型的回归结果见表5－11，各方程均通过了显著性检验，方程整体显著。考虑到住房、教育和能源维度在农户多维贫困中的贡献率，本书主要对这三个贫困维度进行计量分析。通过与全样本回归的对比可以看出以下四点。

表5－11　搬迁户和非搬迁户多维贫困及部分维度影响因素估计

解释变量	搬迁户				非搬迁户			
	多维贫困状况	成员最高受教育年限	住房质量	能源利用状况	多维贫困状况	成员最高受教育年限	住房质量	能源利用状况
户主性别	0.22 (0.18)	−1.21** (0.56)	0.03 (0.14)	−0.00 (0.16)	0.22** (0.11)	−0.44 (0.31)	−0.10 (0.08)	0.00 (0.08)
65岁以上人员比重	0.65*** (0.23)	−2.91*** (0.72)	0.22 (0.18)	0.06 (0.20)	0.87*** (0.16)	−3.34*** (0.46)	−0.12 (0.12)	−0.03 (0.11)
16岁以下人员比重	−0.38 (0.29)	−1.35 (0.90)	0.18 (0.22)	0.42* (0.25)	−0.76*** (0.21)	−0.19 (0.59)	0.17 (0.15)	0.05 (0.14)
人均耕地面积	0.01 (0.02)	−0.00 (0.05)	0.01 (0.01)	0.01 (0.01)	0.04** (0.01)	−0.17*** (0.04)	−0.02* (0.01)	0.01 (0.01)
是否接受过培训	−0.37*** (0.11)	1.03*** (0.35)	0.23** (0.09)	0.05 (0.10)	−0.22** (0.09)	0.81*** (0.25)	0.13** (0.06)	−0.03 (0.06)
社会网络	−0.04 (0.03)	0.46*** (0.11)	0.03 (0.03)	0.01 (0.03)	−0.12*** (0.03)	0.42*** (0.08)	0.09*** (0.02)	0.05** (0.02)
农户类型	−0.25** (0.10)	0.86*** (0.31)	0.16** (0.08)	0.20** (0.09)	−0.49*** (0.07)	1.20*** (0.21)	0.22*** (0.05)	0.20*** (0.05)
常数	1.17*** (0.21)	9.73*** (0.65)	2.04*** (0.16)	1.44*** (0.18)	1.04*** (0.14)	9.91*** (0.41)	2.29*** (0.11)	1.36*** (0.10)
样本量	403	403	401	402	961	961	949	945
R^2	0.0956	0.1494	0.0970	0.1546	0.2560	0.2396	0.1996	0.1273

注：各模型均控制了地区变量。括号中数值为标准差；有的系数为0.00并不是系数本身为0，而是系数小，保留小数点后两位数字造成的；***、**和*分别表示在1%、5%和10%的统计水平上显著。

首先，针对多维贫困状况，就搬迁户来说，65 岁以上人员比重、农户类型和是否接受过培训变量继续发挥作用并在统计水平上保持显著，其中是否接受过培训的积极影响作用比其在全体回归中更为显著，而农户类型的正向影响作用和 65 岁以上人员比重的负向影响作用均显著下降，但户主性别、16 岁以下人员比重、人均耕地面积和社会网络的影响变得不再显著。反观非搬迁户各变量对其多维贫困的影响与其在全体回归中保持高度一致，仅系数和显著性略有差异。

其次，针对成员最高受教育年限，就搬迁户来说，户主性别和 65 岁以上人员比重仍有显著的负向影响，而是否接受过培训和农户类型表现出显著的正向效应，但户主性别和是否接受过培训的影响作用比其在全体回归中更为显著，65 岁以上人员比重和农户类型并未像其在全体回归中那么显著，同时人均耕地面积对成员最高受教育年限的影响变得不再显著。此外，非搬迁户除户主性别变得不显著外，其余控制变量的显著性水平与全体回归大体上保持一致，但影响作用均有不同幅度的变化。

再次，针对住房质量，就搬迁户来说，是否接受过培训和农户类型有显著的影响作用，其中是否接受过培训的积极影响作用比其在全体回归中更为显著，而农户类型的正向影响作用显著下降；户主性别、16 岁以下人员比重和社会网络的影响均变得不再显著。非搬迁户方面，户主性别和 16 岁以下人员比重同样不再显著，但人均耕地面积对住房质量表现出显著的负向作用，其他变量的系数和显著性水平略有变化。

最后，针对能源利用状况，就搬迁户来说，农户类型的影响作用显著为正，人均耕地面积和社会网络变量变得不再显著，而 16 岁以下人员比重表现出显著的正向影响作用。至于非搬迁户，人均耕地面积也不再显著，但社会网络的正向影响作用比其在全体回归中更为显著。

从各个解释变量的边际效应来看，是否接受过培训和农户类型对搬迁户是否陷入多维贫困和各个维度贫困的影响是最大的，而 65 岁以上人员比重、16 岁以下人员比重以及农户类型对非搬迁户和全样本的多维贫困影响最大。

二 收入贫困对农户生计能力影响的实证分析

前文通过采用 A－F 多维贫困测量方法对样本区域农户的多维贫困指数进行了测算和分解，实证分析了易地扶贫搬迁对农户多维贫困的解释作用。当前学界在多维贫困测量的方法论使用上已达成共识，但对于贫困维度和指标的选择，特别是收入维度是否应该纳入多维贫困指数尚无定论。多维贫困测量应该是收入贫困测量的有益补充而非替代（Wang et al.，2016；王小林，2012），而且收入本身与其他多维贫困的维度关系密切，不能忽视收入贫困与多维贫困之间的联系。那么两者之间有何种联系和区别？收入又是如何影响多维贫困及其各个维度？作用如何？本书接下来试图从实证分析的角度对上述问题进行探讨。

1. 收入贫困与多维贫困及其各维度的联系与区别

表 5－12 反映了收入贫困和多维贫困的相关性问题。具体来说，按照国家 2011 年农村贫困标准 2300 元（2010 年不变价）测算，全样本中 26.77% 的农户收入高于国家贫困线，不属于贫困帮扶对象，但他们却是 33% 维度上的多维贫困户。换言之，全样本中 40.65% ［26.77%／（26.77% ＋39.09%）］的非收入贫困户属于多维贫困户。如果按照多维贫困标准进行测算，全样本中 18.66% 的农户不属于多维贫困户但属于收入贫困户，也就是说全样本中 54.64% ［18.66%／（15.49% ＋18.66%）］的收入贫困户不属于多维贫困户。可以看出，收入贫困与多维贫困测量之间存在较大区别，达到 45.43% （26.77% ＋18.66%）。进一步地，由收入贫困测量造成的误差 26.77% 高于多维贫困测量造成的误差 18.66%。上面的分析表明，如果农村减贫政策干预的最终目的是彻底消除收入贫困，那么将仍然有 40.65% 的农户家庭深陷多维贫困。这里的政策含义是中国农村的减贫政策在消除收入贫困的同时也要关注多维贫困。当然，除了上面分析发现的区别，收入贫困与多维贫困的测算

结果也存在一定的一致性，即全样本中45.36%的收入贫困户同时属于多维贫困户，而59.35%的非收入贫困户不属于多维贫困户，因此收入贫困与多维贫困测量之间存在54.58%（15.49%＋39.09%）的一致性，而且两种方法测算均不贫困的农户比例为39.09%，远远高于两者测算均贫困的农户比例15.49%。由此可见，收入贫困测量仍在当前中国农村的贫困测量中占据着主导性和决定性的地位。本书同时报告了搬迁户和非搬迁户关于这两种测算方法的相关性，结果显示与全样本的情况基本相同。

本书也将多维贫困按照不同贫困程度进行划分，试图分析收入贫困对其覆盖和遗漏的情况，结果如表5-13所示。全样本中22.12%的非收入贫困户属于潜在性多维贫困户，23.53%的非收入贫困户属于一般性多维贫困户，而3.24%的非收入贫困户事实上属于极端性多维贫困户。也就是说，按照中国农村的贫困标准进行测算的结果显示，全样本中48.89%（22.12%＋23.53%＋3.24%）的非收入贫困群体承受着不同程度的多维贫困，他们或处于多维贫困的边缘，或属于急需救助的极端性多维贫困农户。以上的分析说明，单纯使用收入贫困测量方法难以准确识别中国农村真实的贫困农户，因此建议政策实践中采用多维贫困测量方法，它有着收入贫困测量方法无法替代的重要作用。

表5-12　收入贫困与多维贫困的相关性分析

单位：%

	全样本		搬迁户		非搬迁户	
	多维	非多维	多维	非多维	多维	非多维
收入贫困	15.49	18.66	7.56	21.41	18.77	17.52
非收入贫困	26.77	39.09	18.64	52.39	30.14	33.58

注：收入贫困以2011年国家农村贫困标准2300元测算，而多维贫困的截断点为33%，即$k < 33\%$为非多维贫困，而$k \geq 33\%$为不考虑收入维度的多维贫困。

此外，表5-13还显示，全样本中26.63%（11.14%＋12.98%＋2.51%）的收入贫困户同时属于多维贫困户，而16.96%的非收入贫困户不属于多维贫困户，因此收入贫困与多维贫困测量之间存在 43.59%（26.63% + 16.96%）的一致性。同时收入贫困测量方法忽略了 56.41% 的多维贫困。

表5-13　收入贫困对多维贫困的覆盖和遗漏情况

单位：%

	全样本		搬迁户		非搬迁户	
	收入贫困	非收入贫困	收入贫困	非收入贫困	收入贫困	非收入贫困
非多维贫困	7.52	16.96	9.57	23.68	6.67	14.18
潜在性多维	11.14	22.12	11.84	28.72	10.84	19.40
一般性多维	12.98	23.53	7.05	17.13	15.43	26.17
极端性多维	2.51	3.24	0.50	1.51	3.34	3.96

本书同样分析了收入贫困与多维贫困各维度之间的相关性。各维度的贫困程度使用均值表示，均值越大（即越接近于1），贫困程度越深。结果如表5-14所示。可以发现，全样本中收入贫困与教育、住房和家庭资产维度呈现正向关联，也即收入贫困户在教育、住房和家庭资产维度的贫困程度大于非收入贫困户，而收入贫困与健康、能源和脆弱性这三个维度呈现负向关联。总体而言，这些正、负向关联性并不明显，收入贫困户与非收入贫困户在这六个贫困维度的均值上差异不大。

表5-14　收入贫困与多维贫困各维度的相关性分析

	全样本		搬迁户		非搬迁户	
	收入贫困	非收入贫困	收入贫困	非收入贫困	收入贫困	非收入贫困
教育	0.624	0.565	0.533	0.595	0.639	0.557
健康	0.348	0.353	0.467	0.581	0.328	0.294
住房	0.805	0.801	0.533	0.356	0.851	0.913
能源	0.610	0.636	0.667	0.662	0.600	0.630
家庭资产	0.281	0.168	0.100	0.122	0.311	0.180
脆弱性	0.048	0.077	0.067	0.122	0.044	0.066

2. 计量回归分析

上文从描述统计的角度分析了收入贫困与多维贫困的相关性，以及收入贫困与各贫困维度之间的关联性，以下本书采用计量模型实证分析收入贫困对农户生计能力的影响。具体来说，本书采用 IV Probit 模型将农户多维贫困、教育贫困、健康贫困、住房贫困、能源贫困、家庭资产贫困和脆弱性贫困分别对人均纯收入对数进行估计。控制变量包括户主性别、65 岁以上人员比重、16 岁以下人员比重、人均耕地面积、农户类型、是否接受过培训、社会网络以及地区变量。在没有给出的结果中，本书使用 Probit 模型进行计量回归，发现农户收入越高，越不容易陷入多维贫困，但怀疑收入是内生变量，因为可能存在同时影响收入与多维贫困的遗漏变量。因此本书将移民搬迁作为工具变量引入 IV Probit 模型对收入的影响进行检验。由于工具变量 Probit 默认进行最大似然估计（MLE），数值计算时模型可能出现不易收敛的情况，于是本书采用两步法（Two-step Method）进行估计。模型回归结果见表 5 – 15。

表 5 – 15　收入贫困对多维贫困及其各维度的影响估计

解释变量	多维贫困	教育贫困	健康贫困	住房贫困	能源贫困	家庭资产贫困	脆弱性贫困
人均纯收入对数	– 0.54 *** (0.09)	– 0.70 *** (0.10)	0.07 (0.10)	– 0.49 *** (0.09)	– 0.34 *** (0.10)	– 0.74 *** (0.14)	0.30 * (0.17)
户主性别	0.35 *** (0.13)	0.26 * (0.15)	0.05 (0.14)	0.28 ** (0.13)	0.37 *** (0.13)	0.25 (0.21)	0.04 (0.29)
65 岁以上人员比重	0.82 *** (0.18)	1.26 *** (0.19)	1.03 *** (0.18)	– 0.10 (0.19)	0.16 (0.18)	0.69 *** (0.22)	– 0.57 (0.39)
16 岁以下人员比重	– 1.10 *** (0.23)	– 1.13 *** (0.26)	– 0.05 (0.25)	– 0.91 *** (0.24)	– 0.62 ** (0.23)	– 2.62 *** (0.49)	– 0.99 ** (0.48)
常数	3.32 *** (0.73)	4.16 *** (0.81)	– 1.79 ** (0.78)	2.84 *** (0.71)	2.16 *** (0.76)	3.98 *** (1.09)	– 4.15 *** (1.33)

解释变量	多维 贫困	教育 贫困	健康 贫困	住房 贫困	能源 贫困	家庭 资产贫困	脆弱性 贫困
第一阶段 F 统计量	34.47	34.47	34.47	34.14	34.47	34.47	32.60
Wald 内生性检验							
Chi2（1）	19.36	34.08	3.50	26.69	6.53	29.23	8.03
Prob > Chi2	0.0000	0.0000	0.0615	0.0000	0.0106	0.0000	0.0046
样本量	1301	1301	1301	1295	1301	1301	1082

注：各模型中均控制了地区变量，第一阶段回归方程的解释变量包括移民搬迁、是否接受过培训、社会网络、农户类型和人均耕地面积。括号中数值为标准差；有的系数为 0.00 并不是系数本身为 0，而是系数小，保留小数点后两位数字而造成；***、** 和 * 分别表示在 1%、5% 和 10% 的统计水平上显著。

本书发现，从回归结果来看，农户收入水平的提升显著降低了其陷入多维贫困的概率。具体来说，收入每增加一个单位，农户陷入多维贫困的概率就下降 72.25%。进一步地，农户增收显著降低了其教育、住房、能源和家庭资产维度的贫困发生率，但却增加了农户脆弱性贫困发生的概率，同时对健康贫困没有影响。可见，收入水平的提升促使农户增加对教育和住房的投资，这在积累生产性工具和耐用消费品的同时也有助于改善农户能源利用的情况，进而缓解其自身的多维贫困。此外，农户增收后倾向于加大生产投资，扩大生产规模，因此遭受自然灾害等风险冲击的可能性变大，容易发生脆弱性贫困。

就收入对多维贫困及各维度的影响效应来说，收入对教育和家庭资产贫困的影响系数较大，即收入水平的提升使教育和家庭资产贫困发生概率的下降幅度较大，分别达到 100% 和 110%，而对住房、能源和脆弱性贫困发生可能性的影响效应比较小，依次为 63%、41% 和 35%。整体而言，收入的增加对农户多维贫困发生概率的影响效应较小（72%），但这一结果高于 Wang 等（2016）估计的影响效应，说明中国农村区域性贫困的特征非常明显，西部贫困山区农户收入水平的增加更有利于降低他们陷入多维贫困的概率，尽管如此，多维贫困模型回归的修正系数仅为23.60%，也就是说，在控制农户家庭特征变量和地区变量后，模型仅能解释近24%的多维贫困变异程度，而76%的变异程度是由其他因素造成的。以上的分析表明，单纯使用收入贫困测量方法无法识别真实贫困的隐蔽特征和复杂程度，因此多维贫困测量方法的引入可以更加全面真实地呈现农户的贫困状况。但值得注意的是，收入贫困测量方法仍在当前中国农村的贫困测量中发挥着不可替代和决定性的作用，同时收入对多维贫困及其各维度贫困也均有不同程度的影响和解释作用，因此在政策实践中不能简单地赋予收入一定的权重并将其作为一个维度纳入多维贫困之中，而应将多维贫困作为收入贫困测量的有益补充，两者相辅相成，缺一不可，使两种测量方法在中国农村的减贫进程中共同发挥作用。

本书进一步分析了收入分别对搬迁户和非搬迁户多维贫困及其各维度贫困的解释作用，模型回归结果见表5-16和表5-17。结果显示，第一，搬迁户收入的增加对多维贫困以及健康、能源和家庭资产贫困发生概率的影响不显著，但显著降低了教育、住房和脆弱性维度的贫困发生率。第二，非搬迁户收入水平的提升尽管会促使其脆弱性贫困发生的可能性升高，但可以显著降低他们多维贫困及其他各维度的贫困发生率。可以发现，针对移民增收的政策举措对农户健康、能源和家庭资产方面的贫困没有影响，政府理应更加关注移民在这些方面的贫困，并制定相应的减贫扶持措施帮助农户减轻多维贫困，进而提升其生计发展能力。另外，与全样本回归不同，移民增收有利于他们减轻脆弱性贫困，而非搬迁户收入提升却显著增加脆弱性贫困发生的可能，这可能与两类农户对于生计策略的选择有关，搬迁户由于生产空间和距离的改变减少了农林种植活动，转而实现劳动力的非农转移。但前文的分析发现移民搬迁对脆弱性贫困没有直接影响，因此本书猜测移民的一些不可观测的特征影响脆弱性贫困发生的概率。此外，对于非搬迁户而言，收入因素对于其多维贫困及其多数维度贫困的影响比全体回归中更为显著，特别是收入水平的提升会显著降低他们陷入健康贫困的概率，因此全体回归中搬迁户样本数量的增加冲淡了农户增收对健康贫困发生率显著的降低作用，最终导致影响作用不显著。

表 5-16　收入贫困对搬迁户多维贫困及其各维度的影响估计

解释变量	多维贫困	教育贫困	健康贫困	住房贫困	能源贫困	家庭资产贫困	脆弱性贫困
人均纯收入对数	-0.07 (0.07)	-0.31** (0.15)	-0.11 (0.08)	-0.18** (0.08)	0.09 (0.08)	0.20 (0.17)	-0.33** (0.13)
户主性别	0.06 (0.29)	0.52 (0.36)	-0.11 (0.28)	0.15 (0.34)	0.39 (0.30)	—	0.53 (0.60)
65岁以上人员比重	0.45 (0.33)	1.54*** (0.39)	1.00*** (0.34)	-0.19 (0.42)	-0.35 (0.33)	0.55 (0.49)	-0.42 (0.71)
16岁以下人员比重	-0.31 (0.45)	-0.44 (0.51)	-0.22 (0.48)	0.08 (0.47)	-0.05 (0.44)	-3.72* (1.97)	-0.35 (0.84)
人均耕地面积	0.23*** (0.07)	0.26*** (0.05)	0.04 (0.07)	-0.06 (0.09)	0.17** (0.07)	0.05 (0.13)	0.15 (0.11)
是否接受过培训	-0.41** (0.18)	0.25** (0.12)	-0.13 (0.18)	-0.29 (0.19)	-0.28* (0.17)	-0.44 (0.39)	0.01 (0.30)
社会网络	-0.06 (0.06)	0.04 (0.04)	0.01 (0.06)	-0.03 (0.07)	-0.09 (0.06)	0.04 (0.10)	-0.07 (0.11)
农户类型	-0.25 (0.16)	0.86*** (0.10)	0.21 (0.17)	0.09 (0.18)	-0.26 (0.16)	-0.89** (0.41)	0.12 (0.28)
常数	0.01 (0.58)	6.77*** (0.22)	-0.31 (0.62)	0.53 (0.63)	-0.83 0.64	-2.56** (1.27)	-0.43 (0.96)
样本量	388	388	388	387	388	359	352
Prob > Chi2	0.0011	0.0025	0.0000	0.0184	0.0000	0.0015	0.0295
Pseudo R^2	0.0737	—	0.1230	0.0707	0.1742	0.2701	0.1571

注：教育贫困模型为 IV Probit，第一阶段 F 统计量为 18.60，Wald 内生性检验 Chi2（1）为 5.25，Prob > Chi2 为 0.0220，其余模型为单方程 Probit，各模型中均控制了地区变量。括号中数值为标准差；有的系数为 0.00 并不是系数本身为 0，而是系数小，保留小数点后两位数字而造成；*** 、 ** 和 * 分别表示在 1% 、5% 和 10% 的统计水平上显著。

表 5 – 17　收入贫困对非搬迁户多维贫困及其各维度的影响估计

解释变量	多维贫困	教育贫困	健康贫困	住房贫困	能源贫困	家庭资产贫困	脆弱性贫困
人均纯收入对数	– 0.55 *** (0.12)	– 0.72 *** (0.14)	– 0.18 *** (0.06)	– 0.42 *** (0.11)	– 0.13 ** (0.05)	– 0.78 *** (0.17)	0.46 ** (0.22)
户主性别	0.34 ** (0.14)	0.11 (0.16)	0.20 (0.16)	0.28 * (0.15)	0.23 (0.15)	0.06 (0.22)	0.08 (0.35)
65 岁以上人员比重	1.08 *** (0.22)	1.15 *** (0.22)	0.99 *** (0.21)	0.19 (0.22)	0.29 (0.21)	0.63 ** (0.26)	– 0.62 (0.49)
16 岁以下人员比重	– 1.04 *** (0.27)	– 1.20 *** (0.31)	– 0.35 (0.31)	– 0.92 *** (0.28)	– 0.27 (0.29)	– 2.34 *** (0.52)	– 1.52 ** (0.68)
常数	3.35 *** (0.97)	4.42 *** (1.07)	0.14 (0.44)	2.22 ** (0.91)	0.46 (0.42)	4.35 *** (1.34)	– 5.18 *** (1.79)
第一阶段 F 统计量	22.27	22.27	—	21.98	—	22.27	21.30
Wald 内生性检验 Chi2（1）	9.46	18.11	—	12.82	—	19.56	6.19
Prob > Chi2	0.0021	0.0000	—	0.0003	—	0.0000	0.0128
样本量	913	913	913	908	913	913	730

注：健康和能源贫困模型为单方程 Probit，其余模型均为 IV Probit，各模型中均控制了地区变量。括号中数值为标准差；有的系数为 0.00 并不是系数本身为 0，而是系数小，保留小数点后两位数字而造成；*** 、** 和 * 分别表示在 1%、5% 和 10% 的统计水平上显著。

第五节　小结

　　本章在总体分析框架和第四章研究的基础上，构建了易地扶贫搬迁背景下农户生计能力的分析框架。生计能力的引入有效联结了可持续生计分析框架和能力方法，为本书分析易地扶贫搬迁对农户生计能力的影响机理提供了一定的研究空间。本书将农户的多维贫困视为其生计能力的真实表达，通过描述性统计分析和测算农户多维贫困指数考察农户生计能力的变化，并采用计量模型实证分析了移民搬迁的影响作用。描述性统计结果发现，样本农户单维贫困程度最为严重的前三个指标依次是住房、能源和教育，收入贫困发生率略高于重点县低收入的贫困发生率，而一般性多维贫困和潜在性多维贫困在农户多维贫困中占据主导地位，极端性多维贫困户的比例比较小。理论分析的结果说明，移民生计能力可以被视为其可行能力的修复和重建，其实质是移民生计能力形成和转化的过程，即由相关政府部门主导和社会组织帮扶进行生产性要素传递，同时以相关区域、村落或社区为地理空间，以农户家庭为基础，个人和家庭为适应新的生计系统而进行的能力形成和转化过程，其外在表现为农户家庭各种功能性活动的变动，并反映了家庭福利水平的增加。实证分析的结果表明，搬迁户的多维贫困指数低于非搬迁户，但随着贫困维度的不断增加，两者的多维贫困指数均逐渐降低。与大型工程非自愿性移民极易导致农户陷入"介入型"贫困不同，易地扶贫搬迁通过增加农户教育投资、能源多样性、资产存量和提高住房质量显著减轻农户的多维贫困。本书的进一步分析表明收入贫困对农户的生计能力有显著的负向影响，收入水平的增加可以显著提升农户的生计能力，降低其陷入多维贫困的概率。具体研究结果如下。

第一，本书按照 A–F 方法对中国西部山区农户的多维贫困进行测量。首先，在各指标等权重的情况下，样本农户存在收入维度之外的多维贫困现象。在测量的六个多维贫困指标当中，19.5% 的农户家庭同时存在任意三个维度的贫困，其贫困剥夺程度（A）为 0.756，而多维贫困指数（M_0）为 0.148。同时发现，当维度 k 取值越来越大，农户贫困发生率和多维贫困指数都急剧下滑，而贫困剥夺程度却大幅增加，也就是说贫困发生率的下降幅度要远远大于贫困剥夺程度的上涨幅度，最终导致多维贫困指数逐渐降低。本书分别对搬迁户和非搬迁户进行测算的结果与此保持一致，而且搬迁户的多维贫困指数明显低于非搬迁户，即搬迁户的多维贫困程度要比非搬迁户轻。其次，对多维贫困指数的指标分解的结果表明，六个维度的贫困测量中，住房、教育和能源对农户多维贫困的贡献最大，而脆弱性的贡献最小。本书发现随着贫困维度的增加，相对更贫困的农户家庭中，所考察的每一维度均存在一定程度的贫困现象和贫困剥夺。再次，本书对搬迁行为和特征的分解使我们进一步认识到非搬迁户贫困状况较为严重，而且随着维度的增加，自愿性搬迁户当 $k < 5$ 时和长期搬迁户的贫困程度更深。最后，从家庭结构视角进行的分解表明，家中仅有老人的农户多维贫困程度最深，而 $k = 3$ 时，由成人和老人组成的家庭多维贫困指数最低，为 0.058。贡献率方面，当考虑的贫困维度越来越多时，仅老人组成的家庭以及成人和孩子组成的家庭的贫困状况整体上越来越严重，而既有老人又有孩子、成人的家庭的贡献率愈来愈低，贫困程度减轻。

第二，易地扶贫搬迁对处于脆弱性背景中的农户生计资本产生直接影响，进而影响到农户的生计能力。基于阿玛蒂亚·森的可行能力理论，移民生计能力可以被视为其可行能力的修复和重建，其实质是移民生计能力形成和转化的过程。这一过程是移民个体或家庭为适应新的生计环境而自发反应的过程，也即个人和家庭为适应新的生计系统而进行能力的形成和转化过程，其外在表现为农户家庭各种功能性活动的变动，这能反映家庭福利水平的增加。这一过程的核心在于、移民农户各种生计资本及其配套性政策保障的积累和完善。一方面，农户通过正规和非正规教育丰富成员个人和家庭的资本要素禀赋，提升把握生计机会和获取生计资本的能力；制度因素和农户自身赋予农户一定的自由权利，提高生产效率的同时进一步改善其生计资本；市场环境、社会网络、基础设施、资金支持以及各种正式或非正式渠道为农户提供了一定的选择机会和发展空间，使他们在获取这些资源的同时强化其获取更多资源和发展机会的能力。另一方面，政府、市场以及社会组织旨在推动农户生计资本的改变，从而影响和调整农户家庭的生计策略。当移民农户的生计能力发生改变时，作为其外在的表现形式，各种功能性活动就会随之发生改变，使其家庭福利水平增加或减少。因此，移民农户各种功能性活动的改变不但可以促进其生计能力的修复与重建，而且可以增加农户家庭的福利水平。

第三，易地扶贫搬迁这一外力冲击和政策干预对中国西部山区农户的生计能力存在显著影响。具体来说，移民搬迁有利于缓解农户多维贫困，对教育、住房、能源、家庭资产均有显著的正向作用，但对健康和脆弱性损失的影响不显著。本书认为随着移民搬迁项目及其配套措施的逐步推进，农村居民的多维贫困状况会逐渐改善，这有利于农户快速积累生计发展能力，获取更多资源，优化生计策略，降低生计脆弱性，并最终实现生计可持续。在此基础上，本书使用搬迁类型和搬迁时间进一步分析讨论移民搬迁对农户多维贫困的缓解作用，结果显示，相对于非自愿搬迁，自愿性搬迁带来的脆弱性风险和教育中断加重了农户的多维贫困，而搬迁时间对农户多维贫困的影响不显著，这一发现提醒政策制定者应该加强对自愿性移民教育贫困和脆弱性贫困的关注。此外，本书同时考察了影响搬迁户陷入多维贫困及各个维度贫困的因素，有如下发现。首先，是否接受过培训对缓解搬迁户多维贫困的积极影响作用更为明显，但人均耕地面积和社会网络的影响变得不再显著。其次，户主性别和是否接受过培训对搬迁户成员最高受教育年限的影响作用更为显著，而65岁以上人员比重和农户类型的影响作用并未像全体回归中那么显著，同时人均耕地面积的影响变得不显著。再次，是否接受过培训和农户类型对搬迁户住房质量有显著的影响作用，但户主性别、16岁以下人员比重和社会网络的影响均变得不显著。最后，从各个解释变量的边际效应来看，是否接受过培训和农户类型对搬迁户是否陷入多维贫困和各个维度贫困的影响是最大的。

第四，收入贫困对农户的生计能力有显著的负向影响，农户收入水平的增加可以显著提升其生计能力。本书发现，作为当前贫困测量的主流方法，收入贫困测量会忽略农户的多维贫困，进而无法有效识别中国农村真实的贫困。因此，政策实践中应该同时使用两种测量方法，使其相辅相成，共同发挥减贫作用。此外，IV Probit 模型实证分析了收入对多维贫困及其各个贫困维度影响，其结果表明，农户收入水平的提升显著降低了他们陷入多维贫困的概率。具体地，农户增收显著降低了其教育、住房、能源和家庭资产维度的贫困发生率，但却增加了农户脆弱性贫困发生率，同时对健康贫困的影响不显著。就影响效应而言，收入对教育和家庭资产贫困的影响系数较大，分别为 100% 和 110%，但对住房、能源和脆弱性贫困发生率的影响效应比较小。整体而言，收入的增加对农户多维贫困发生率的影响效应较小，为 72%。本书进一步分析收入对搬迁户和非搬迁户多维贫困的解释作用，结果发现，移民增收显著降低了教育、住房和脆弱性维度的贫困发生率，但对多维贫困以及健康、能源和家庭资产贫困发生率的影响不显著，而非搬迁户收入水平的提升可以显著降低其多维贫困发生率。由此看出，针对移民增收的政策措施对降低农户在健康、能源和家庭资产方面的贫困发生率没有作用，政策制定者理应更加关注移民在这几方面的贫困，并出台和实施相应的减贫举措减轻移民的多维贫困，减少移民外力介入下冲击性脆弱的生计特征，提高其生计发展能力，进而实现生计可持续。

第六章

易地扶贫搬迁对农户生计
策略的影响

第五章在可持续生计分析框架和能力方法的基础上，结合多维贫困概念构建了易地扶贫搬迁背景下农户生计能力的分析框架，进而实证研究了易地扶贫搬迁这一政策变量对农户生计能力的影响。本章将在第三章整体分析框架的基础上，构建易地扶贫搬迁背景下农户生计策略的分析框架，采用倾向得分匹配法（PSM）估计移民搬迁对农户生计策略影响的直接效应和间接效应，进而清晰呈现农户生计策略调整的结果，并考察移民搬迁农户在安置地实现"能致富"的生计手段。具体内容包括以下方面：首先提出易地扶贫搬迁背景下农户生计策略的分析框架，并介绍计量方法与模型，变量定义及说明；其次进行简单的描述性统计；最后结合实证分析结果总结讨论。

第一节　研究设计

一　分析框架

经济结构转型背景下的社会变迁对人民生活历程有着直接和深远的影响（杨云彦等，2008）。事实上当前陕南实施的大规模移民搬迁工程，强化了人们对这一普遍存在的社会现象的理解和认识，也为人们研究转型社会提供了一个重要的理论视角。陕南移民搬迁工程计划用 10 年时间将陕南地区不适宜人类生存发展区域的 240 万人移民搬迁，从根本上解决秦巴山集中连片区的贫困问题，是中央和地方政府关心和支持的重大民生工程。该工程的实施势必为身处生态极其脆弱的秦巴山区的广大人民群众带来持久的重要影响。

以往的大量研究表明，大型工程非自愿性移民（特别是水库移民）使移民群体原有的相对稳定和均衡的社会经济系统由于巨大的外力冲击而遭受极为严重的破坏，导致其功能呈现出不稳定性，这一改变可能引发移民的生计风险和生计贫困，使移民生计表现出冲击性脆弱（赵锋、杨云彦，2009），由此使其陷入"介入型"生计困境。这里所谓的"介入型"贫困包括大型工程非自愿性移民和各种类型失地农民的贫困，这种贫困有其原生性，但更多来自社会经济发展进程中由政府介入和主导带来的资源重新配置（杨云彦，2011；Cernea，2000）。值得一提的是，陕南移民与大型工程非自愿性移民（库区移民、城建移民或交通移民等）并不相同。相较于工程移民的政策强制性，陕南移民更加尊重农户意愿，强调自愿参与。这在一定程度上避免了农户陷入"介入型"贫困的可能。对于移民群体来说，自愿性移民形成新的生产生活空间结构"突变演进"的同时带来了农户生计模式创新的机遇。在一系列开发式扶贫政策和支农惠农举措的支持下，搬迁农户具备了优化生计结构和功能性调整的无限可能，当农户度过心理文化的巨大冲击和生活环境的急剧变化等带来不适应期之后，他们完全有可能实现自身生计资本积累和生计能力的修复与重建，审时度势地、积极主动地适应和迎合移民搬迁所带来的变化，并以此为契机，改善生计条件，优化生计策略，实现生计可持续。

西部中国贫困山区农户生计实现依赖的内外条件是由一整套复杂多样的经济、社会和生态环境策略所构成。这些策略是通过个体赖以谋生的能力、行动和物质基础来实施的。就移民而言，策略的选取、因地制宜地发展生产和创造收入是所有农户生计理性的体现，但由于搬迁农户的个人偏好以及所处地域的差异，生计策略的选择与运用不尽相同（杨云彦等，2011）。事实上，在面对当前经济结构转型和生活环境急剧变迁时，移民农户或个人通过拥有的生计资本或能力选择生计模式，这种行为不再被视为被动的反应，相反是一种主动的适应。在此过程中，他们捕捉和占有各种外部资源，快速积累生计资本，形成自身的能力，并对不同类型的生计资本加以组合和重新配置，增加生计适应性和家庭收入来源的多样化，同时实现生计模式的重构和生计策略的重塑。

尽管本书并不质疑生计策略包含生产活动、消费平滑、家庭投资策略和生育安排等多项内容，但以绝大多数的研究和实践仍将生计策略的内容局限于农户的生产活动作为依据，并结合生计策略的定义"家庭凭借自身资源要素选择参与不同的生计活动，并创造生存所需的收入水平的行动"（Chambers and Conway，1992），本书将生计策略的内容规定为农户进行的生计活动及其创造的收入，以此体现移民搬迁对农户生计策略的影响路径和作用机制，同时也真实反映对移民搬迁项目影响效果的评估。

为了更好地分析易地扶贫搬迁对农户生计策略的影响和评估政策实施的效应，本章在第三章总体分析框架的基础上进一步细化了易地扶贫搬迁对农户生计策略的影响分析框架。结合以往研究和相关理论，本章将易地扶贫搬迁背景下农户的生计策略置于动态的可持续生计分析框架中，并构建了易地扶贫搬迁与生计策略的分析框架，如图 6 - 1 所示。本书将易地扶贫搬迁对生计策略的影响拓展到农户生产能力、市场参与程度和贫困脆弱性等视角，试图更加全面真实地反映其实施效应。

易地扶贫搬迁是扶贫政策的一种，有学者将其简单划分为补贴式扶贫政策和开发式扶贫政策（张伟宾、汪三贵，2013）。补贴式扶贫政策对农户收入水平产生直接影响，开发式扶贫政策对农户收入水平产生间接影响。扶贫移民搬迁、劳动力培训和产业扶贫等开发式扶贫项目可以显著改善农村基础设施，提高贫困农户分享经济发展成果的机会和能力等，进而对农户的收入水平产生间接影响；而政府救助和低保等补贴式扶贫项目能够针对特定的贫困群体直接提高其收入水平，因而对农户收入的影响是直接的（刘伟等，2014）。

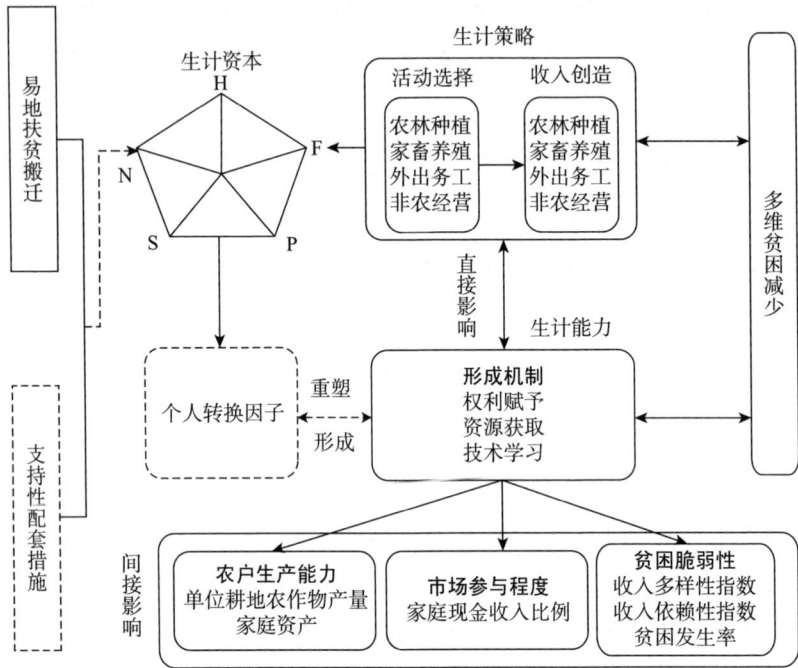

图6-1　易地扶贫搬迁对农户生计策略的影响分析框架

　　陕南易地扶贫搬迁作为一项重大的民生工程，其支持性配套措施包括基础设施建设、税收减免、劳动力免费培训、公共服务、社会保障、无息贷款、就业指导、市场环境改善等，所有这些扶贫政策和项目的复杂性使得研究其对农户收入水平的影响非常困难。由于扶贫政策涉及众多单位和部门，不同政策和项目在管理渠道、运作方式和减贫机制上并不相同，因此很难从全面评估扶贫政策对农户收入水平和减贫的影响。事实上，这些看似截然不同实则相互交织的政策支持性项目落实到移民农户，其对农户收入的影响因为具体的项目而作用不同。

易地扶贫搬迁和其他支持性配套措施既是农户收入方式的组成部分，也会对农户分享经济发展成果的机会和能力造成影响。进一步地，分享经济发展成果的机会和能力的缺失即可行能力的缺失，作为贫困重要的表现维度，决定着贫困群体在收入分配格局中的地位。影响经济发展减贫效果的诱因看上去是收入差距拉大，实则贫困群体可行能力的缺失，在农户生计框架中表现为生计能力的缺失。生计能力决定了农户在收入分配格局中的地位，由于其不能顺利分享经济发展带来的成果，因此收入差距进一步拉大，从而陷入贫困循环。

可见，易地扶贫搬迁及其配套措施对农户生计策略的影响不限于收入维度，事实上易地扶贫搬迁政策设计的意图正是通过改善贫困农户的生计能力，创造改变其自身状况的可能。以易地扶贫搬迁为例，该项目资金投入以兴修基础设施为主，比如道路、学校、医院、文化场所、市场等，如果单纯从收入的角度来考察易地扶贫搬迁政策对农户生计策略的影响，势必会严重低估移民搬迁政策的效果，因此有必要从贫困农户的生计能力去考察移民搬迁政策的效果。

易地扶贫搬迁及其支持性配套措施的实施有利于提升农户生产能力、提高市场参与度和缓解贫困脆弱性，从而对农户生计策略产生间接影响。移民搬迁和基础设施建设等可以从总体上改善贫困群体分享经济增长、发展成果的能力，提升农户自身的生产能力等；劳动力免费培训、税收减免、无息贷款等从促进市场参与的角度发挥重要作用；社会保障、政府救助等则通过缓解贫困脆弱性对农户生计策略产生影响。具体地，对农户生产能力的影响主要表现在基础设施、农业生产条件和人力资本三方面，有证据表明扶贫政策实施期间，贫困地区这三个方面的改善都非常明显，这充分说明扶贫政策对农户生产能力有提高作用。对市场参与程度的影响主要表现在农户现金纯收入占总收入的比例。贫困山区的农业生产条件相对恶劣，农户进入劳动力市场获取报酬成为贫困农户重要的收入来源。在多种扶贫政策的共同作用下，贫困农户参与市场的广度和深度不断扩展，有效促进了贫困地区的农户参与劳动力市场。对贫困脆弱性的影响主要表现在农户家庭的贫困发生率。扶贫政策面向贫困人群构筑的社会安全网对中国农村减贫产生了显著影响，不仅有助于减少贫困农户的收入贫困，降低其贫困发生率，而且对多维贫困也有缓解作用。扶贫政策可以缓解农户脆弱性的冲击，避免生计框架的崩溃，提升农户的生计能力，使其实现自我发展。

图 6 - 1 所示的分析框架可以为本书系统地分析易地扶贫搬迁对农户生计策略的影响提供整体性思路。根据农户家庭的要素禀赋和收入来源，并结合调查地区的实际情况，本书涉及的农户主要生计活动包括农林种植、家畜养殖、外出务工和非农经营这四类活动。一方面，陕南地区属于秦巴山连片特困区，自然资源严重短缺，农林种植始终是其最重要的生计方式，再辅之以家畜养殖。来自农林种植、家畜养殖的收入是当地农户传统的收入来源。另一方面，农户来自非农活动的收入也表示了其从事非农产业的情况。由于当地劳动力市场不健全和有限的非农就业机会，农户外出务工也是其收入的重要来源。农户进行经营性活动需要一定的资金和技术支持，本次调查样本中从事非农经营的农户较少。除了上述四类生计活动之外，农户还有来自政府补贴、房租、土地流转租金、亲友馈赠或采药等其他收入。此外，本书选择单位耕地农作物产量和家庭资产两个变量考察移民搬迁对农户生产能力的影响；使用家庭现金收入比例分析移民搬迁促进市场参与的程度；贫困脆弱性用收入多样性指数、收入依赖性指数和贫困发生率来衡量。

本章实证分析的思路如下：首先，通过一般的描述性统计对农户家庭特征变量和各收入组成变量进行两样本 t 检验，简单比较项目组和非项目组农户的各类收入水平，观测其存在的差异并做出初步判断；其次，采用 Probit 模型通过逐步引入家庭特征变量估计农户参与移民搬迁项目的可能性，并检查项目组和对照组农户倾向得分平衡性以及模型的 Pseudo R^2 值，选择满足平衡性要求且 Pseudo R^2 值最大的变量组合，用于最终的倾向得分估算；最后，基于通常的计量分析并未考虑或处理农户能否（或是否愿意）参与移民搬迁项目可能存在的内生性带来的样本自选择问题以及政策制定者的管理选择问题的考虑，在计量模型的使用方面，本书引入倾向得分匹配法（PSM），克服农户能否参与移民搬迁项目的选择并不随机这一样本自选择问题以及管理选择问题，实证分析移民搬迁项目对农户生计策略的重塑。

二 计量方法与模型

（1）利用描述性统计方法研究不同搬迁特征的农户在家庭特征变量和各收入组成变量等方面存在的差异。

（2）利用 Probit 模型估计农户参与移民搬迁项目的可能性。

设 $X_{it} = (x_{i,t}^1, x_{i,t}^2, \cdots, x_{i,t}^p)$ 表示第 i 个农户在 t 时刻所具有的对其参与移民搬迁项目 Y_{it} 有影响的一些可观察属性，共 p 个，如年龄、文化程度、家庭规模和健康等。在参数评估方法中，设两者之间有如下的关系：

$$Y_{it} = g(X_{it}) + U_{it} \tag{6-1}$$

此方程一般被称为产出方程（Outcome Equation），其中 $g(\cdot)$ 为未知函数，U_{it} 为均值为零的误差项，也可以理解为第 i 个农户在时刻 t 的特殊因子。除了上述产出方程外，往往还需要建立一个判断是否参与的决策方程（Decision Equation）：

$$IN_i = Z_i\lambda + U_i^D \tag{6-2}$$

$$d_i = I_{[IN_i > 0]} \tag{6-3}$$

其中 IN_i 为潜变量，Z_i 为第 i 个农户影响其参与移民搬迁决策的一些可观测变量，λ 为参数向量，U_i^D 为均值为零误差项（也可以理解为第 i 个农户的特殊因子）。$I_{[IN_i>0]}$ 为示性函数，当 $IN_i>0$ 时，$d_i=1$ 表示第 i 个农户参加；反之，表示第 i 个农户不参加。通常采用标准的 Probit 模型来拟合决策方程，其函数表达式为：

$$p(y=1|X) = F(\alpha_0 + \alpha_1 x_1 + \alpha_2 x_2 + \cdots + \alpha_n x_n + \varepsilon) = F(z) \qquad (6-4)$$

上式中，p 为农户参与移民搬迁的概率，$x_1, x_2, \cdots, x_n$ 为解释变量，α_0 是常数项，$\alpha_1, \alpha_2, \cdots, \alpha_n$ 分别作为解释变量的系数；F 是一个取值严格介于 0 到 1 之间的函数，对于所有的实数 z，都有 $0 < F(z) < 1$。$F(z)$ 是一个标准正态分布函数：

$$F(z) = \Phi(z) = \int_{-\infty}^{z} \frac{1}{\sqrt{2\pi}} e^{\frac{-v^2}{2}} dv \qquad (6-5)$$

（3）采用倾向得分匹配法（Propensity Score Matching，PSM）估计移民搬迁对农户收入的影响效果。

如前文所言，在移民搬迁项目对农户收入影响效果的研究中，选择偏差问题主要来源于农户能否参与移民搬迁项目的选择并不随机和行政村是否实施移民搬迁的决定是由管理者做出的，因此简单地将移民搬迁项目参与者和非参与者的人均收入进行对比而得到的回归系数并不具有统计上的一致性，可信度也极低。在处理选择偏差的问题上，计量经济学一般考虑采用社会实验法、工具变量法或倾向得分匹配法（PSM）。但由于在现实中社会实验很难操作甚至无法实施，工具变量法的条件很难满足且有争议，因此在难以实施社会实验或无法找到恰当的工具变量时，计量经济学中一个通常的做法是，使用倾向得分匹配法对样本进行匹配后再做计量估计。由于具有降低使用调查数据所估计效果的偏倚程度的优点，该方法被广泛应用到各种项目平均效果的估计中（刘穷志，2010；伊藤顺一等，2011；陶然、周敏慧，2012；华春林等，2013）。

Rosenbaum 和 Rubin 等（1983）创新性地提出了倾向得分匹配法，该方法最大的优势在于可以同时匹配多种混杂因素而且不增加难度，其核心观点是将参与和不参与的选择置于随机状态，然后对处理组与对照组的效果进行对比。PSM 方法要求满足两个前提条件：第一，条件独立假定，即控制 $P(X)$ 后，农户收入独立于参与移民搬迁项目的状态（T）；第二，密度函数同支撑假定，即满足 $0 < P(X) = Pr(T = 1 \mid X) < 1$（Rosenbaum and Rubin，1983）。

依照刘穷志（2010）的思路，本书在分析过程中将农户样本分成两组：I 组和 J 组。I 组农户表示移民搬迁参与者，J 组农户表示移民搬迁未参与户。指示变量定义为 T，当农户参与移民搬迁项目时，$T = 1$，否则 $T = 0$。那么将参与组可观察到的特征定义为 X，参与项目的条件是 $T = 1$，则倾向得分就是 $P(X) = Pr(T = 1 \mid X)$，当满足 PSM 方法的前提条件后，就可以比较参与组的平均产出 $E[Y^T \mid T = 1, P(X)]$ 和非参与组的平均产出 $E[Y^C \mid T = 0, P(X)]$，得到项目的平均效果 G：

$$G_{PSM} = E_{P(X) \mid T=1} \{ E[Y^T \mid T = 1, P(X)] - E[Y^C \mid T = 0, P(X)] \} \qquad (6-6)$$

本书关注参与移民搬迁农户的平均效应，即 $TT = E(G \mid T = 1)$，与它对应的是未参与移民搬迁项目农户家庭的平均效应：$TU = E(G \mid T = 0)$，综合平均效应为：

$$ATE = E(G) = TT \, Pr(T = 1) + TU \, Pr(T = 0) \qquad (6-7)$$

相应的条件平均效应分别为 $TT(X) = E(G \mid X, T = 1)$，$TU(X) = E(G \mid X, T = 0)$ 和 $ATE(X) = E(G \mid X)$。X 为控制变量的向量，与 Y 的关系可以表示为：

$$Y_i^T = X_i \beta^T + \mu_i^T \, (i = 1, 2, 3, \cdots, n) \qquad (6-8)$$

$$Y_i^C = X_i \beta^C + \mu_i^C \, (i = 1, 2, 3, \cdots, n) \qquad (6-9)$$

其中，μ_i^T 和 μ_i^C 是误差项。本书定义 β^T 和 β^C 是内生的，$E(\mu^T \mid X) = $

$E(\mu^c \mid X) = 0$，那么，条件效应应变为：

$$TT(X) = ATE(X) + E(\mu^T - \mu^c \mid X, T = 1) \qquad (6-10)$$

$$TU(X) = ATE(X) + E(\mu^T - \mu^c \mid X, T = 0) \qquad (6-11)$$

$$ATE(X) = X(\beta^T - \beta^c) \qquad (6-12)$$

对于 $T_i = 1$，可以观测到 Y_i^T，而对于 $T_i = 0$，同样可以观测到 Y_i^C，则有

$$Y_i = T_i Y_i^T + (1 + T_i) Y_i^c \qquad (6-13)$$

由于并没有 $Y_i^T(T_i = 0)$ 和 $Y_i^c(T_i = 1)$ 的数据，故不能对 G_{PSM} 进行直接观测，也不能直接观测 $E(Y^C \mid T = 1)$ 和 $E(Y^T \mid T = 0)$。在这种情况下，只能从处理组和对照组的平均产出值的简单差分（D）开始，通过最小二乘法估计可得：

$$D(X) = E[Y^T \mid X, T = 1] - E[Y^c \mid X, T = 0] \qquad (6-14)$$

对于参与移民搬迁项目的样本农户数据，本书对式（6-8）进行估计；对于其余样本农户数据，对式（6-9）进行估计：

$$Y_i^T = X_i \beta^T + \mu_i^T \text{ 如果 } T_i = 1 \qquad (6-15)$$

$$Y_i^C = X_i \beta^c + \mu_i^c \text{ 如果 } T_i = 0 \qquad (6-16)$$

等价地，继续对混合数据进行回归，由式（6-15）和式（6-16）可得：

$$Y_i = X_i \beta^c + X_i(\beta^T - \beta^c) T_i + \varepsilon_i \qquad (6-17)$$

此处有

$$\varepsilon_i = T_i(\mu_i^T - \mu_i^c) + \mu_i^c \qquad (6-18)$$

假设 $G_{PSM} = ATE = TT = TU$，那么式（6-17）可变为：

$$Y_i = ATET_i + X_i \beta^c + \mu_i^c \qquad (6-19)$$

此处，估计必须为无偏估计。考虑处理组和对照组平均产出的差分，这里可以由式（6-14）得到：$D(X) = TT(X) + B^{TT}(X)$，同时有

$$B^{TT}(X) = E[Y^C \mid X, T = 1] - E[Y^C \mid X, T = 0] \qquad (6-20)$$

$$B^{TU}(X) = E[Y^T \mid X, T = 1] - E[Y^T \mid X, T = 0] \qquad (6-21)$$

$$B^{ATE}(X) = B^{TT}(X)\Pr(T = 1) + B^{TT}(X)\Pr(T = 0) \qquad (6-22)$$

其中，式（6-20）是使用 $D(X)$ 估计 $TT(X)$ 的偏误，称为选择偏差。当 $B^{TT} = 0$ 时，差分平均值也就是 T 的最小二乘法回归系数，仅报告处理组的平均效应，这时对照组的平均产出与处理组并没有差别。根据上述参数模型，这等同于 $E(\mu^C \mid X, T = 1) = E(\mu^C \mid X, T = 0) = 0$，这就保证了式（6-19）最小二乘法的一致估计。如果 $\mu^T(T = 0,1)$ 也是一样，那么式（6-17）也将是一致估计。

进一步，项目的平均效果 G 可以写成：

$$ATT = \frac{1}{N_T}\Big[\sum_{i \in T}(Y_{i2}^T - Y_{i1}^T) - \sum_{j \in C}\omega(i,j)(Y_{j2}^C - Y_{j1}^C) \Big] \qquad (6-23)$$

式中，T 表示处理组，C 表示对照组，N 为参与者的样本数量，$\omega(i,j)$ 为匹配权重。

倾向得分匹配法要求在计算倾向得分后进行样本匹配，为此还需要检验这种匹配是否能够平衡相关控制变量的分布（陶然、周敏慧，2012）。这个条件要求匹配之后的处理组和对照组在各个控制变量上不再具有系统性的差别。这个过程被称为平衡性检验（Balancing Test），以达到减少偏差的目的。

三　变量选取及说明

依照上一章节移民搬迁特征的定义，本书根据搬迁类型和搬迁时间将参与移民搬迁的项目组农户划分为自愿性搬迁项目组农户和非自愿搬迁项目组农户以及短期搬迁项目组农户和长期搬迁项目组农户，细

化不同搬迁特征对农户生计策略的影响，力图更加清晰全面地呈现移民搬迁项目对于农户生计策略的调整和重塑。对照组为未参与移民搬迁项目的农户。

根据国家统计局对"农民纯收入"的定义并借鉴课题组前期成果及相关研究，本书将 PSM 模型的因变量设置为农户年人均纯收入、分项收入（例如来自农林种植、家畜养殖、外出务工、非农经营活动、政府补贴及其他方面的收入）、单位耕地农作物产量、家庭资产、家庭现金收入比例、收入多样性指数、收入依赖性指数以及贫困发生率。

首先，本书中农户的农林种植纯收入包括现金和实物两部分收入，其中实物收入 =（总产量 – 出售量）×市场价格，农产品指玉米、红薯和土豆等传统粮食作物，林产品包括核桃、生漆和板栗等；家畜养殖收入主要指饲养牛、羊、猪、蜂、蚕等的收入；外出务工收入指农户家庭外出打工成员通过邮寄或捎带等方式给家里的汇款，并不包括其在外收入自用部分；非农经营活动纯收入主要指农户通过开办农家乐、商店或跑运输获得的收入；这里的政府补贴收入指农户家庭的转移性收入，包括移民搬迁补助、退耕还林补助和粮食直补等；而其他收入包括来自房租、土地流转租金、亲友馈赠或采药行为等的收入。

其次，绝大多数的调查地农户参与了退耕还林工程，而粮食安全是影响退耕还林工程可持续性的宏观社会经济要素，其中土地在保障粮食安全方面的长期价值不容忽视。即使不存在全局性的粮食安全问题，过大的退耕面积也很有可能导致贫困地区贫困户的粮食赋权问题。本书引入反映农户家庭粮食安全的变量——单位耕地农作物产量，计算方法为用调查年份家庭耕地上所有农产品产量除以家庭耕地面积。家庭现金收入作为衡量农户金融资产的重要指标，也可以反映农户与商品经济的紧密联系程度（市场参与程度），主要是农户自己创收的，也是大多数农户金融资产的主要来源。这一变量用农户家庭的现金收入占家庭总收入的比例来表示。贫困发生率是农户家庭脆弱性最直观和真实的反映。尽管本书并不质疑贫困的概念不限于收入维度，其多维特征在近年来已经被大多数研究者所接受，但当前中国的统计和民政部门仍然主要将人均纯收入作为测算贫困发生率的标准。本书使用调查年份中国农村的扶贫标准测算样本调查地的贫困发生率，其中2011年扶贫标准为农民人均纯收入2300元，为基于前一年不变价的计算。生计多样性策略是农户为了应对严苛环境，选择通过不同的社会经济生产活动来丰富和提高自己的收入来源与收入。在自然灾害频仍的西部山区，农户各类家庭收入占家庭总收入的比重存在较大差异，各类收入的不均衡性使农户处在一个潜在的风险之中。本书设置两个变量：一个是测量农户家庭收入的多样性指数，用来反映农户家庭收入的多样性水平，如果多样性指数低则表明农户的收入结构不稳定；另一个是计算农户对特定收入的依赖性指数，如果依赖性指数高则表明农户的收入结构存在风险。具体计算方法参考了万金红等（2008）的计算方法。假设某农户有 T 种收入来源，每一元收入属于且仅属于一种特定收入来源。再随机从农户总收入中拿出一元属于 T_i 种收入的概率为 P_i，将 Shannon-Wiener 指数作为农户的收入多样性指数，具体公式如下：

$$D_{income} = - \sum_{i=1}^{T} P_i \log P_i \qquad (6-24)$$

继续假设农户家庭总收入为 W 元，其中第 i 种收入为 W_i 元，$i = 1$，$2,3,\cdots,T$，且 $\sum_{i=1}^{T} W_i = W$。随机从农户总收入 W 元中先后拿出2元不放回。如果这2元属于同一种收入 T_i 的概率越大，那么说明农户对该种收入的依赖水平越高。收入依赖性指数公式为：

$$\lambda_{income} = \sum_{i=1}^{T} \left[\frac{W_i(W^i - 1)}{W(W - 1)} \right] \qquad (6-25)$$

最后，与收入不同的是，家庭资产能够跨生命周期积累且很少快速变化。与收入相比，资产不仅是衡量经济状况的更稳定的指标，而且可以代代相传，即资产的代际传递可以将不平等进行代际传递。考虑到资产可以带给家庭更多的机会，本书将家庭资产这一变量定义为农户家庭的生产性工具和生活耐用品等共计 11 项，处理方法参见第四章，此处不再赘述。

结合国内外相关学者的研究成果和课题组实地调查所获得的情况，本书 PSM 和 Probit 模型的自变量包括农户家庭基本情况（户主年龄及受教育程度、家庭规模、家庭负担比）、家庭经营规模（人均土地面积）以及家庭成员的健康状况（健康自评）等诸多因素。根据上文给出的移民搬迁项目及其支持性配套政策，这些自变量的选择基于其对是否参与移民搬迁项目的影响程度。户主作为农户家庭的最高决策者，其年龄和受教育程度将影响其决策；家庭规模和家庭负担比可以准确反映农户家庭的劳动力数量，而人力资本水平的高低直接决定农户对搬迁项目信息的敏感性；人均土地面积作为衡量农户物质资本的重要指标，不仅决定着农户进行扩大再生产的资本投入，而且在一定程度上影响着农户获取外部资源资助的能力；健康状况影响农户参与移民搬迁项目的积极性和可能性，身体的好坏可能起到不同的作用，具体应视农户移民搬迁的原因而定。各自变量的定义及说明如表 6 - 1 所示。

表 6 - 1   变量定义及说明

控制变量	定义
户主年龄	单位：岁
户主受教育程度	定序变量：文盲 = 1，小学 = 2，初中 = 3，高中 = 4，中专技校 = 5，大专及以上 = 6
家庭规模	农户家庭的人口数量
家庭负担比	（少儿数 + 老年人数）/劳动力数量
人均土地面积	单位：亩，1 亩 ≈ 666. 67 平方米
健康自评	家庭成员健康自评好于平均值 = 1，否则 = 0

第二节　描述性统计分析

在采用 Probit 模型进行估算之前，这里首先对进入模型的全部自变量进行两样本 t 检验，初步分析自愿性搬迁项目组（a）、非自愿搬迁项目组（b）、短期搬迁项目组（c）、长期搬迁项目组（d）（下同）与对照组的差异性。农户家庭特征变量的描述性统计结果见表 6 - 2。

表 6 - 2 显示，尽管自愿性搬迁项目组与对照组样本的户主特征变量（年龄和受教育程度）在 10% 的统计水平上未见显著差异，但家庭规模、家庭负担比以及健康自评均在 1% 的统计水平上有显著的差异。至于非自愿搬迁项目组与对照组样本的比较，除户主受教育程度、家庭规模和人均土地面积在 1% 的统计水平上有显著差异外，其余三个变量均在 10% 的水平上无显著差异。此外，非自愿搬迁项目组农户的人均土地面积的均值远小于对照组农户，仅为 3.91 亩，但从其余五个变量来看，对照组农户的均值较小。相比于搬迁类型，搬迁时间不同的参与组与对照组农户之间的特征差异更为明显。除户主受教育程度无差异外，短期搬迁农户与非搬迁户的其余特征变量在 1% 或 5% 的统计水平上表现出显著差异。长期搬迁项目组与对照组的比较与此类似但显著性水平不同，不过它们之间的户主年龄和健康自评并无差异。本书还发现，所有项目参与组农户的人均土地面积均值都小于对照组农户，但家庭规模和家庭负担比的均值却比对照组农户的大。

表 6 - 2　项目参与组与对照组样本农户特征的描述统计（ASLE2011）

变量	均值					T_a 值	T_b 值	T_c 值	T_d 值
	（a）	（b）	（c）	（d）	对照组				
户主年龄	49.60 (0.73)	51.15 (1.34)	47.84 (1.32)	50.70 (0.75)	50.68 (0.40)	1.29	- 0.37	2.03 **	- 0.02

变量	均值					T_a值	T_b值	T_c值	T_d值
	（a）	（b）	（c）	（d）	对照组				
户主受教育程度	2.33 (0.05)	2.54 (0.08)	2.27 (0.08)	2.41 (0.05)	2.28 (0.03)	-0.99	-3.11***	0.06	-2.41**
家庭规模	4.27 (0.09)	3.92 (0.13)	4.85 (0.16)	3.96 (0.09)	3.44 (0.05)	-8.07***	-3.16***	-8.33***	-5.23***
家庭负担比	0.55 (0.03)	0.47 (0.06)	0.62 (0.05)	0.51 (0.03)	0.44 (0.02)	-2.97***	-0.42	-2.76***	-1.75*
人均土地面积	11.42 (2.00)	3.91 (0.49)	7.56 (1.61)	9.90 (1.87)	13.42 (0.64)	1.25	4.97***	2.66**	2.28**
健康自评	0.70 (0.03)	0.85 (0.03)	0.61 (0.05)	0.78 (0.02)	0.81 (0.01)	3.77***	-1.10	4.26***	0.80

注：（a）表示自愿性搬迁项目组（296户），（b）表示非自愿性搬迁项目组（112户），（c）表示短期搬迁项目组（88户），（d）表示长期搬迁项目组（311户），括号内数值为标准差；***、**和*分别表示在1%、5%和10%的统计水平上显著。

表6-3列出了（a）、（b）、（c）、（d）项目组农户分别与对照组农户人均纯收入、各分项收入和其他指标的对比结果。其中，自愿性搬迁项目组（a）和对照组的农户人均纯收入、人均政府补贴收入、人均其他收入、家庭资产和贫困发生率均在1%的统计水平上存在显著的差异，而人均外出务工收入在5%的统计水平上差异显著，具体表现为自愿性搬迁项目组农户除人均农林种植纯收入、人均家畜养殖纯收入、单位耕地农作物产量和贫困发生率低于对照组农户外，其余农户人均纯收入、各分项收入和其他变量均高于对照组农户（收入多样性和收入依赖性指数持平）。与自愿性搬迁项目组（a）不同的是，非自愿搬迁项目组（b）与对照组的人均农林种植纯收入、单位耕地农作物产量和收入多样性指数分别在1%、10%和1%的统计水平上存在显著的差异，且非自愿搬迁项目组（b）农户的这三个指标均值都明显低于对照组农户。

表6-3还显示，短期搬迁组（c）和对照组的农户人均纯收入、人均政府补贴收入、人均其他收入、家庭现金收入比例和贫困发生率都在1%的统计水平上表现出显著差异，而单位耕地农作物产量和家庭资

表6-3 项目参与组与对照组样本农户各项收入及资产的描述统计（ASLE2011）

变量	均值					T_a值	T_b值	T_c值	T_d值
	(a)	(b)	(c)	(d)	对照组				
农户人均纯收入	7302.71 (459.52)	5147.27 (728.93)	9347.88 (1030.65)	5919.58 (411.12)	5610.08 (254.55)	-3.20***	0.58	-4.12***	-0.61
人均农林种植纯收入	2316.78 (268.89)	859.66 (170.11)	3006.07 (651.62)	1611.57 (183.41)	2394.04 (175.44)	0.22	2.89***	-0.99	2.36**
人均家畜养殖纯收入	349.73 (50.92)	550.93 (115.26)	383.24 (130.42)	403.81 (50.26)	473.30 (38.25)	1.64	-0.64	0.67	0.94
人均外出务工收入	1517.08 (138.89)	1177.21 (217.62)	1517.34 (201.02)	1376.10 (141.08)	1166.49 (77.56)	-2.17**	-0.04	-1.3	-1.31
人均非农经营纯收入	875.39 (228.33)	1377.83 (557.38)	850.57 (426.33)	1010.26 (263.12)	796.86 (145.29)	-0.27	-1.23	-0.11	-0.71
人均政府补贴收入	1612.52 (138.40)	676.91 (162.98)	2708.89 (241.92)	989.49 (120.64)	443.95 (18.97)	-13.99***	-2.97***	-23.59***	-7.19***
人均其他收入	695.99 (114.54)	443.45 (94.08)	1113.58 (282.00)	496.90 (73.92)	281.58 (27.14)	-5.19***	-1.86*	-6.50***	-3.38***
单位耕地农作物产量	669.32 (33.29)	488.04 (82.42)	613.23 (44.41)	683.61 (41.85)	733.52 (20.58)	1.54	1.65*	1.75*	1.04
家庭现金收入比例	0.71 (0.02)	0.89 (0.02)	0.79 (0.03)	0.75 (0.02)	0.63 (0.01)	-3.67	-8.31***	-4.22***	-5.67***
收入多样性指数	0.75 (0.03)	0.60 (0.09)	0.80 (0.04)	0.68 (0.04)	0.75 (0.01)	0.12	3.07***	-1.08	2.12**

续表

变量	均值					T_a值	T_b值	T_c值	T_d值
	(a)	(b)	(c)	(d)	对照组				
收入依赖性指数	0.60 (0.02)	0.62 (0.02)	0.56 (0.03)	0.61 (0.02)	0.60 (0.01)	−0.33	−0.52	0.76	−0.22
家庭资产	0.28 (0.01)	0.29 (0.01)	0.27 (0.01)	0.28 (0.01)	0.23 (0.00)	−4.66***	−4.10***	−2.01**	−5.37***
贫困发生率	0.21 (0.02)	0.49 (0.05)	0.14 (0.04)	0.33 (0.03)	0.36 (0.02)	4.80***	−2.63**	4.15***	0.94

注：(a) 表示自愿性搬迁项目组 (311 户)，(b) 表示非自愿性搬迁项目组 (296 户)，(c) 表示短期搬迁项目组 (112 户)，(d) 表示长期搬迁项目组 (88 户)，括号内数值为标准差；***，** 和 * 分别表示在 1%、5% 和 10% 的统计水平上显著。

产分别在1%和5%的统计水平上保持显著差异，具体表现为短期搬迁组农户除人均家畜养殖纯收入、单位耕地农作物产量、收入依赖性指数和贫困发生率低于对照组农户外，其余各指标均值都高于对照组农户。另外，长期搬迁组（d）和对照组农户的人均农林种植纯收入和收入多样性指数在5%的统计水平上有显著差异，而人均政府补贴收入、人均其他收入、家庭现金收入比例和家庭资产均在1%的显著性水平上表现出差异。

以上的分析表明，除表6-1列出的农户家庭特征变量之外，其他不可观测的变量可能导致项目组和对照组农户各项收入及其他指标之间的差异，直接对该数据进行 OLS 回归的结果可能导致对项目直接效应的评估存在选择偏差和由分布不同导致的其他偏差。

此外，通过表6-3对比项目参与组和对照组农户的各类收入及其他指标可以发现，项目组和对照组农户的收入存在差异，项目组农户的收入水平要高于对照组农户（非自愿搬迁项目组除外）。由此本书可以推断，参与移民搬迁项目促进了农户收入水平的提高，但这种变化在多大程度上得益于调查区域实施的移民搬迁，需要更为精确的计量。将项目组和对照组农户的各类收入进行简单比较只能反映出一种表象，并不能说明两者之间的因果关系。到底是参与搬迁项目导致了农户收入水平的提高，还是收入水平高的农户参与了搬迁项目？本书在第四章的实证分析中已经证实移民搬迁项目分配中存在瞄准错误和精英控制。那么移民搬迁能否提升农户的收入水平？移民搬迁效果究竟如何？本书在以下的内容中引入倾向得分匹配法（PSM）来评估参与移民搬迁项目对农户各类收入的真实效应。

第三节　易地扶贫搬迁对农户生计策略影响的实证分析

一　Probit 模型估算结果

采用 Probit 模型，通过逐步引入农户家庭特征变量进行倾向得分估算，检查项目组和对照组农户倾向得分平衡性以及模型的 Pseudo R^2 值，选择满足平衡性要求且 Pseudo R^2 值最大的变量组合用于最终倾向得分估算。表6-4列出了变量选择最终结果和 Probit 模型估算结果。考虑到可能存在的不可观测或者难以度量的影响因素，用于倾向得分估算的特征变量还增加了户主年龄平方。

表 6-4　倾向得分的 Probit 模型估算　（ASLE2011）

	（a）	Z 值	（b）	Z 值	（c）	Z 值	（d）	Z 值
户主年龄	-0.0388	-1.62	-0.0699 **	-2.57	-0.0537	-1.51	-0.0534 **	-2.43
户主年龄平方	0.0004	1.53	0.0008 ***	2.97	0.0004	1.10	0.0006 ***	2.72
户主受教育程度	0.0176	0.34	0.2148 ***	3.08	-0.1152	-1.39	0.1219 **	2.42
家庭规模	0.1860 ***	6.56	0.1047 ***	2.75	0.3001 ***	6.68	0.1181 ***	4.23
家庭负担比	0.0201	0.26	-0.0532	-0.52	-0.0144	-0.13	-0.0043	-0.06
人均土地面积	-0.0006	-0.39	—	—	-0.0074 *	-1.72	-0.0025 *	-1.67
健康自评	-0.2367 **	-2.44	0.2278	1.51	-0.3754 ***	-2.74	-0.0069	-0.07
常数项	-0.3065	-0.49	-0.9023	-1.21	-0.3468	-0.37	-0.2384	-0.41
Log Likelihood	-636.5952		-332.4771		-254.3947		-668.7410	
Pseudo R^2	0.0499		0.0434		0.1388		0.0289	

注：（a）表示自愿性搬迁项目组（296户），（b）表示非自愿性搬迁项目组（112户），（c）表示短期搬迁项目组（88户），（d）表示长期搬迁项目组（311户）；*** 、** 和 * 分别表示在1%、5%和10%的统计水平上显著。

表6-4显示，自愿性和非自愿搬迁项目 Probit 模型估算的 Pseudo R^2 值分别为 0.0499 和 0.0434，而模型（c）和（d）估算的 Pseudo R^2 值分别为 0.1388 和 0.0289，各模型变量的选择均满足平衡性要求，Probit 模型估算说明了各变量对于农户参与搬迁项目的影响。模型（a）中，有关户主特征的变量（户主年龄、户主年龄平方和户主受教育程度）均不显著，人均土地面积和家庭负担比也不显著；家庭规模的系数估计值为正，健康自评的系数估计值为负，且分别在1%和5%的统计水平上显著，说明家庭规模越大、健康状况越差，农户自愿搬迁的概率越高。在

模型（b）中，户主年龄在5%的统计水平上保持显著的负向影响，而户主年龄平方显著为正，且与户主受教育程度和家庭规模均在1%的统计水平上保持显著。其余变量均不显著。该回归结果表明，随着户主年龄的增加，农户非自愿搬迁的可能性也降低。不过本书也可以观察到年龄和搬迁决定的变化关系并不是线性的，户主年龄平方项也处于统计显著水平。由于户主年龄平方项的估计值为正，因此本书推断在非自愿性移民项目的选择过程中存在自我选择的行为。回归方程中户主受教育程度和家庭规模对非自愿搬迁家庭的选择产生影响，户主受教育程度越高、家庭规模越大，农户非自愿搬迁的可能性就越大。以上说明，对于自愿性和非自愿搬迁决策模型（a）和（b），农户家庭搬迁的概率随着家庭规模的增加而增加，即迁移同家庭规模相关，较大的家庭规模降低了举家搬迁的机会成本。除此之外，健康状况越差的农户参与自愿性搬迁的可能性越大证实了项目对弱势群体和贫困家庭有所倾斜的结论，通常情况下疾病是农户陷入贫困的最大元凶；年龄较高的户主更不愿意进行非自愿搬迁，很可能是因为年龄越大，风险规避意愿越强，而且更不愿意离开世代居住的土地；相反户主的受教育程度越高，越对家庭的非自愿搬迁行为有显著的正向促进作用，这可能与其生态保护意识和法律意识有很大的关系。

模型（c）中，家庭规模越大、健康状况越差以及人均土地面积越小，农户短期搬迁可能性越大，这与上文关于自愿性搬迁的结果存在部分一致性。不同的是，作为农业劳动力需求的度量指标，人均土地面积不无意外地对家庭参与搬迁的概率有显著的负向效应，这可能是因为农户为保有其土地权利而不得不维持土地耕种，而一旦控制了劳动力的规模，只有土地面积较小的家庭能够参与搬迁，这一点本书在第四章已经提到。进一步地，该估计结果与搬迁时间无关，本书可以从模型（d）中得到证实。至于模型（d），该估计结果显示了与模型（b）的一致性，这里不再做过多的解释。

图 6 - 2 为倾向分值（这里报告的仅是搬迁项目组与对照组的倾向分值的分组对比，未报告按搬迁类型和搬迁时间划分的项目组与对照组的对比情况）。计算出倾向得分后，采用不同的匹配方法对项目组和对照组的倾向得分进行匹配。匹配的目的是从对照组的样本中选择最接近的对照组。根据移民搬迁项目对参与组和对照组农户人均收入的不同影响结果，考察移民搬迁项目对农户的人均收入是否有显著影响。

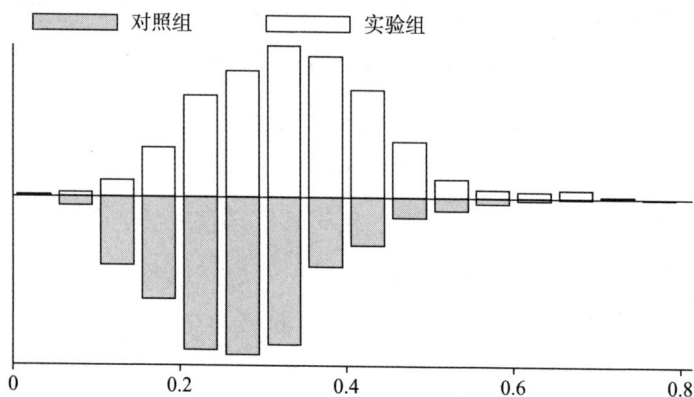

图 6 - 2 倾向分值分组对比

二 计量回归分析

根据匹配标准的不同，本书采取以下两类匹配算法对项目组和对照组农户的倾向得分进行匹配：NN 匹配（Nearest Neighbor Matching）和 Kernel 匹配（Kernel Matching）。以下同时报告两种匹配算法的估计结果，但以 Kernel 匹配算法为例对结果进行解读。

表 6 - 5 用 2011 年的农户调查数据分别估计了自愿性和短期搬迁项目组农户的收入净效应，并将其与各自对应的项目组农户做比较，有以下发现。

第一，自愿性搬迁项目在 1% 的统计水平上对农户人均纯收入产生了显著的正向影响（净影响系数 1942.40 元），其对农户各分项收入的影响作用不尽相同。首先，模型的回归结果存在不显著的情况，例如自愿性搬迁项目对人均农林种植纯收入和人均家畜养殖纯收入没有影响。可能的原因在于，移民搬迁户在安置地所获得的土地面积相较搬迁之前有所减少，这在一定程度上限制了农户继续从事农林种植活动。当地也有不少搬迁户转向其他生计途径，放弃从事农林业生产。尽管移民搬迁项目会减少农户耕地面积进而降低农林种植业收入，但由于搬迁后生活成本的增加以及新环境下外部风险、不确定性的提高，农户倾向于保障整个家庭的基本口粮需求，同时耕作方式逐渐由粗放转向集约，土地的利用率也得到很大提升，再加上搬迁设置的过渡期允许农户在一段时间内继续使用原有土地，所有这些因素交织在一起，对农户人均农林种植纯收入的减少起到缓冲作用，导致其农林种植业收入效应不显著。本书认为人均家畜养殖纯收入不显著的原因与此类似。一般意义上，农户从事家畜养殖活动受限于饲养成本和空间。移民搬迁降低了自然资源的可及性，提升了饲养成本，同时一定程度上制约了饲养空间，对饲养场所有了更高的要求，这些因素均会对农户的家畜养殖活动造成冲击，进而减少该部分收入。但通过观察可以发现，虽然自然资源可及性变差，但交通和信息等公共资源可及性有所改善，加之政府鼓励的集约化养殖方式在扩大养殖规模和提升生产效率的同时，可以降低饲养成本、增加收入，对有条件继续从事家畜养殖活动的搬迁农户来说，这缓解了移民搬迁对该项收入的冲击。其次，对于政府关注的搬迁项目是否解放了农村劳动力和提高了非农收入，人均外出务工收入的估计结果在10%的显著性水平上表现出正向影响，而人均非农经营纯收入不显著，综合来看，这表明自愿性搬迁项目对劳动力转移有正向效应。诚然，农户参与移民搬迁工程需要一定的资金积累，这时劳动力转移的作用得到彰显，而在面对搬迁后的债务问题时，农户家庭通常又会通过增加劳务输出的途径寻求家庭收益最大化，实现家庭内部劳动力资源的优化配置。样本调查地农户希望未来参与非农经营活动（譬如从事农产品加工、农机具修理、交通运输和餐饮住宿等服务）的呼声很高，但当前非农经营农户比例较小，移民搬迁对人均非农经营纯收入的影响作用也不显著。合理的解释是，非农经营存在一定的准入门槛，对原始资本积累有一定的要求，而搬迁户疲于筹备购房资金和解决债务，参与可能性明显降低。再者，新建安置社区基础服务设施落后，商品和劳动力市场发展缓慢，搬迁户的参与积极性较低。最后，由于调查年份恰逢移民搬迁补助一次性发放年份，因此政府补贴收入占自愿性搬迁农户总收入的比例较大，而且人均政府补贴收入明显高于非自愿搬迁农户，这是由于本次调查涉及的部分非自愿搬迁农户属于长期搬迁农户，搬迁补贴较少而且支持力度有限。

第二，自愿性搬迁项目对农户收入有间接影响，具体表现在以下方面。①移民搬迁在改善贫困地区基础设施建设的同时却对农业生产造成一定冲击，进而导致农作物播种面积和粮食总产量大幅减少和下滑，因此项目显著降低了单位耕地农作物产量。②家庭现金收入比例表现出显著正向效应，这是由于移民搬迁项目和就业指导提高了当地劳动力外出务工的概率，增加了其外出务工收入。③至于贫困脆弱性方面，自愿性搬迁对收入多样性指数有显著负向影响，其原因可能是当外部环境改变和不确定性增加时，部分搬迁户在移民搬迁后另辟蹊径，放弃参与农林种植、家畜养殖或非农经营，导致农户家庭收入的多样性水平降低，收入结构不稳定；而对收入依赖性指数没有显著影响，表明在调整农户收入结构的问题上，移民搬迁的影响程度较小，作用有限，并未导致农户严重依赖某一种特定收入。④至于家庭资产，移民搬迁和基础设施建设能有效提高贫困农户的生产能力，使其积累一定的生产资料，特别是生产性固定资产，加之农户迁入新居后添置一定数量的生活耐用品，因此自愿搬迁对家庭资产表现出显著的正向影响。⑤自愿性搬迁对降低农户家庭贫困发生率有显著作用，作为贫困脆弱性最直观敏感的反应指标和农户收入指标的有益补充，贫困发生率的估计结果表明，自愿性搬迁农户在相对优越的生活环境中更容易获得各种生计资本和资源，而这些资源的可及性能使农户快速积累家庭自我发展能力以应对生计转型。尽管如此，伴随着生活空间和房屋结构的改变，自愿性搬迁可能会对农户家庭占有资源的能力和机会造成冲击，尤其是在土地等自然资本方面将有持续性影响。

第三，非自愿搬迁项目对农户各项人均收入的净效应与自愿性搬迁项目存在一定差异。与自愿性搬迁不同，农户非自愿搬迁造成耕地面积锐减进而使其收入遭受冲击的可能性很大，农户也无法获得搬迁过渡期延长土地使用期限的优待，这使很多搬迁户放弃从事农林种植活动，因此项目对人均农林种植纯收入有显著的负向效应。值得一提的是，非自愿搬迁项目对农户人均纯收入没有显著影响，其各分项收入中也仅有人均政府补贴收入这一指标显著（人均农林种植纯收入除外）。这里可能的解释是，非自愿搬迁对农户各分项收入分别有正、负相反的效应（尽管多数并不显著），从而相互抵消或削弱，导致农户人均纯收入净效应并不显著。此外，一个显著的不同是非自愿搬迁对贫困发生率有显著的正向影响，这与以往经验研究的结论吻合。Cernea（2000）和杨云彦等（2008）的研究指出，库区移民等工程移民几乎必然陷入"介入型"贫困，该类型的贫困主要包括大型工程非自愿性移民和各种类型失地农民的贫困，这种贫困有其原生性，但更多来自社会经济文化发展进程中由政府介入和主导的资源重新配置。相对而言，非自愿性移民群体生计更为脆弱，不仅其资源和能力在资源重新配置过程中遭受损失，包括资产、就业能力、应付风险能力和人力资本积累能力等的损失，而且他们无法在社会经济的发展进程中得到所损失资源带来的超额收益（杨云彦等，2008）。资源和收益的双重损失，造成移民户深陷贫困泥潭和处于绝对弱势地位，同时也会进一步衍生出新的贫困问题，比如文化和权利贫困等。

第四，短期搬迁项目在1%的统计水平上对农户人均纯收入表现出显著的正向效应（净影响系数大于自愿性搬迁项目效应，达到4041.58

元），其对农户各分项收入的影响作用也不尽相同。其中，短期搬迁对人均外出务工收入没有影响，可见前文发现的短期搬迁户此项收入高于非搬迁户并非移民搬迁所致，也即短期搬迁户可能早在移民搬迁工程实施之前就已外出打工。贫困脆弱性方面，短期搬迁对收入多样性指数和收入依赖性指数均没有显著影响，其原因可能是短期搬迁对促进农户生计手段多样化作用甚微，在调整农户收入结构的问题上，短期搬迁的影响程度较小，并未达到理论上的预期效果。而家庭资产不显著的原因可能是短时期内移民搬迁和基础设施建设提高贫困农户生产能力的作用尚未显现，生产资料和固定资产的积累有限。

第五，长期搬迁对农户人均纯收入没有显著影响。间接影响方面，长期搬迁对单位耕地农作物产量没有显著影响。可能是由于长期搬迁农户在搬迁经济恢复期实现了家庭生计策略的优化配置，形成了相对比较稳定的收入结构，同时家庭保证了一定的粮食产量并且其产量趋于稳定，因此本书并未从估计结果发现显著影响。特别地，长期搬迁并未带来贫困发生率的变化，既未像短期搬迁显著减少贫困，也未像非自愿搬迁提升贫困发生率。尽管本书无法回答长期搬迁是否从始至终对收入和贫困发生率没有作用，抑或搬迁农户获取和运用不同类型的资源通过一种可持续的方式改善了移民生计或者至少恢复到搬迁之前的水平（Rogers and Wang，2006），但至少就搬迁时间对农户家庭的影响来说，短期搬迁比长期搬迁表现出显著的正向农户收入效应。

单纯从各项目组对农户收入的直接影响方面看，根据 Kernel 匹配算法可以发现，自愿性搬迁项目的收入净效应大于非自愿搬迁项目，短期搬迁项目的收入净效应要比长期搬迁项目大。此外，不同的匹配算法可能导致回归结果之间的异同。据表 6 - 5，总体来说，采用两种不同匹配算法并未对各搬迁项目组的评估产生根本影响，但两种算法结果之间略有差异。

表6-5 不同匹配算法的 PSM 模型回归结果（ASLE2011）

因变量	NN 匹配				Kernel 匹配			
	（a）	（t）	（c）	（d）	（a）	（b）	（c）	（d）
农户人均纯收入	1848.44** (2.27)	-1583.45 (-1.11)	3963.91** (2.61)	409.96 (0.52)	1942.40*** (3.91)	-462.55 (-0.57)	4041.58*** (3.89)	449.73 (0.97)
人均农林种植纯收入	516.51 (0.99)	-1402.66** (-2.38)	238.48 (0.27)	-649.88 (-1.39)	178.24 (0.52)	-1390.88*** (-5.25)	783.10 (1.27)	-520.17** (-2.13)
人均家畜养殖纯收入	-114.26 (-1.04)	-132.52 (-0.56)	131.89 (0.75)	40.07 (0.37)	-95.43 (-1.51)	94.85 (0.77)	14.79 (0.11)	-43.77 (0.66)
人均外出务工收入	384.99 (1.61)	-577.97 (-1.31)	267.83 (0.69)	-26.33 (-0.10)	316.24* (1.95)	-127.09 (-0.53)	339.32 (1.58)	85.86 (0.51)
人均非农经营纯收入	-481.56 (-1.08)	494.90 (0.54)	516.77 (0.73)	342.35 (0.60)	41.13 (0.15)	559.49 (1.01)	21.47 (0.04)	168.29 (0.52)
人均政府补贴收入	1178.54*** (9.01)	304.17 (1.70)	2374.37*** (10.35)	548.10*** (4.90)	1189.26*** (9.33)	267.27* (1.70)	2354.92*** (10.74)	560.74*** (4.79)
人均其他收入	381.28** (2.66)	76.11 (0.58)	811.17** (2.45)	171.39* (1.72)	432.27*** (3.84)	134.90 (1.41)	825.80** (2.65)	222.68*** (2.93)
单位耕地农作物产量	-92.63 (-1.24)	-240.93* (-1.94)	18.42 (0.15)	-69.62 (-0.93)	-84.42* (-1.90)	-239.39*** (-2.96)	-132.53** (-2.38)	-73.33 (-1.61)
家庭现金收入比例	0.04 (0.87)	0.21*** (4.54)	0.10 (1.52)	0.10*** (2.90)	0.07*** (3.05)	0.24*** (11.63)	0.15*** (3.89)	0.10*** (4.45)
收入多样性指数	-0.03 (-0.65)	-0.17* (-1.65)	-0.01 (-0.13)	-0.11** (-2.09)	-0.05* (-1.66)	-0.17* (-1.88)	0.00 (-0.08)	-0.09** (-2.27)

续表

因变量	NN 匹配				Kernel 匹配			
	(a)	(b)	(c)	(d)	(a)	(b)	(c)	(d)
收入依赖性指数	0.04 (0.88)	-0.06 (-0.75)	0.01 (0.11)	0.04 (0.98)	0.03 (1.06)	0.03 (0.94)	0.00 (-0.03)	0.02 (1.28)
家庭资产	0.01 (0.95)	0.03 (1.63)	-0.02 (-0.66)	0.02* (1.77)	0.02* (1.84)	0.04*** (4.10)	0.00 (-0.17)	0.03*** (3.98)
贫困发生率	-0.15*** (-2.79)	0.20** (2.17)	-0.18** (-1.97)	0.00 (0.01)	-0.15*** (-5.18)	0.15*** (2.87)	-0.24*** (-4.98)	-0.02 (-0.70)

注:(a) 表示自愿性搬迁项目组 (296 户),(b) 表示非自愿搬迁项目组 (112 户),(c) 表示短期搬迁项目组 (88 户),(d) 表示长期搬迁项目组 (311 户),括号内为 t 统计量;***、** 和 * 分别表示在 1%、5% 和 10% 的统计水平上显著。

三 模型平衡性检验

这里必须检验表 6 – 5 结论的可靠性。这里报告的是搬迁项目组与对照组匹配的平衡性检验，检验结果见表 6 – 6。从表 6 – 6 中本书发现，所有变量匹配的偏差均减少。从总体上看，匹配之前的 Pseudo R^2 远大于匹配之后的 Pseudo R^2，从而平衡性检验获得通过，表 6 – 5 的结论是可靠的。

表 6 – 6 平衡性检验

变量	样本	均值		偏差（%）	偏差减少（%）
		搬迁项目组	对照组		
户主年龄	未匹配	50.027	50.683	– 5.1	95.2
	已匹配	49.268	49.299	– 0.2	
户主年龄平方	未匹配	2672.3	2728.1	– 4.1	94.7
	已匹配	2585.9	2583.0	0.2	
户主受教育程度	未匹配	2.3907	2.2787	13.2	95.4
	已匹配	2.4234	2.4182	0.6	
家庭规模	未匹配	4.1716	3.4448	47.2	85.7
	已匹配	4.2104	4.3143	– 6.7	
家庭负担比	未匹配	0.5297	0.4421	15.7	85.0
	已匹配	0.5344	0.5212	2.4	
人均土地面积	未匹配	9.3572	13.423	– 16.1	47.1
	已匹配	7.9261	10.077	– 8.5	
健康自评	未匹配	0.7427	0.8052	– 15.0	91.7
	已匹配	0.7558	0.7610	– 1.2	
Pseudo R^2	未匹配	0.045			
	已匹配	0.004			

第四节 小结

本章基于总体分析框架的思路，构建了易地扶贫搬迁背景下农户生计策略的分析框架。在此基础上，本书围绕该框架进行统计描述和实证分析。结果发现，搬迁户和非搬迁户各项收入及其他指标之间存在差异。这一部分归因于农户家庭之间显著不同的特征变量，但更大程度上取决于一些不可观测变量的影响作用。计量估计的结果表明，自愿性和短期搬迁对农户人均纯收入表现出显著的正向效应，非自愿和长期搬迁对农户人均纯收入没有显著影响，而各项目组对农户收入的间接影响也不尽相同。具体研究结果如下。

第一，自愿性搬迁项目的增收效应非常明显，而非自愿搬迁对农户人均纯收入的净效应并不显著。首先，自愿性搬迁对人均农林种植纯收入和人均家畜养殖纯收入没有显著影响。尽管移民搬迁会通过减少农户人均耕地面积降低农林种植业收入，但随着耕作方式集约化、土地利用率提升，同时搬迁过渡期内允许农户继续耕种自家原有土地，因此农林种植业收入效应不显著。人均家畜养殖纯收入不显著的原因与此类似。其次，自愿性搬迁项目对劳动力转移有正向影响，原因在于一方面劳动力转移为参与移民搬迁工程积累了一定的初始资金，另一方面农户家庭通过增加劳务输出寻求收益最大化和偿还债务的途径，最终实现家庭内部劳动力资源的合理配置。但是限于准入门槛和原始资本积累要求，加之迁入地商品和劳动力市场发展过于缓慢，农户参与非农经营的可能性和积极性非常低，因此非农经营收入效应不显著。最后，与自愿性搬迁不同，非自愿搬迁对农户各分项收入分别有正、负相反的效应，从而相互之间抵消或者削弱，因此农户人均纯收入的净效应不显著。但是，人均农林种植纯收入显示出显著的负向冲击效应。这是由于非自愿搬迁对耕地造成负面冲击的可能性很大，而且农户也无法获得搬迁过渡期优待，很多搬迁户只能选择放弃继续从事农林业生产，从而导致表现出负向效应。

第二，自愿性和非自愿搬迁对农户收入均有间接影响，表现在以下方面。首先，两者均显著降低了农户单位耕地农作物产量。移民搬迁尽管可以改善贫困地区的基础设施建设，但同时对农业生产会造成一定冲击，进而导致农作物播种面积和粮食总产量严重下滑，这是产生上述结果的主要原因。然而，移民搬迁和就业指导可以促进劳动力转移，提高当地农户外出务工的概率，增加农户家庭在打工方面的收入，因而对家庭现金收入比例有显著的正向效应。其次，收入多样性指数、收入依赖性指数、贫困发生率可以衡量一个农户家庭的贫困脆弱性。本书证实自愿性和非自愿搬迁对收入多样性指数有显著负向影响，其原因可能是外部环境的改变和不确定因素的增加促使部分搬迁户放弃从事农林种植、家畜养殖或非农经营活动，降低了家庭收入的多样性水平，导致收入结构的不稳定；但该影响程度较小，作用有限，对农户收入结构的调整比较轻微，并未使农户严重依赖某种特定收入，因此对收入依赖性指数没有显著影响。最后，两种搬迁类型对农户贫困发生率的影响作用截然相反，自愿性搬迁对贫困发生率有显著降低作用，而非自愿搬迁对升高农户家庭贫困发生率有显著作用。政府直接支持导致农户更容易获得各种资源，而这些资源的可及性能使农户快速积累家庭自我发展能力以应对生计转型。相比较而言，非自愿搬迁农户生计更为脆弱，他们的资源和能力不仅在资源重新配置过程中遭受损失，包括资产、就业能力、应付风险能力和人力资本积累能力等的损失，而且无法在社会经济的发展进程中得到所损失资源带来的超额收益。资源和收益的双重损失，造成搬迁户深陷贫困泥潭和处于绝对弱势地位，并进一步衍生出新的贫困问题。

第三，短期搬迁对农户人均纯收入有显著正向影响，净影响系数为4041.58元（自愿性搬迁净影响系数的两倍多），而长期搬迁对农户人均纯收入没有影响，但两者对农户收入都有间接影响。短期搬迁对人均外出务工收入没有显著影响，本书推测参与短期搬迁的农户可能早在移民搬迁工程实施之前就开始外出务工，这很好地解释了描述性统计部分发现的短期搬迁户该项收入高于非搬迁户，与移民搬迁无关。至于家庭资产，可能是短期内移民搬迁和基础设施建设提高贫困农户生产能力的作用尚未显现出来，农户生产资料和固定资产的积累非常有限。可能是长期搬迁农户的口粮需求比较稳定，并形成了较为稳定的收入结构，实现了生计策略的优化配置，其对单位耕地农作物产量没有显著影响。特别地，长期搬迁对贫困发生率也没有显著影响，这是短期搬迁比长期搬迁对农户收入具有正向效应的间接证据。

第七章

易地扶贫搬迁农户生计可持续的
政策建议

根据本书在第四章到第六章的研究发现，本章提出实现易地扶贫搬迁农户生计可持续的政策建议。

中国西部当前的政策实践已经证明，被广泛应用的针对集中连片特困区域的易地扶贫搬迁不仅有助于破解贫困山区经济空间重构和社会格局变迁背景下生态保护和经济发展的双重难题，也是统筹促进城乡发展一体化、新型城镇化、农业现代化和公共服务均等化等的重要手段。陕南秦巴山区的易地扶贫搬迁工程旨在有效推进精准扶贫，同时兼顾避灾、减灾、生态保护和经济发展等多重目标，以"拔穷根"和"挖险根"为政策诉求，力图实现当地经济、社会、生态等协同均衡发展和系统性可持续。本书通过构建脆弱性背景和多重生计环境下移民可持续生计的分析框架，采用理论分析和实证研究相结合的研究方法，试图完整呈现易地扶贫搬迁对农户整个生计链条的影响机制和作用机理，探讨易地扶贫搬迁对农户生计带来的政策冲击效应和其动态变化过程。针对本书在研究过程中的主要发现和结论，本书提出如下建议。

（1）公共政策的执行和贯彻需要落实到一定的场域。这一过程实际上包含了多次再细化和再规划的过程，因此当前陕南地方政府可能会根据自身的地方性知识和地方利益对移民搬迁政策采取强化或者钝化处理,导致最终形成的政策具有层级性和特殊性。同时,移民搬迁这一重大公共政策具有生态、经济、社会、政治等方面的多属性和多目标,其成功与否很大程度上取决于横向上能否高位推动和各级部门之间能否协调配合。近来陕南移民搬迁工程已经从"区域性"的重大民生工程上升为"国家级"的扶贫发展战略,为防止政策实践碎片化,可通过"高位推动—层级性治理—多属性治理"的方式,采用政府纵向部门和横向部门协调合作和整合信任等治理策略,综合运用资源交换和信息交流等治理手段,减少政策执行过程中的"政策梗阻"和"政策失真"等现象,最终实现政策目标和达到政策效果(贺东航、孔繁斌,2011)。

具体来看,首先,需要完善和强化搬迁政策的顶层设计。移民搬迁实现推进力量协同化、政策制定科学化、制度执行高效化和保障体系衔接化等目标,离不开对政策顶层设计的强化和完善。其次,就近移民搬迁对促进就地城镇化作用明显,但同时对陕南秦巴山区带来了巨大挑战,未来的搬迁活动需要打破区域限制,改内部消化为外部接收,借助外部力量和外部支持有效落实搬迁政策,持续有序推进跨区域移民搬迁安置。再次,加快完善移民搬迁管理工作,制定出台移民管理条例,规范移民搬迁土地利用管理,优先使用增减挂钩指标和存量建设用地,保障搬迁对象腾退宅基地的合法权益。最后,提高移民搬迁的科学性和前瞻性,合理选址,科学规划,完善布局,突出重点,有序引导搬迁对象参与就业创业,统筹推进产业发展,建设产业园区,使龙头企业带动当地特色优势产业的发展。

(2)确保移民搬迁救助资源有效瞄准贫困人口,努力实现贫困人口公平有序"搬得出"。第一,改变过去单纯基于部门统计数据的自上而下的贫困人口识别机制,扩展现有移民政策的瞄准群体,以便涵盖更为丰富的贫困类型,例如给予"暂时性"贫困人口更多关注,将视线从收入转向现实生活质量和水平。同时对移民政策瞄准效果的评估应采取多项指标和多种方法，由于不同的评估指标和方法对贫困人口类型的识别和瞄准各有差异，因此应该针对不同的贫困人口实施有差别的搬迁救助，而多指标多方法的瞄准效果评估也有利于研究者和政策制定者更好理解移民搬迁救助资源在不同贫困类型人群中的分布。第二，移民搬迁瞄准制度应该将社区瞄准和代理家计调查法结合起来，混合瞄准、共同实施。代理家计调查法可以弥补社区瞄准过程中准确性和合理性低的不足，有效排除错误包含和防止精英俘获。同时考虑建档立卡的贫困人口数量远超移民搬迁救助资源的转移支付能力范围，建议在保证特殊贫困群体的基础上，分批次有序扶持被确定的贫困农户，保障贫困群体在抽签识别过程中分别受益。第三，改革当前移民搬迁政策实施的项目制框架，将项目制定权逐级下放到贫困村庄，但中央和地方政府仍然控制资金的总体规模。此外，统一捆绑规划地方政府不同部门的搬迁建设资金，削弱不同部门对于扶贫搬迁建设资金的管理权限，将权限统一下放到县级以下，各个部门仅在技术投入上给予指导。严格禁止非贫困群体和村庄精英挤占挪用扶贫搬迁资金发展龙头企业和产业园区，使真正的贫困群体能够参与到企业和产业建设管理中，投资入股按利分红，同时聘请独立会计师事务所参与管理龙头企业和产业园区，努力做到公平公正。

（3）确保有效促进移民生计能力的修复和重建，尽力保障移民搬迁农户在迁入地能够"稳得住"。第一，基于培训、健康对农户多维贫困的贡献和人力资本的作用，建议持续开展移民技能培训项目，有效提升移民人力资本积累。全面整合已有职业技能培训资源，有效利用各部门非正规教育扶持计划和政策，提供移民就业、创业指导和培训，加快建设公共就业服务平台，加强农户非农就业援助服务，充分利用职业技术学院优势资源，稳步推进移民后期培训和支持计划。第二，社会资本作为一种非正规人力资本对多维贫困的影响非常明显。政府应该制定相应政策促进移民与迁入地的社会融合，鼓励移民加强社会网络建设，建设一批属于自己的各种经济文化合作组织，比如在迁入地建立村级专业合作社或专业协会，增强其获取必要信息和资源的能力。同时在维持原有社会关系和网络保持同质性互动的基础上，努力加强异质性网络和资源的捕获，积极调动和筹集各种所需的信息和资源。第三，基础设施建设和权益保障机制的完善对移民生计能力的提升至关重要。切实跟进配套移民社区公共基础服务设施建设，重点关注移民生活用水，交通条件，教育设施，特别是小学、幼儿园、医疗服务体系、文化娱乐和上街购物等基本民生问题，特别注意留守儿童和老人的身心健康。转变农户陈旧思想观念，逐步引导其培养市民和主人翁精神。同时加强安置社区创新管理模式，切实保障搬迁农户合法权益。建立新型社区管理委员会和办公室，对相应权责人等赋予管理权限和提供财政支持，完善移民安置社区社会治理机制，有效推进村民协商民主自治体制，配套安置社区服务中心扶持政策，对搬迁农户实行分类管理，保障移民土地流转和宅基地腾退的合法权益。

（4）确保同步实现移民生计策略的调整和优化，扎实推进移民搬迁农户在迁入地逐步"能致富"。第一，促进农户生计方式向非农转变。在移民搬迁项目实施地，农户家庭的劳动力得以重新配置，农户生计方式逐渐转向外出务工。一方面政府应该加强移民劳动力培训的力度，帮助他们尽快提升自身能力，鼓励劳动力逐步向外转移；另一方面政府应该帮助移民劳动力实现就地转移，通过多种渠道安置移民。例如吸收当地劳动力参与移民工程的建筑、动迁、建材等生产工作，安排一批劳动密集型项目，利用宏观产业政策的杠杆作用鼓励劳动密集型企业迁往移民安置社区，引进食品加工、茶叶生产、生态旅游等绿色产业，给予农户银行贷款和税费优惠等措施。第二，优化产业结构和改善农业生产条件。调查区域人均农林种植纯收入和家畜养殖纯收入占总纯收入的比重都非常小。作为提升农户收入水平的现实选择，贫困山区应该促进农户以上两类收入的增加。同时，需要加强农林业和畜牧业的基础设施建设，为农业生产和农户经营提供物质基础和便利条件，不断改善农业基础生产条件，努力优化当前农业产业结构，加快提升农畜产品的附加值。第三，在新型城镇化、农业现代化、公共服务均等化、精准扶贫、精准脱贫的时代背景下，贫困山区应该因地制宜，争取同时开展和实施多种宽领域、多层次、整体式的开发式扶贫项目和救助式社会保障政策，依托移民搬迁的政策效应和有力支持，实现中国西部经济发展和生态保护的双重目标。

总而言之，陕南秦巴山集中连片特困区易地扶贫搬迁既为精准扶贫、精准脱贫背景下贫困农户脱贫提供了生计机会和创新机遇，也为处于脆弱性背景之中的当地贫困农户带来了生计风险和巨大挑战。实践证明，在精准扶贫、精准脱贫等政策支持下的易地移民搬迁，对移民生计结构进行优化和功能性调整后，能够使移民快速积累生计资本、恢复和重建生计能力，进而达成生计目标并实现生计可持续。如果缺乏相应的政策手段和帮扶措施以及忽视移民生计能力的重建和提升，移民搬迁这一外力冲击将有极大可能破坏移民原有稳定均衡的生计系统，造成移民生计系统的不稳定和失衡，形成移民生计风险和移民贫困，导致移民生计呈现生态脆弱和功能性脆弱。可以看出，生计资本积累、生计能力修复和重建、生计策略优化对移民实现可持续生计至关重要，学者和政策制定者理应关注如何实现这三者的有效统一和密切配合，进而实现经济发展、社会进步和环境保护三个层次可持续的有机统一。

参考文献

［1］ 阿玛蒂亚·森：《以自由看待发展》，中国人民大学出版社，2002。

［2］ 贝克尔：《家庭论》，商务印书馆，2005。

［3］ 边燕杰：《城市居民社会资本的来源及作用：网络观点与调查发现》，《中国社会科学》2004 年第 3 期。

［4］ 蔡昉、白南生：《中国转轨时期劳动力流动》，社会科学文献出版社，2006。

［5］ 曹世雄：《生态修复项目对自然与社会的影响》，《中国人口·资源与环境》2012 年第 11 期。

［6］ 陈浩、陈雪春：《城镇化进程中失地农民就业分化及特征分析——基于长三角 858 户调研数据》，《调研世界》2013 年第 7 期。

［7］ 陈立中：《住房保障政策瞄准效率及其影响因素——来自北京市廉租房和经济适用房政策的实证》，《财经科学》2010 年第 5 期。

［8］ 陈立中：《转型时期我国多维度贫困测算及其分解》，《经济评论》2008 年第 5 期。

［9］ 陈前恒：《农户动员与贫困村内部发展性扶贫项目分配——来自西北地区 H 村的实证研究》，《中国农村经济》2008 年第 1 期。

［10］ 陈耀波：《培训前工资、劳动者能力自我筛选与农村劳动力培训结果：浙江农村劳动力培训计划的一项试点调查研究》，《世界经

济文汇》2009 年第 3 期。

[11] 程名望：《中国农村劳动力转移：机理、动因与障碍》，上海交通大学博士学位论文，2007。

[12] 邓曲恒：《农村居民举家迁移的影响因素：基于混合 Logit 模型的经验分析》，《中国农村经济》2013 年第 10 期。

[13] 丁士军、张银银、马志雄：《被征地农户生计能力变化研究——基于可持续生计框架的改进》，《农业经济问题》2016 年第 6 期。

[14] 东梅、李晓明、刘乔巧：《生态移民瞄准精度实证研究——以宁夏为例》，《农业技术经济》2011 年第 9 期。

[15] 东梅、王桂芬：《双重差分法在生态移民收入效应评价中的应用——以宁夏为例》，《农业技术经济》2010 年第 8 期。

[16] 东梅：《生态移民与农民收入——基于宁夏红寺堡移民开发区的实证分析》，《中国农村经济》2006 年第 3 期。

[17] 方迎风：《中国贫困的多维测度》，《当代经济科学》2012 年第 4 期。

[18] 冯贺霞、王小林、夏庆杰：《收入贫困与多维贫困关系分析》，《劳动经济研究》2015 年第 6 期。

[19] 冯伟林、李树茁、李聪：《生态移民经济恢复中的人力资本与社会资本失灵——基于对陕南生态移民的调查》，《人口与经济》2016 年第 1 期。

[20] 高梦滔、姚洋：《健康风险冲击对农户收入的影响》，《经济研究》2005 年第 12 期。

[21] 高晓巍、左停：《农村社区互助与农户生计安全》，《广西社会科学》2007 年第 6 期。

[22] 高艳云：《中国城乡多维贫困的测度及比较》，《统计研究》2012 年第 11 期。

[23] 顾昕、方黎明：《自愿性与强制性之间——中国农村合作医疗的

制度嵌入性与可持续性发展分析》，《社会学研究》2004 年第 5 期。

[24] 郭建宇、吴国宝：《基于不同指标及权重选择的多维贫困测量——以山西省贫困县为例》，《中国农村经济》2012 年第 2 期。

[25] 郭玲霞：《基于可持续生计的失地农民补偿模式探讨》，《湖北农业科学》2014 年第 11 期。

[26] 韩喜平：《中国农户经营系统分析》，中国经济出版社，2004。

[27] 韩志新：《可持续生计视角下的失地农民创业研究》，天津大学博士学位论文，2009。

[28] 何得桂、党国英：《西部山区避灾移民搬迁政策执行偏差及其影响研究——以陕南为例》，《青海社会科学》2015 年第 4 期。

[29] 何仁伟、刘邵权、陈国阶等：《中国农户可持续生计研究进展及趋向》，《地理科学进展》2013 年第 4 期。

[30] 贺东航、孔繁斌：《公共政策执行的中国经验》，《中国社会科学》2011 年第 5 期。

[31] 洪小良：《城市农民工的家庭迁移行为及影响因素研究——以北京市为例》，《中国人口科学》2007 年第 6 期。

[32] Hornby, A.、李北达：《牛津高阶英汉双解词典》，商务印书馆，1997。

[33] 侯佳伟：《人口流动家庭化过程和个体影响因素研究》，《人口研究》2009 年第 1 期。

[34] 胡豹：《农业结构调整中农户决策行为研究》，浙江大学博士学位论文，2004。

[35] 胡怀国：《从新古典主义到阿马蒂亚·森的能力方法》，《经济学动态》2010 年第 10 期。

[36] 胡静、杨云彦：《大型工程非自愿移民的人力资本失灵——对南水北调中线工程的实证分析》，《经济评论》2009 年第 4 期。

[37] 华春林、陆迁、姜雅莉等：《农业教育培训项目对减少农业面源

污染的影响效果研究——基于倾向评分匹配方法》《农业技术经济》2013 年第 4 期。

[38] 黄鑫鑫、安萍莉、蔡璐佳等：《农户自主发展能力研究——以东北粮食主产区为例》，《资源科学》2015 年第 9 期。

[39] 黄颖、吴惠芳：《贫困山区农户生计创新的社会整合分析——基于皖西南村庄的调查》，《农村经济》2008 年第 1 期。

[40] 江雪萍、李尚蒲：《农户参与横向分工：测度及其比较——来自广东的农户问卷》，《华中农业大学学报社科版》2015 年第 2 期。

[41] 解垩：《公共转移支付与老年人的多维贫困》，《中国工业经济》2015 年第 11 期。

[42] 黎洁、李亚莉、邰秀军等：《可持续生计分析框架下西部贫困退耕山区农户生计状况分析》，《中国农村观察》2009 年第 5 期。

[43] 黎洁、邰秀军：《西部山区农户贫困脆弱性的影响因素：基于分层模型的实证研究》，《当代经济科学》2009 年第 5 期。

[44] 黎洁：《西部贫困山区农户的采药行为分析——以西安周至县为例》，《资源科学》2011 年第 6 期。

[45] 李斌、李小云、左停：《农村发展中的生计途径研究与实践》，《农业技术经济》2004 年第 4 期。

[46] 李斌：《生态家园富民工程"三位一体"项目对宁夏盐池县农户生计影响的研究》，中国农业大学博士学位论文，2005。

[47] 李伯华、窦银娣、杨振等：《社会关系网络变迁对农户贫困脆弱性的影响——以湖北省长岗村为例的实证研究》，《农村经济》2011 年第 3 期。

[48] 李聪、柳玮、冯伟林等：《移民搬迁对农户生计策略的影响——基于陕南安康地区的调查》，《中国农村观察》2013 年第 6 期。

[49] 李聪、柳玮、黄谦：《陕南移民搬迁背景下农户生计资本的现状与影响因素分析》，《当代经济科学》2014 年第 6 期。

［50］ 李翠珍、徐建春、孔祥斌：《大都市郊区农户生计多样化及对土地利用的影响——以北京市大兴区为例》，《地理研究》2012 年第 6 期。

［51］ 李琳一：《农户生计与资产配置的发展学研究——以宁夏盐池县青山乡研究为例》，中国农业大学博士学位论文，2004。

［52］ 李强：《关于"农民工"家庭模式问题的研究》，《浙江学刊》1996 年第 1 期。

［53］ 李强：《影响中国城乡流动人口的推力与拉力因素分析》，《中国社会科学》2003 年第 1 期。

［54］ 李强：《农民工举家迁移决策的理论分析及检验》，《中国人口·资源与环境》2014 年第 6 期。

［55］ 李树苗、梁义成、Marcus，W. 等：《退耕还林政策对农户生计的影响研究——基于家庭结构视角的可持续生计分析》，《公共管理学报》2010 年第 2 期。

［56］ 李小建、周雄飞、乔家君等：《不同环境下农户自主发展能力对收入增长的影响》，《地理学报》2009 年第 6 期。

［57］ 李小云、董强、饶小龙等：《农户脆弱性分析方法及其本土化应用》，《中国农村经济》2007 年第 4 期。

［58］ 梁义成、李树苗、李聪：《基于多元概率单位模型的农户多样化生计策略分析》，《统计与决策》2011 年第 15 期。

［59］ 梁义成、刘纲、马东春等：《区域生态合作机制下的可持续农户生计研究——以"稻改旱"项目为例》，《生态学报》2013 年第 3 期。

［60］ 廖娟：《残疾与贫困：基于收入贫困和多维贫困测量的研究》，《人口与发展》2015 年第 1 期。

［61］ 刘彬彬、陆迁、李晓平：《社会资本与贫困地区农户收入——基于门槛回归模型的检验》，《农业技术经济》2014 年第 11 期。

［62］刘凤芹、徐月宾：《谁在享有公共救助资源？——中国农村低保制度的瞄准效果研究》，《公共管理学报》2016年第1期。

［63］刘穷志：《转移支付激励与贫困减少——基于PSM技术的分析》，《中国软科学》2010年第9期。

［64］刘伟、黎洁、李聪等：《西部山区项目扶贫的农户收入效应——来自陕西安康的经验证据》，《南京农业大学学报社会科学版》2014年第6期。

［65］刘伟、黎洁、李聪等：《移民搬迁农户的贫困类型及影响因素分析——基于陕南安康的抽样调查》，《中南财经政法大学学报》2015年第6期。

［66］刘小强、王立群：《生态移民对农户收入支出的影响分析——以内蒙古多伦县为例》，《林业经济》2010年第3期。

［67］马瑞、徐志刚、仇焕广等：《农村进城就业人员的职业流动、城市变换和家属随同状况及影响因素分析》，《中国农村观察》2011年第1期。

［68］宁光杰、尹迪：《自选择、培训与农村居民工资性收入提高》，《中国农村经济》2012年第10期。

［69］欧璟华、姚树洁、武斌：《中国"空巢村"：陕北农村案例研究》，《当代经济科学》2015年第4期。

［70］潘家华、郑艳、王建武等：《气候容量：适应气候变化的测度指标》，《中国人口·资源与环境》2014年第2期。

［71］潘家华、郑艳：《气候移民概念辨析及政策含义——兼论宁夏生态移民政策》，《中国软科学》2014年第1期。

［72］屈小博：《培训对农民工人力资本收益贡献的净效应——基于平均处理效应的估计》，《中国农村经济》2013年第8期。

［73］曲玮、涂勤、牛叔文等：《自然地理环境的贫困效应检验——自然地理条件对农村贫困影响的实证分析》，《中国农村经济》2012

年第 2 期。

[74] Roberts, M. G.、杨国安：《可持续发展研究方法国际进展——脆弱性分析方法与可持续生计方法比较》，《地理科学进展》2003年第 1 期。

[75] 尚卫平、姚智谋：《多维贫困测度方法研究》，《财经研究》2005年第 12 期。

[76] 盛济川、施国庆：《水库移民贫困原因的经济分析》，《农业经济问题》2008 年第 12 期。

[77] 盛亦男：《流动人口家庭迁居的经济决策》，《人口学刊》2016 年第 1 期。

[78] 石智雷、邹蔚然：《库区农户的多维贫困及致贫机理分析》，《农业经济问题》2013 年第 6 期。

[79] 石智雷：《农村家庭禀赋、劳动力回流与能力建设》，《重庆社会科学》2013 年第 5 期。

[80] 石智雷：《迁移劳动力的能力发展与融入城市的多维分析》，《中国人口·资源与环境》2013 年第 1 期。

[81] 世界银行：《世界银行国别报告——中国战胜农村贫困》，中国财政经济出版社，2000。

[82] 宋建辉、李瑾、孙国兴：《天津城市化进程中失地农民收入问题探讨》，《中国农业资源与区划》2014 年第 3 期。

[83] 苏芳、徐中民、尚海洋：《可持续生计分析研究综述》，《地球科学进展》2009 年第 1 期。

[84] 苏飞、应蓉蓉、曾佳苗：《可持续生计研究热点与前沿的可视化分析》，《生态学报》2016 年第 7 期。

[85] 孙晓琳、姚波、黄英维：《二元户籍制度下的农村剩余劳动力流动模型》，《统计与信息论坛》2003 年第 6 期。

[86] 孙战文、杨学成：《农民工家庭成员市民化的影响因素分析——

基于山东省 1334 个城乡户调查数据的 Logistic 分析》，《中国农村观察》2013 年第 1 期。

［87］孙战文：《农民工家庭迁移决策与迁移行为研究》，山东农业大学博士学位论文，2013。

［88］邰秀军、罗丞、李树茁等：《外出务工对贫困脆弱性的影响：来自西部山区农户的证据》，《世界经济文汇》2009 年第 6 期。

［89］邰秀军：《西部山区农户薪材消费的影响因素分析》，《中国农村经济》2011 年第 7 期。

［90］檀学文：《家庭迁移理论综述》，《中国劳动经济学》2010 年第 1 期。

［91］汤青、徐勇、李扬：《黄土高原农户可持续生计评估及未来生计策略——基于陕西延安市和宁夏固原市 1076 户农户调查》，《地理科学进展》2013 年第 2 期。

［92］汤青：《可持续生计的研究现状及未来重点趋向》，《地球科学进展》2015 年第 7 期。

［93］唐丽霞、林志斌、李小云：《谁迁移了——自愿移民的搬迁对象特征和原因分析》，《农业经济问题》2005 年第 4 期。

［94］唐丽霞、罗江月、李小云：《精准扶贫机制实施的政策和实践困境》，《贵州社会科学》2015 年第 5 期。

［95］唐丽霞：《精准扶贫机制的实现——基于各地的政策实践》，《贵州社会科学》2017 年第 1 期。

［96］唐震、张玉洁：《城镇化进程中农民迁移模式的影响因素分析——基于江苏省南京市的实证分析》，《农业技术经济》2009 年第 4 期。

［97］陶然、周敏慧：《父母外出务工与农村留守儿童学习成绩——基于安徽、江西两省调查实证分析的新发现与政策含义》，《管理世界》2012 年第 8 期。

［98］ 万金红、王静爱、刘珍等：《从收入多样性的视角看农户的旱灾恢复力——以内蒙古兴和县为例》，《自然灾害学报》2008 年第1 期。

［99］ 汪三贵、Albert Park：《中国农村贫困人口的估计与瞄准问题》，《贵州社会科学》2010 年第2 期。

［100］ 汪三贵、Albert Park 等：《中国新时期农村扶贫与村级贫困瞄准》，《管理世界》2007 年第1 期。

［101］ 汪三贵、郭子豪：《论中国的精准扶贫》，《贵州社会科学》2015 年第5 期。

［102］ 汪三贵、王姮、王萍萍：《中国农村贫困家庭的识别》，《农业技术经济》2007 年第1 期。

［103］ 王成、王利平、李晓庆等：《农户后顾生计来源及其居民点整合研究——基于重庆市西部郊区白林村471 户农户调查》，《地理学报》2011 年第8 期。

［104］ 王成超、杨玉盛：《农户生计非农化对耕地流转的影响——以福建省长汀县为例》，《地理科学》2011 年第11 期。

［105］ 王春超、叶琴：《中国农民工多维贫困的演进——基于收入与教育维度的考察》，《经济研究》2014 年第12 期。

［106］ 王春蕊、刘昌宇、刘家强：《农村劳动力迁移选择决策的模糊多目标模型分析》，《人口研究》2012 年第3 期。

［107］ 王海港、黄少安、李琴等：《职业技能培训对农村居民非农收入的影响》，《经济研究》2009 年第9 期。

［108］ 王立安、刘升、钟方雷：《生态补偿对贫困农户生计能力影响的定量分析》，《农村经济》2012 年第11 期。

［109］ 王小林、Alkire, S.：《中国多维贫困测量：估计和政策含义》，《中国农村经济》2009 年第12 期。

［110］ 王小林：《贫困测量：理论与方法》，社会科学文献出版社，2012。

[111] 王志理、王如松:《中国流动人口带眷系数及其影响因素》,《人口与经济》2011年第6期。

[112] 卫龙宝、储德平、伍骏骞:《农村城镇化进程中经济较发达地区农民迁移意愿分析——基于浙江省的实证研究》,《农业技术经济》2014年第1期。

[113] 翁士洪:《农村土地流转政策的执行偏差——对小岗村的实证分析》,《公共管理学报》2012年第1期。

[114] 吴海涛、丁士军:《贫困动态性:理论与实证》,武汉大学出版社,2013。

[115] 向德平、陈艾:《连结生计方式与可行能力:连片特困地区减贫路径研究——以四川省甘孜藏族自治州的两个牧区村庄为个案》,《江汉论坛》2013年第3期。

[116] 严登才、施国庆、周建:《范式视角下水库移民贫困成因研究综述》,《水利发展研究》2011年第12期。

[117] 严登才:《搬迁前后水库移民生计资本的实证对比分析》,《现代经济探讨》2011年第6期。

[118] 阎建忠、吴莹莹、张镱锂等:《青藏高原东部样带农牧民生计的多样化》,《地理学报》2010年第5期。

[119] 阎建忠、喻鸥、吴莹莹等:《青藏高原东部样带农牧民生计脆弱性评估》,《地理科学》2011年第7期。

[120] 杨国涛、东梅、张会萍:《家庭特征对农户贫困的影响:基于西海固分户调查数据的分析》,《农业技术经济》2010年第4期。

[121] 杨云彦、徐映梅、胡静等:《社会变迁、介入型贫困与能力再造——基于南水北调库区移民的研究》,《管理世界》2008年第11期。

[122] 杨云彦、赵锋:《可持续生计分析框架下农户生计资本的调查与分析——以南水北调（中线）工程库区为例》,《农业经济问

题》2009 年第 3 期。

[123] 杨云彦：《南水北调与湖北区域可持续发展》，武汉理工大学出版社，2011。

[124] 杨云彦等：《南水北调工程与中部地区经济社会可持续发展研究》，经济科学出版社，2011。

[125] 姚树洁、吴斌、宋林：《中国贫困地区的空巢村庄：陕北农村迁移的案例研究》，《当代经济科学》2010 年第 4 期。

[126] 伊藤顺一、包宗顺、苏群：《农民专业合作社的经济效果分析——以南京市西瓜合作社为例》，《中国农村观察》2011 年第 5 期。

[127] 袁霓：《家庭迁移决策分析——基于中国农村的证据》，《人口与经济》2008 年第 6 期。

[128] 曾艳华：《农民发展能力的问题与对策》，《改革与战略》2006 年第 6 期。

[129] 张国培、庄天慧：《自然灾害对农户贫困脆弱性的影响——基于云南省 2009 年的实证分析》，《四川农业大学学报》2011 年第 1 期。

[130] 张华山、周现富：《水库移民可持续生计能力分析——以阿坝州典型水电工程为例》，《水利经济》2012 年第 4 期。

[131] 张建华、陈立中：《总量贫困测度研究述评》，《经济学（季刊）》2006 年第 2 期。

[132] 张峻豪、何家军：《能力再造：可持续生计的能力范式及其理论建构》，《湖北社会科学》2014 年第 9 期。

[133] 张丽萍、张镱锂、阎建忠等：《青藏高原东部山地农牧区生计与耕地利用模式》，《地理学报》2008 年第 4 期。

[134] 张爽、陆铭、章元：《社会资本的作用随市场化进程减弱还是加强？——来自中国农村贫困的实证研究》，《经济学（季刊）》

2007 年第 2 期。

[135] 张伟宾、汪三贵:《扶贫政策、收入分配与中国农村减贫》,《农业经济问题》2013 年第 2 期。

[136] 张晓颖、冯贺霞、王小林:《流动妇女多维贫困分析——基于北京市 451 名家政服务从业人员的调查》,《经济评论》2016 年第 3 期。

[137] 赵锋、邓阳:《甘肃省独生子女户与多子女户生计能力的比较分析》,《人口与经济》2015 年第 1 期。

[138] 赵锋、杨云彦:《外力冲击下水库移民生计脆弱性及其解决机制——以南水北调中线工程库区为例》,《人口与经济》2009 年第 4 期。

[139] 赵锋:《可持续生计分析框架的理论比较与研究述评》,《兰州商学院学报》2015 年第 5 期。

[140] 赵锋:《可持续生计与生计动态能力分析:一个新的理论研究框架》,《经济研究参考》2015 年第 27 期。

[141] 赵剑波、余劲:《陕南生态移民政策对农户收入的影响研究》,《武汉理工大学学报》(社会科学版)2015 年第 3 期。

[142] 赵世发、王俊、杜继稳等:《秦巴山区地质灾害成因及预报预警》,《气象科技》2010 年第 2 期。

[143] 赵雪雁、李巍、杨培涛等:《生计资本对甘南高原农牧民生计活动的影响》,《中国人口·资源与环境》2011 年第 4 期。

[144] 赵雪雁:《生计资本对农牧民生活满意度的影响——以甘南高原为例》,《地理研究》2011 年第 4 期。

[145] 郑艳:《环境移民:概念辨析、理论基础及政策含义》,《中国人口·资源与环境》2013 年第 4 期。

[146] 周皓:《从迁出地、家庭户的角度看迁出人口——对 1992 年 38 万人调查数据的深入分析》,《中国人口科学》2001 年第 3 期。

[147] 周皓：《中国人口迁移的家庭化趋势及影响因素分析》，《人口研究》2004 年第 6 期。

[148] 周天勇：《托达罗模型的缺陷及其相反的政策含义——中国剩余劳动力转移和就业空量扩张的思路》，《经济研究》2001 年第 3 期。

[149] 周秀平、李振刚：《农民工培训的集中化与政策瞄准效果分析》，《中国职业技术教育》2015 年第 12 期。

[150] 朱利凯、蒙吉军、刘洋等：《农牧交错区农牧户生计与土地利用——以内蒙古鄂尔多斯市乌审旗为例》，《北京大学学报》（自然科学版）2011 年第 1 期。

[151] 卓仁贵：《农户生计多样化与土地利用》，西南大学博士学位论文，2010。

[152] 邹薇、方迎风：《关于中国贫困的动态多维度研究》，《中国人口科学》2011 年第 6 期。

[153] Adamo, S. B., "Environmental Migration and Cities in the Context of Global Environmental Change", *Current Opinion in Environmental Sustainability*, 2010, 2 (3): 161 – 165.

[154] Agesa, R. U., Kim, S., "Rural to Urban Migration as a Household Decision: Evidence from Kenya", *Review of Development Economics*, 2001, 5 (1): 60 – 75.

[155] Ahmed, A. U., Bouis, H. E., "Weighing What's Practical: Proxy Means Tests for Targeting Food Subsidies in Egypt", *Food Policy*, 2002, 27 (5 – 6): 519 – 540.

[156] Ahmed, N., Troell, M., Allison, E. H. et al., "Prawn Postlarvae Fishing in Coastal Bangladesh: Challenges for Sustainable Livelihoods", *Marine Policy*, 2010, 34 (2): 218 – 227.

[157] Alatas, V., Banerjee, A., Hanna, R. et al., "Targeting the Poor:

Evidence from a Field Experiment in Indonesia", *Journal of Political Economy*, 2016, 102 (2): 1206.

[158] Alkire, S., Foster, J., "Counting and Multidimensional Poverty Measurement", *Journal of Public Economics*, 2009, 95 (7 - 8): 476 - 487.

[159] Allison, E. H., Horemans, B., "Putting the Principles of the Sustainable Livelihoods Approach into Fisheries Development Policy and Practice", *Marine Policy*, 2006, 30 (6): 757 - 766.

[160] Ashley, C., Carney, D., "Sustainable Livelihoods: Lessons from Early Experience", *Department for International Development*, 1999: 226 - 227.

[161] Babulo, B., Muys, B., Nega, F. et al., "Household Livelihood Strategies and Forest Dependence in the Highlands of Tigray, Northern Ethiopia", *Agricultural Systems*, 2008, 98 (2): 147 - 155.

[162] Bebbington, A., "Capitals and Capabilities: A Framework for Analyzing Peasant Viability, Rural Livelihoods and Poverty", *World Development*, 1999, 27 (12): 2021 - 2044.

[163] Becker, G. S., "A Theory of Social Interactions ", *The Journal of Political Economy*, 1974, 82: 1063 - 1093.

[164] Bhandari, P. B., "Rural Livelihood Change? Household Capital, Community Resources and Livelihood Transition", *Journal of Rural Studies*, 2013, 32 (4): 126.

[165] Bigman, D., "Geographical Targeting for Poverty Alleviation: An Introduction to the Special Issue", *World Bank Economic Review*, 2000, 14 (1): 129 - 145.

[166] Bohra, P., Massey, D. S., "Processes of Internal and International Migration from Chitwan, Nepal", *International Migration Review*,

2009, 43 (3): 621 - 651.

[167] Bohra, P. , Oppenheimer, M. , Hsiang, S. M. , "Nonlinear Permanent Migration Response to Climatic Variations but Minimal Response to Disasters", *Proceedings of the National Academy of Sciences of the United States of America*, 2014, 111 (27): 9780.

[168] Bouahom, B. , Douangsavanh, L. , Rigg, J. , "Building Sustainable Livelihoods in Laos: Untangling Farm from Non-farm, Progress from Distress", *Geoforum*, 2004, 35 (5): 607 - 619.

[169] Bourguignon, F. , Chakravarty, S. R. , "The Measurement of Multidimensional Poverty", *The Journal of Economic Inequality*, 2003, 1 (1): 25 - 49.

[170] Bui, T. M. H. , Schreinemachers, P. , "Resettling Farm Households in Northwestern Vietnam: Livelihood Change and Adaptation", *International Journal of Water Resources Development*, 2011, 27 (4): 769 - 785.

[171] Burger, P. , Christen, M. , "Towards a Capability Approach of Sustainability", *Journal of Cleaner Production*, 2011, 19 (8): 787 - 795.

[172] Camacho, A. , Conover, E. , "Manipulation of Social Program Eligibility", *American Economic Journal Economic Policy*, 2011, 3 (2): 41 - 65.

[173] Cao, S. X. , Xu, C. G. , Li, C. et al. , "Attitudes of Farmers in China's Northern Shaanxi Province towards the Land-use Changes Required under the Grain for Green Project, and Implications for the Project's Success", *Land Use Policy*, 2009, 26 (4): 1182 - 1194.

[174] Cao, S. , Zhong, B. , Yue, H. et al. , "Development and Testing of a Sustainable Environmental Restoration Policy on Eradicating the Poverty Trap in China's Changting County", *Proceedings of the Na-*

tional Academy of Sciences of the United States of America, 2009, 106 (26): 10712.

[175] Carney, D. , *Implementing the Sustainable Rural Livelihoods Approach in Sustainable Rural Livelihoods: What contribution can we make?* (London: Department for International Development, 1998).

[176] Cernea, M. M. , "Risks, Safeguards and Reconstruction", *Economic & Political Weekly*, 2000.

[177] Cetinkaya, G. , Kambu, A. , Nakamura, K. , "Sustainable Development and Natural Resource Management: an Example from Kanyon National Park, Turkey", *Sustainable Development*, 2014, 22: 63 – 72.

[178] Chakravarty, S. R. , Deutsch, J. and Silber, J. , "On the Watts Multidimensional Poverty Index", Paper Presented at the Many Dimensions of Poverty International Conference, UNDP International Poverty Centre, 2005.

[179] Chambers, R. , Conway, G. , *Sustainable Rural Livelihoods: Practical Concepts for the 21st Century* (UK: Institute of development studies, 1992).

[180] Chen, H. , Shivakoti, G. , Zhu, T. et al. , "Livelihood Sustainability and Community Based Co-management of Forest Resources in China: Changes and Improvement", *Environmental Management*, 2012, 49 (1): 219.

[181] Cherni, J. A. , Hill, Y. , "Energy and Policy Providing for Sustainable Rural Livelihoods in Remote Locations: The case of Cuba", *Geoforum*, 2009, 40 (4): 645 – 654.

[182] Compton, J. , Pollak, R. A. , "Why Are Power Couples Increasingly Concentrated in Large Metropolitan Areas?", *Journal of Labor Economics*, 2007, 25 (3): 475 – 512.

[183] Cooke, T. J., Bailey, A. J., "Family Migration and the Employment of Married Women and Men", *Economic Geography*, 1996, 72 (1): 38.

[184] Cooke, T. J., Boyle, P., Couch, K. et al., "A Longitudinal Analysis of Family Migration and the Gender Gap in Earnings in the United States and Great Britain", *Demography*, 2009, 46 (1): 147 – 167.

[185] Cooke, T. J., "Family Migration and the Relative Earnings of Husbands and Wives", *Annals of the Association of American Geographers*, 2003, 93 (2): 338 – 349.

[186] DaVanzo, J., *A Family Choice Model of U. S. Interregional Migration based on the Human Capital Approach*, (California: The Rand Corporation, 1972).

[187] DaVanzo, J., "Why Families Move: A Model of the Geographic Mobility of Married Couples", *The Rand Corporation*, 1976.

[188] Deutsch, J., Silber, J., "Measuring Multidimensional Poverty: An Empirical Comparison of Various Approaches", *Review of Income & Wealth*, 2005, 51: 145 – 174.

[189] Devkota, B. D., Paudel, P. P., Bhuju, D. R., "Climatic Variability and Impacts on Biodiversity at Local Level : A Case Study from Kanchanjanga Conservation Area, Nepal", *Journal-Faculty of Agriculture Kyushu University*, 2012, 57 (2): 453 – 459.

[190] DFID, *Sustainable Livelihoods Guidance Sheets* (UK: Department for International Development, 1999).

[191] DFID, UNDP, WB., *Linking Poverty Reduction and Environmental Management: Policy Challenges and Opportunitie*s (UK: Department for International Development, 2002).

[192] Dhongde, S., Haveman, R., "Multi-dimensional Poverty Index: An Ap-

plication to the United States", *Ssrn Electronic Journal*, 2015.

[193] Ellis, F. , *Peasant Economics: Farm Households and Agrarian Development* (UK: Cambridge University Press, 1993).

[194] Ellis, F. , *Rural Livelihoods and Diversity in Developing Countries* (USA: Oxford University Press, 2000).

[195] Fan, C. C. , Sun, M. , Zheng, S. , "Migration and Split Households: A Comparison of Sole, Couple, and Family Migrants in Beijing, China", *Environment and Planning A*, 2011, 43 (9): 2164 – 2185.

[196] Farrington, J. , "Sustainable Livelihoods, Rights and the New Architecture of Aid", *Overseas Development Institute*, 2009.

[197] Fei, C. H. , Ranis, G. , "A Theory of Economic Development ", *American Economic Review*, 1961, 1: 533 – 565.

[198] Feng, S. Z. , Krueger, A. B. , Oppenheimer, M. , "Linkages among Climate Change, Crop Yields and Mexico-U. S. Cross-Border Migration", *Proceedings of the National Academy of Sciences of the United States of America*, 2010, 107 (32): 14257 – 14262.

[199] Galasso, E. , Ravallion, M. , "Decentralized Targeting of an Anti-poverty Program", *Journal of Public Economics*, 2005, 89 (4): 705 – 727.

[200] Giddens, A. , *Central Problems in Social Theory* (USA: University of California Press, 1979).

[201] Glavovic, B. C. , Boonzaier, S. , "Confronting Coastal Poverty: Building Sustainable Coastal Livelihoods in South Africa", *Ocean & Coastal Management*, 2007, 50 (1 – 2): 1 – 23.

[202] Gray, C. L. , Bilsborrow, R. E. , "Consequences of Out-migration for Land Use in Rural Ecuador", *Land Use Policy*, 2014, 36 (1): 182 – 191.

[203] Grosh, M. , *Administering Targeted Social Programs in Latin America: From Platitude to Practice* (Washington, D. C. : World Bank, 1994).

[204] Habermas, J. , "Knowledge and Human Interests", *Philosophical Quarterly*, 1973, 23 (91): 499.

[205] Hahn, M. B. , Riederer, A. M. , Foster, S. O. , "The Livelihood Vulnerability Index: A Pragmatic Approach to Assessing Risks from Climate Variability and Change——A Case Study in Mozambique", *Global Environmental Change*, 2009, 19 (1): 74 – 88.

[206] Hiwatari, M. , "Social Networks and Migration Decisions: The Influence of Peer Effects in Rural Households in Central Asia", *Journal of Comparative Economics*, 2016, 44 (4): 1115 – 1131.

[207] Hou, X. , *Challenges of Targeting the Bottom Ten Percent: Evidence from Pakistan* (Washington, D. C. : World Bank, 2008).

[208] Hwang, S. , Cao, Y. , Xi, J. , "The Short-term Impact of Involuntary Migration in China's Three Gorges: A Prospective Study", *Social Indicators Research*, 2011, 101 (1): 73 – 92.

[209] Jha, S. , "Household-specific Variables and Forest Dependency in an Indian Hotspot of Biodiversity: Challenges for Sustainable Livelihoods", *Environment, Development and Sustainability*, 2009, 11 (6): 1215 – 1223.

[210] Jorgenson, D. W. , "The Development of a Dual Economy ", *Economic Journal*, 1961, 11: 213 – 222.

[211] Kelman, I. , Mather, T. A. , "Living with Volcanoes: The Sustainable Livelihoods Approach for Volcano-related Opportunities", *Journal of Volcanology & Geothermal Research*, 2008, 172 (3): 189 – 198.

[212] Koczberski, G. , Curry, G. N. , "Making a Living: Land Pressures

and Changing Livelihood Strategies among Oil Palm Settlers in Papua New Guinea", *Agricultural Systems*, 2005, 85 (3): 324 - 339.

[213] Kolinjivadi, V. , Gamboa, G. , Adamowski, J. et al. , "Capabilities as Justice: Analysing the Acceptability of Payments for Ecosystem Services (PES) through Social Multi-criteria Evaluation", *Ecological Economics*, 2015, 118: 99 - 113.

[214] Land, V. D. , Hummel, D. , "Vulnerability and the Role of Education in Environmentally Induced Migration in Mali and Senegal", *Ecology & Society*, 2013, 18 (4): 1373 - 1392.

[215] Leach, M. , Mearns, R. , Scoones, I. , "Environmental Entitlements: Dynamics and Institutions in Community-based Natural Resource Management", *World Development*, 1999, 27 (2): 225 - 247.

[216] Lewis, W. A. , "Economic development with unlimited supplies of labor", *The Manchester School*, 1954, 22 (2): 139 - 191.

[217] Li, C. , Zheng, H. , Li, S. et al. , "Impacts of Conservation and Human Development Policy Across Stakeholders and Scales", *Proceedings of the National Academy of Sciences of the United States of America*, 2015, 112 (24): 7396 - 7401.

[218] Li, J. , Feldman, M. W. , Li, S. et al. , "Rural Household Income and Inequality under the Sloping Land Conversion Program in Western China", *Proceedings of the National Academy of Sciences of the United States of America*, 2011, 108 (19): 7721 - 7726.

[219] Lienert, J. , Burger, P. , "Merging Capabilities and Livelihoods: Analyzing the Use of Biological Resources to Improve Well-being", *Ecology & Society*, 2015, 20 (2).

[220] Manatunge, J. , Takesada, N. , Miyata, S. et al. , "Livelihood Rebuilding of Dam-affected Communities: Case Studies from Sri Lanka

and Indonesia", *International Journal of Water Resources Development*, 2009, 25 (3): 479 - 489.

[221] Massey, D. S. , Espinosa, K. E. , "What's Driving Mexico-U. S. Migration? A Theoretical, Empirical, and Policy Analysis", *American Journal of Sociology*, 1997, 102 (4): 939 - 999.

[222] Michael A. , "A Structural Equations Model of Migration in Tunisia", *Economic Development and Cultural Change*, 1980, 28: 345 - 358.

[223] Mincer, J. , "Family Migration Decisions", *Journal of Political Economy*, 1978, 86 (5): 749 - 773.

[224] Mont, D. , "Two Earner Family Migration: A Search Theoretic Approach", *Journal of Population Economics*, 1989, 2 (1): 55 - 72.

[225] Morand, P. , Kodio, A. , Andrew, N. et al. , "Vulnerability and Adaptation of African Rural Populations to Hydro-climate Change: Experience from Fishing Communities in the Inner Niger Delta (Mali)", *Climatic Change*, 2012, 115 (3): 463 - 483.

[226] Mulder, C. H. , Malmberg, G. , "Local Ties and Family Migration", *Environment and Planning A*, 2014, 46 (9): 2195 - 2211.

[227] Narayan, A. , Viswanath, T. , Yoshida, N. , *Sri Lanka Welfare Reform: Poverty and Social Impact Analysis* (Washington, D. C. : World Bank, 2006).

[228] Nicolson, C. , Berman, M. , West, C. T. et al. , "Seasonal Climate Variation and Caribou Availability: Modeling Sequential Movement Using Satellite-relocation Data", *Ecology & Society*, 2013, 18 (2).

[229] Niehof, A. , "The Significance of Diversification for Rural Livelihood Systems", *Food Policy*, 2004, 29 (4): 321 - 338.

[230] Nivalainen, S. , "Determinants of Family Migration: Short Moves vs. Long Moves", *Journal of Population Economics*, 2004, 17 (1):

157 – 175.

[231] Notten, G. , Gassmann, F. , "Size Matters: Targeting Efficiency and Poverty Reduction Effects of Means-tested and Universal Child Benefits in Russia", *Journal of European Social Policy*, 2008, 18 (3): 260 – 274.

[232] Pailhé, A. , Solaz, A. , "Time with Children: Do Fathers and Mothers Replace Each Other When One Parent Is Unemployed?", *European Journal of Population*, 2008, 24 (2): 211 – 236.

[233] Park, A. , Wang, S. , Wu, G. , "Regional Poverty Targeting in China", *Journal of Public Economics*, 2002, 86 (1): 123 – 153.

[234] Park, A. , Wang, S. , "Community-based Development and Poverty Alleviation: An Evaluation of China's Poor Village Investment Program", *Journal of Public Economics*, 2010, 94 (9 – 10): 790 – 799.

[235] Paul, A. S. , "Top-down and Bottom-up Approaches to Implementation Research: A Critical Analysis and Suggested Synthesis", *Journal of Public Policy*, 1986, 6 (1): 21 – 48.

[236] Pelenc, J. , Ballet, J. , "Strong Sustainability, Critical Natural Capital and the Capability Approach", *Ecological Economics*, 2015, 112: 36 – 44.

[237] Pinzón, R. P. , "A Counting Multidimensional Poverty Index in Public Policy Context : The Case of Colombia", *Ophi Working Papers*, 2014.

[238] Polishchuk, Y. , Rauschmayer, F. , "Beyond 'Benefits'? Looking at Ecosystem Services through the Capability Approach", *Ecological Economics*, 2012, 81: 103 – 111.

[239] Pouliot, M. , Treue, T. , Obiri, B. D. et al. , "Deforestation and the Limited Contribution of Forests to Rural Livelihoods in West Africa: Evidence from Burkina Faso and Ghana", *Ambio*, 2012, 41

(7): 738 – 750.

[240] Rahut, D. B. , Maja, M. S. , "Livelihood Diversification Strategies in the Himalayas", *Australian Journal of Agricultural and Resource Economics*, 2012, 56 (4): 558 – 582.

[241] Raleigh, C. , "The Search for Safety: The Effects of Conflict, Poverty and Ecological Influences on Migration in the Developing World", *Global Environmental Change*, 2011, 21: 82 – 93.

[242] Rao, V. , Ibáñez, A. M. , "The Social Impact of Social Funds in Jamaica: A Participatory Econometric Analysis of Targeting, Collective Action, and Participation in Community-driven Development", *The Journal of Development Studies*, 2005, 41 (5): 788 – 838.

[243] Rauschmayer, F. , Lessmann, O. , "The Capability Approach and Sustainability", *Journal of Human Development and Capabilities*, 2013, 14 (1): 1 – 5.

[244] Ravallion, M. , "Miss-targeted or Miss-measured?", *Economics Letters*, 2008, 100 (1): 9 – 12.

[245] Reid, P. , Vogel, C. , Reid, P. et al. , "Living and Responding to Multiple Stressors in South Africa——Glimpses from KwaZulu-Natal", *Global Environmental Change*, 2006, 16 (2): 195 – 206.

[246] Rigg, J. , "Land, Farming, Livelihoods, and Poverty: Rethinking the Links in the Rural South", *World Development*, 2006, 34 (1): 180 – 202.

[247] Rogers, S. , Wang, M. , " Environmental Resettlement and Social Dis/Re-Articulation in Inner Mongolia, China", *Population and Environment*, 2006, 28 (1): 41 – 68.

[248] Root, B. D. , De Jong, G. F. , "Family Migration in a Developing Country", *Population Studies*, 1991, 45 (2): 221 – 233.

[249] Rosenbaum, P. , Rubin, R. et al. , "The Central Role of the Propoensity Score in Observational Studies for Causal Effects", *Biometrika*, 1983, 70 (1): 41 – 55.

[250] Ryan, L. , Sales, R. , "Family Migration: The Role of Children and Education in Family Decision-making Strategies of Polish Migrants in London", *International Migration*, 2013, 51 (2): 90 – 103.

[251] Sallu, S. M. , Twyman, C. , Stringer, L. C. , "Resilient or Vulnerable Livelihoods? Assessing Livelihood Dynamics and Trajectories in Rural Botswana", *Ecology & Society*, 2010, 15 (4): 299 – 305.

[252] Sandell, S. H. , "Women and the Economics of Family Migration", *Review of Economics & Statistics*, 1977, 59 (4): 406 – 414.

[253] Santos, M. E. , "Measuring Multidimensional Poverty in Latin America: Previous Experience and the Way Forward", *Ophi Working Papers*, 2014.

[254] Scoones, I. , *Sustainable Rural Livelihoods: A Framework for Analysis* (UK: Institute of Development Studies Brighton, 1998).

[255] Sen, A. , *Development as Freedom* (USA: Oxford University Press, 1999).

[256] Sen, A. , *Poverty and Famines* (USA: Oxford University Press, 1982).

[257] Sharif, I. A. , "Building a Targeting System for Bangladesh Based on Proxy Means Testing", *Social Protection Discussion Papers*, 2009.

[258] Shoo, R. A. , Songorwa, A. N. , "Contribution of Eco-tourism to Nature Conservation and Improvement of Livelihoods around Amani Nature reserve, Tanzania", *Journal of Ecotourism*, 2013, 12 (2): 75 – 89.

[259] Simtowe, F. P. , "Livelihoods Diversification and Gender in Malawi",

African Journal of Agricultural Research, 2010, 5 (3): 204 –216.

［260］Singh, P. K., Hiremath, B. N., "Sustainable Livelihood Security Index in a Developing Country: A Tool for Development Planning", *Ecological Indicators*, 2010, 10 (2): 442 –451.

［261］Sjaastad, L. A., "The costs and returns of human migration ", *The Journal of Political Economy*, 1962, 70: 80 –93.

［262］Smith, D. R., Gordon, A., Meadows, K. et al., "Livelihood Diversification in Uganda: Patterns and Determinants of Change across two Rural Districts", *Food Policy*, 2001, 26 (4): 421 –435.

［263］Souksavath, B., Maekawa, M., "The Livelihood Reconstruction of Resettlers from the Nam Ngum 1 Hydropower Project in Laos", *International Journal of Water Resources Development*, 2013, 29 (1): 59 –70.

［264］Stark, O., Bloom, D. E., "The New Economics of Labor Migration", *American Economic Review*, 1985, 75 (2): 173 –178.

［265］Stark, O., Taylor, J. E., "Migration Incentives, Migration Types: The Role of Relative Deprivation", *Economic Journal*, 1991, 101 (408): 1163 –1178.

［266］Tacoli, C., "Crisis or Adaptation? Migration and Climate Change in a Context of High Mobility", *Environment and Urbanization*, 2009, 21 (2): 513 –525.

［267］Todaro, M. P., "Model of Labor Migration and Urban Unemployment in Less Developed Countries ", *The American Economic Review*, 1969, 59 (1): 138 –148.

［268］Vista, B. M., Nel, E., Binns, T., "Land, Landlords and Sustainable Livelihoods: The Impact of Agrarian Reform on a Coconut Hacienda in the Philippines", *Land Use Policy*, 2012, 29 (1): 154 –164.

［269］Wang, C., Yang, Y., Zhang, Y., "Economic Development, Rural livelihoods, and Ecological Restoration: Evidence from China", *Ambio*, 2011, 40 (1): 78 – 87.

[270] Wang, X. , Feng, H. , Xia, Q. et al. , "On the Relationship between Income Poverty and Multidimensional Poverty in China", *Ophi Working Papers*, 2016.

[271] Webber, M. , McDonald, B. , "Involuntary Resettlement, Production and Income: Evidence from Xiaolangdi, PRC", *World Development*, 2004, 32 (4): 673 – 690.

[272] Webber, M. , "Making Capitalism in Rural China", *Journal of Peasant Studies*, 2012, 40 (3): 289 – 290.

[273] Whelan, C. T. , Nolan, B. , Matre, B. , "Multidimensional Poverty Measurement in Europe: An Application of the Adjusted Headcount Approach", *Journal of European Social Policy*, 2014, 24 (2): 183 – 197.

[274] Wilmsen, B. , Webber, M. , Duan, Y. , "Involuntary Rural Resettlement: Resources, Strategies, and Outcomes at the Three Gorges Dam, China", *The Journal of Environment & Development*, 2011, 20 (4): 355 – 380.

[275] Wu, Z. , Penning, M. J. , Zeng, W. et al. , "Relocation and Social Support Among Older Adults in Rural China", *The Journals of Gerontology Series B: Psychological Sciences and Social Sciences*, 2015.

[276] Xue, L. , Wang, M. Y. , Xue, T. , " 'Voluntary' Poverty Alleviation Resettlement in China", *Development and Change*, 2013, 44 (5): 1159 – 1180.

[277] Zeng, W. , Wu, Z. , Schimmele, C. M. et al. , "Mass Relocation and Depression Among Seniors in China", *Research on Aging*, 2014.

安康地区农户生计与环境
调查问卷

安康地区农户生计与环境调查问卷

被访人编码 　　　　　　　　　　□□□□□□□

被访人姓名 ＿＿＿＿＿＿＿＿

本家庭户属于：□ 　（1）本地户（2）搬迁户（迁入年份＿＿年）

被访人住址 ＿＿＿＿＿＿＿＿县（区）＿＿＿＿＿＿＿镇（乡）

＿＿＿＿＿＿＿村＿＿＿＿＿＿村民小组

　　　　月　　　日　　　时　　　分

如果调查未完成，原因是：

＿＿＿＿＿＿＿＿＿＿＿＿＿＿＿＿＿＿＿＿＿＿＿＿＿＿＿＿＿＿＿＿

第一次访问　从□□　□□　□□　□□

　　　　　　到□□　□□　□□　□□

第二次访问　从□□　□□　□□　□□

　　　　　　到□□　□□　□□　□□

调查员姓名 _____

核对人姓名 _____

核对人的检查结果　　　　　合格（　　）　　不合格（　　）

请把下面的这段话读给被访问人：

您好！西安交通大学人口与发展研究所与安康市统计局正在做一项有关农户生计与老年人健康的社会调查，特邀请您参加本次调查，谢谢您的合作！

调查中将询问有关您家基本情况、农业与非农活动及老年人健康情况等方面的一些问题。整个调查大约需要 40～50 分钟。课题组向您郑重承诺：本次调查的信息严格保密。

感谢您的合作！

西安交通大学人口与发展研究所
安康市统计局

第一部分 101. 家庭基本情况（家庭成员信息表）

户主姓名_____ 被访对象与户主关系_____

序号	成员情况（与户主关系见下表代码）	是否常住人口 1.是 0.否	性别 1.男 0.女	年龄	民族 1.汉族 0.少数民族	健康状况 1.好 2.一般 3.不好	文化程度 1.文盲 2.小学 3.初中 4.高中 5.中专技校 6.大专及以上	婚姻状况 1.未婚 2.初婚 3.再婚 4.离异 5.丧偶	政治面貌 1.中共党员（含预备）2.民主党派 3.共青团员 4.群众	16岁以下和65岁以上的家庭成员不填写以下信息 曾有以下哪种经历（多选）1.村干部或国家公务员 2.农村智力劳动者（技术员、教师、医生等）3.企事业职工 4.军人 5.无以上经历	目前职业（单选）1.专业技术 2.行政管理 3.商业或服务业 4.农业、养殖业 5.工人 6.业主或企业家 7.军人 8.无工作（如做家务、上学等）9.其他	是否掌握了某项手艺和技术（如厨艺、曾医术、养蜂技能、编织技能等）1.是 0.否	接受过以下何种培训（多选）1.农林业培训 2.外出务工培训 3.环保培训 4.都没有
1	□□	□	□		□	□	□	□	□	□□	□	□	□□
2	□□	□	□		□	□	□	□	□	□□	□	□	□□
3	□□	□	□		□	□	□	□	□	□□	□	□	□□
4	□□	□	□		□	□	□	□	□	□□	□	□	□□
5	□□	□	□		□	□	□	□	□	□□	□	□	□□
6	□□	□	□		□	□	□	□	□	□□	□	□	□□
7	□□	□	□		□	□	□	□	□	□□	□	□	□□
8	□□	□	□		□	□	□	□	□	□□	□	□	□□
9	□□	□	□		□	□	□	□	□	□□	□	□	□□
	A	B	C	D	E	F	G	H	I	J	K	L	M

成员代码：户主 – 10；配偶 – 20；长子女 – 31；长子女配偶 – 32；次子女 – 33；次子女配偶 – 34；三子女 – 35；三子女配偶 – 36……父母 – 50；配偶父母 – 51；兄弟姐妹 – 60；孙子女 – 71；孙子女 – 72……曾孙子女 – 81……

第二部分　家庭的资本情况

201. 如果您家是移民搬迁户，您家的迁移类型是：□

1. 不是移民搬迁户（请跳到205题）

2. 扶贫移民

3. 生态移民

4. 工程移民

5. 减灾移民（地质灾害、洪涝灾害避险等）

6. 其他

202. 您家是从哪里搬迁过来的？□

1. 本村山区　　　　　　　　2. 本村平原

3. 邻近村山区（本镇）　　　4. 邻近村平原（本镇）

5. 邻镇山区　　　　　　　　6. 邻镇平原

7. 本县（除邻镇外）其他乡镇　8. 其他县

9. 其他

203. 您家搬迁后的安置方式属于哪一种？□

1. 集中安置　　　　　　　　2. 分散入住闲置房（插花）

3. 进城入镇　　　　　　　　4. 自主外迁

5. 其他

204. 您家搬迁时是否接受过政府的搬迁补贴？□

1. 是，□□□□□□元　　　　0. 无

205. 家庭经营土地情况（没有填0）：

205.1. 目前您家正在使用的耕地构成情况：

1. 水田面积：□□□亩□分

2. 旱地面积：□□□亩□分

3. 茶园面积：□□□亩□分

4. 其中，承包他人土地：□□□亩□分

5. 另外，自家转租出去的土地面积：□□□亩□分

6. 撂荒土地：□□□亩□分

205.2. 林地构成情况：

1. 您家的自留山、承包林的林地总面积：□□□亩□分

2. 其中，生态公益林面积：□□□亩□分

3. 其中，退耕还林面积：□□□亩□分（如无退耕地，跳问206题）

4. 退耕地坡度主要为：□

（1）15°≤坡度＜25°

（2）25°≤坡度＜35°

（3）坡度≥35°

5. 您家退耕地与最近的自然保护区的距离：□

（1）10里及之内   （2）11～20里

（3）21～30里   （4）31～40里

（5）40里以外

206. 家庭住房情况：_____

206.1. 您家的住房面积为：□□□平方米

206.2. 您家现在居住的房屋的主要结构是：□

1. 土木结构   2. 砖木结构

3. 砖混结构   4. 其他（请注明_____）

206.3. 您家房屋的估价（现价）是多少？（单位：元）□

1. 10万及以下   2. 11万～20万

3. 21万～30万   4. 30万以上

206.4. 您家的房子与村主要公路的距离：□

1. 一里及之内　　　　　　　　2. 二里至五里

3．五里以外

206. 5. 您家所处的海拔高度□

1. 500 米以下　　　　　　　　2. 501 米 ~ 1000 米

3. 1001 米 ~ 1500 米　　　　　4. 1500 米以上

207. 您家以下生产性工具、交通工具或耐用品的数量（有则填数字，无则填 0）：

A 挖掘机	B 铲车	C 机动三轮	D 拖拉机	E 摩托车	F 汽车	G 水泵	H 电视	I 冰箱/柜	J 洗衣机	K 电脑
□	□	□	□	□	□	□	□	□	□	□

208. 最近三年内，您有没有从亲朋好友处借钱？□

1. 有（合计□□□□□元）　　0. 无

209. 最近三年内，您家是否得到过政府的小额到户扶贫贴息贷款？□

1. 有（合计□□□□□元）　　0. 无

210. 最近三年内，您家是否从银行借过钱？□

1. 有（合计□□□□□元）　　0. 无

211. 您家在银行的信用记录情况：□

1. 优　　2. 一般　　3. 差

212. 您家是否有在银行申请过贷款或资助却没有成功的经历？□

1. 有　　　　　　　　　0. 无

213. 目前您家在银行是否有存款？□

1. 有　　　　　　　　　0. 无（若无跳到 215 题）

214. 存款主要在谁的名下？□

1. 男性成员　　　　　　　　2. 女性成员

3. 两种都有

215. 户主是否有宗教信仰（佛教、道教、基督教、伊斯兰教

等）？□

1. 有　　　　　　　　　　0. 无

216. 目前您家庭成员上个月的通信费用（包括手机、固话）共是多少元？□□□□元

217. 您亲戚中目前有几个村干部及国家公务员？□□个

218. 您或家人是否参加了以下专业合作协会（可多选）：□

1. 有　　　　　　　　　　0. 无

（1）农林产品的种植或购销协会（含茶叶协会）□

（2）农家乐等旅游协会 □

（3）农机协会 □

（4）其他＿＿＿＿＿＿　　□

219. 当您家急需大笔开支时（如婚嫁、生病及经营），您估计可向多少户求助？□□户

第三部分　家庭生计

一　家庭的生产行为

（一）农业生产

301. 过去的 12 个月里，您家农作物和林作物的情况（多选）。

302. 1 农作物 □

1. 有　　　　　　　　　0. 无（跳问 302.2 题）

（1）玉米 □　　　　　　　（2）水稻 □

（3）小麦 □　　　　　　　（4）大豆 □

（5）红薯 □　　　　　　　（6）土豆 □

（7）黄姜 □　　　　　　　（8）茶叶 □

（9）药材（地里种的）□　　（10）烤烟 □

（11）油菜 □　　　　　　　（12）其他（请注明＿＿＿＿）□

302. 2 林作物 □

1. 有   0. 无（跳问 303 题）

（1）沙树 □   （2）香菇、木耳等食用菌 □

（3）核桃 □   （4）板栗 □

（5）生漆 □   （6）桑树 □

（7）油桐籽 □   （8）药材（树上长的）□

（9）果树（木瓜等）□   （10）其他（请注明_____）□

303. 主要农、林产品产量及出售数量（按种植面积和收入的多少各填最多的三种；没有填 0）

代　码	农作物（见 302.1 题选项）			林产品（见 302.2 题选项）		
	□A	□B	□C	□D	□E	□F
1. 面积（亩）	□□.□	□□.□	□□.□	□□.□	□□.□	□□.□
2. 总产量（斤）	□□□□	□□□□	□□□□	□□□□	□□□□	□□□□
3. 出售（斤）	□□□□	□□□□	□□□□	□□□□	□□□□	□□□□
4. 售价（元/斤）	□□.□	□□.□	□□.□	□□.□	□□.□	□□.□

304. 过去的 12 个月里，您家使用的木材砍伐指标？□□.□ m^3

305. 过去的 12 个月里，您家使用的生产资料及雇工情况

1. 大棚	2. 化肥和农药	3. 种子	4. 雇工	5. 农家肥
□□□□元	□□□□元	□□□□元	□□□□元	□□□□斤

306. 过去的 12 个月里，您家养殖了哪些牲畜、禽类或其他小动物（多选）？□

1. 是   0. 否（跳到 308 题）

（1）牛、羊□   （2）猪□

（3）鸡、鸭□   （4）蜂□

（5）娃娃鱼□   （6）鳄鱼龟□

（7）蚕□   （8）其他□

307. 过去的 12 个月里，您家的养殖信息（不包括宠物）

	A 牛、羊	B 猪	C 鸡、鸭	D 养蜂/蚕	E 其他养殖 □
1. 出栏数量	□□头/只	□□头/只	□□□只	（不填）	（不填）
2. 目前存栏数量	□□头/只	□□头/只	（不填）	□□箱/张	（不填）
3. 出售收入（元）	□□□□□	□□□□□	□□□□□	□□□□□	□□□□□

（二）打工行为

过去的 12 个月里，您家中是否有成员正在或有过打工（工作）的经历？□

1. 有   0. 无（跳问 318 题）

家庭成员序号（指家庭第几个成员，见问卷 101 题第一列）	A □ （外地）	B □ （外地）	C □ （外地）	D □ （本地）	E □ （本地）	F □ （本地）
308. 您家中打工成员目前是什么状态？1. 正在打工（含正在外地）2. 有打工经历（曾经打过工，但目前在家）	□	□	□	（不填）	（不填）	（不填）
309. 您家庭中打工者目前或最近一次打工的地点是在：1. 本县 2. 本省外县 3. 外省（市）	□	□	□	（不填）	（不填）	（不填）
310. 您家庭中外出务工者目前或最近一次打工的地区类型：1. 农村 2. 乡镇或县城 3. 地级市 4. 省会或直辖市 5. 其他（注明）____	□	□	□	（不填）	（不填）	（不填）
311. 目前或最近一次打工所从事的职业：1. 农业帮工 2. 矿工 3. 建筑工 4. 工厂工人 5. 销售员 6. 餐饮娱乐服务员 7. 美容美发 8. 废品收购 9. 家政 10. 司机 11. 其他	□□	□□	□□	□□	□□	□□
312. 他/她过去 12 个月累计打工几个月？	□□	□□	□□	□□	□□	□□
313. 他/她现在一个月打几天工？	□□	□□	□□	□□	□□	□□
314. 他/她通常打工一天收入多少？	□□□	□□□	□□□	□□□	□□□	□□□
315. 过去的 12 个月里，他/她一共给了家里多少元钱？（没有给的填 0）	□□□□□	□□□□□	□□□□□	□□□□□	□□□□□	□□□□□

316. 过去 12 个月您家庭成员在附近旅游企业（森林公园、景区、饭店、餐厅）打工人数□人

317. 过去的 12 个月，您全家在附近旅游企业打工所获得的收入合计约为：□□□□□元

（三）非农经营及其他

318. 过去的 12 个月，您家里从事了以下哪些非农经营活动？□

1. 有   0. 无（跳问 321 题）

（1）住宿餐饮（农家乐）□   （2）商业（小商店，购销等）□

（3）交通运输（货运、客运等）□

（4）农产品加工与农业服务（如碾米、榨油、药材加工、灌溉、机器收割等）□

（5）（汽车、农机具等）修理服务 □

（6）其他（请注明_____）□

319. 请从 318 题的选项中选择最重要的两种非农经营活动，按下表填入信息（没有填 0）.

项目	A	B
1. 经营类型（见 318 题的选项）	□	□
2. 开始时间（年份）	□□□□	□□□□
3. 是否有营业证：1. 有 2. 没有	□	□
4. 总固定资产（如房屋、机器）	□□.□万元	□□.□万元
项目（以下均指过去 12 个月内的情况）	A	B
5. 总固定资产投资支出	□□□□□□元	□□□□□□元
6. 现金经营性支出（原料、雇工、利息）	□□□□□□元	□□□□□□元
7. 税费支出	□□□□□元	□□□□□元
8. 年营业额	□□□□□元	□□□□□元
9. 年纯收入（亏损加 "－" 号）	□□□□□□元	□□□□□□元

320. 您家从事非农经营活动的初始资本的来源包括（按重要性高低排序前三位）□□□

1. 家庭积累   2. 银行贷款

3. 亲友借贷   4. 政府补助

5. 打工   6. 高利贷

7. 其他

321. 您家现在是否有经营农家乐？ □

1. 有   0. 无（跳问 324 题）

322. 您家经营的农家乐现有多少床位？ □□□张

323. 过去 12 个月农家乐接待游客数（包括未住宿的仅餐饮消费者）大约多少人？ □□□□人

324. 您家是否想经营农家乐？ □

1. 是   0. 否（跳问 327 题）

325. 近两三年内，您家是否有可能扩大农家乐、餐饮、商店、搞景区运输的规模，或者虽然目前无此类经营，您家未来开办农家乐、餐饮、商店等活动的可能性？ □

    1. 很有可能   2. 有可能

    3. 不确定   4. 不可能

    5. 非常不可能

326. 如果您家想办或扩大农家乐，或者想参与当地的生态旅游经营活动，您家会面临以下哪些困难？（按重要性高低排序前三位，最多三项）□□□

    1. 缺乏资金   2. 缺乏劳动力

    3. 缺少必要的技能和技术   4. 缺乏信息

    5. 缺乏关系   6. 其他

327. 以下询问过去的 12 个月里，您全家劳动力在各种生产活动（农业、非农等）上的劳动时间分配。请您大致估算：

327.1 农忙农闲时间合起来，您全家劳动力在农作物上一共干了几个月的活？ □□月

327.2 农忙农闲时间合起来，您全家劳动力在林产品上一共干了几个月的活？ □□月

327.3 您全家劳动力在非农经营（见318题）上一共干了几个月的活？□□月

328. 过去的12个月里，您家获得以下的政府补助或补贴：

328.1 粮食补助（良种补贴和综合直补）、农机补贴、家电补贴□□□□元

328.2 退耕还林补助 □□□□元

328.3 生态公益林补助 □□□□元

328.4 村干部的工资、护林员工资 □□□□元

328.5 移民搬迁住房补助 □□□□元

328.6 残疾人补贴□□□□元

328.7 政府对非农经营性活动（如农家乐、开商店等）的补助□□□□元

329. 过去的12个月里，您家土地转租或转包的收入是多少？□□□□元

330. 过去的12个月里，您家收到亲友馈赠（含礼金）的数额？□□□□元

331. 您家庭是否是低保户？□

1. 是 　　　　　　　　　　0. 否（跳到333题）

332. 政府过去一年里给您家庭成员的低保补贴合计是多少元？□□□□元/年

333. 您是否了解这两年本村低保户的名额确定和分配情况？□

1. 非常了解 　　　　　　　2. 了解

3. 一般 　　　　　　　　　4. 不了解

5. 非常不了解

334. 您近一年对于本村集体事务的参与情况或程度？□

1. 很多 　　　　　　　　　2．多

3. 一般 　　　　　　　　　4．少

5. 很少

335. 与去年的收入相比，您家今年收入的变化情况 □

1. 增加 □□□□□□元   2. 不变

3. 减少 □□□□□□元

336. 您未来最希望发展的生产或经营意愿是（单选）□

1. 做生意或扩大生意规模，如商店、农家乐等

2. 发展农业生产   3. 发展林业生产

4. 扩大养殖   5. 增加外出打工

6. 其他   7. 没想过

二、家庭的消费行为

337. 您家过去 12 个月里用于做饭、取暖的薪柴使用量 □□□□□斤

338. 您家今年薪柴使用量比去年增加还是减少了？□

1. 增加   2. 无变化

3. 减少

339. 过去 12 个月里，您家收集、捡拾薪柴共花费了多少天？□□□天

340. 您家过去 12 个月里上山采草药的数量（没有的填 0）□□□□斤

341. 您家过去 12 个月里上山采草药的收入（没有的填 0）□□□□□元

342. 您家里遭受风险或者经济困难之后，您是否会增加上山采集草药的活动？□

1. 非常可能   2. 可能

3. 不可能   4. 无此技能或无条件

343. 您家是否建了沼气池？□

1. 有   0. 没有（跳问 345 题）

344. 您家建沼气池的资金来自于 □

1. 政府补贴　　　　　　　　2. 个人出资

3. 政府与个人共同出资

345. 您家里是否使用了煤气？□

1. 是，过去 12 个月使用了□□罐

0. 否

346. 您家里是否使用了煤炭？□

1. 是，过去 12 个月使用了□□□□斤

0. 否

347. 一般情况下，您家每月用于吃饭的粮食、油、肉、菜等花了多钱（现金）□□□□元

348. 请您填写您家过去 12 个月里的现金消费明细，若无此类消费，请填"0"（单位：元）

A. 盖房、家具、电器等耐用品消费	B. 子女上学支出	C. 医疗费用	D. 煤炭、煤气、电	E. 用于人情、礼金费用	F. 办理婚丧嫁娶（红白事）	G. 农业机械等生产工具
□□□□□	□□□□□	□□□□□	□□□□	□□□□	□□□□□	□□□□□

349. 在过去 12 个月里，您家有无遭受自然灾害（如洪水、泥石流、天气异常等）、重大意外损失的情况？□

1. 有　　　　　　　　　　0. 均无（跳问 350 题）

349.1 由于自然灾害而遭受的农林业损失约多少？□□□□□□元

349.2 由于意外和灾害而遭受的财产受损（如房屋倒塌等）约多少？□□□□□□元

349.3 养殖意外损失（如家畜、蜂、蚕、娃娃鱼病死或丢失等）约多少元？□□□□□□元

350. 您觉得遭受经济上的困难之后，（1）您家短期内的应急办法是什么？（单选）□

（2）如果时间允许，您家应对困难的办法是什么？（单选）□

1. 外出打工   2. 卖存粮、牲畜等资产

3. 减少消费，如孩子退学、减少开支

4. 借钱   5. 动用家里的储蓄

6. 其他（请注明_____）

第四部分　生态补偿、扶贫政策与移民搬迁

如果当地为非山区、无林地，则从 417 题开始回答；如果调查村虽为山区但无退耕地，则请从 412 题开始回答；如果调查村有退耕地，则从 401 题开始回答。

401. 您家是否参与了退耕还林？□

1. 是   0. 否（跳问 409 题）

402. 您家参加了哪一期退耕还林？□

1. 第一期 □□□□年   2. 第二期 □□□□年

403. 您家退耕地的收入与退耕之前相比，收入的变化情况？□

1. 增加   2. 减少

3. 无变化

404. 根据目前的情况，您期望政府对退耕还林地的补贴是多少？□□□□元/（年·亩）

405. 您家在参加退耕之后是否增加了非农或外出打工的情况？□

1. 是   0. 否

406. 对于您家退耕地上所种植的林木品种，您家的自主决定情况？□

1. 完全由政府决定   2. 在政府给定范围内进行选择

3. 自己提出，政府审批   4. 自主决定

407. 如果国家停止了退耕还林补助并且政府也无强制要求，您家是否可能会复耕种粮食？□

1. 会   0. 不会

408. 您认为国家对退耕还林林地的补贴在第二期之后应再延长多长时间？□

1. 1 ~ 4 年　　　　　　　　　2. 5 ~ 8 年

3. 9 年及以上

409. 您认为退耕还林政策对退耕户与非退耕户的收入影响有何不同？□

1. 退耕户收入更高　　　　　2. 非退耕户收入更高

3. 差不多

410. 以下询问您对于退耕公平性的看法。

1. 非常公平　　　　　　　　2. 公平

3. 一般　　　　　　　　　　4. 不公平

5. 非常不公平

| 1. 您认为本村退耕还林地的名额分配是否公平？ | □ |
| 2. 您认为退耕还林政策的补偿制度（包括补偿钱数、补偿期限、补偿款发放方式）对所有农户来说是否公平？ | □ |

411. 您对于现行的退耕还林补偿政策的总体看法？□

1. 非常满意　　　　　　　　2. 满意

3. 无所谓　　　　　　　　　4. 不满意

5. 非常不满意

412. 您对于本地区林业部门严格限制林木采伐等制度的看法？□

1. 非常支持　　　　　　　　2. 支持

3. 无所谓　　　　　　　　　4. 不支持

5. 非常不支持

413. 您是否愿意将自己的林地纳入生态公益林中？□

1. 非常愿意　　　　　　　　2. 愿意

3. 无所谓　　　　　　　　　4. 不愿意

5. 非常不愿意

414. 如果国家对退耕还林或纳入生态公益林的集体林、自留山、责任山等给予一定的补偿，您最希望采用哪一种补偿方式？（单选）□

1. 资金补偿   2. 实物补偿（如粮食、种苗）

3. 技术培训   4. 发展非农产业

415. 对于生态公益林的补偿，您认为什么样的补偿水平比较合理？□□ 元/（年·亩）

416. 您对于集体林权制度改革（如允许承包集体林、允许林地流转、给予农户更多林地和林木自由处置权利等）的总体看法？□

1. 非常支持   2. 支持

3. 无所谓   4. 不支持

5. 非常不支持

417. 最近三年内，您家接受了哪些政府扶贫救助措施？□

0. 无（跳问419题）   1. 有

（1）受灾时政府救济 □

（2）政府各类免费培训 □

（3）发展产业，政府给予了补助 □

（4）以工代赈（参加基础设施建设获得劳务报酬）□

（5）其他（请注明_____）□

418. 您家接受的政府扶贫救助方式对您的家庭生产和生活的总体影响？□

1. 有很大积极影响   2. 有积极影响

3. 无影响   4. 有不利影响

5. 有很大不利影响

419. 政府扶贫政策与措施中，您家希望的扶贫方式？（按重要性高低排序前三位）□□□

1. 扶贫移民搬迁   2. 小额到户扶贫贴息贷款

3. 增加低保   4. 受灾时政府救济

5. 技能培训　　　　　　　6. 发展生产，实施产业扶贫

7. 以工代赈　　　　　　　8. 延长义务教育时间

420. 您认为目前政府的扶贫政策对贫困农户来说是否公平？ □

1. 非常公平　　　　　　　2. 公平

3. 一般　　　　　　　　　4. 不公平

5. 非常不公平

421. 您对于目前本地区政府的农村扶贫政策的总体看法 □

1. 非常满意　　　　　　　2. 满意

3. 无所谓　　　　　　　　4. 不满意

5. 非常不满意

422. 如果您是搬迁户，您对于本家庭搬迁后情况的总体评价（非搬迁户，本调查结束）□

1. 非常满意　　　　　　　2. 满意

3. 无所谓　　　　　　　　4. 不满意

5. 非常不满意

423. 移民搬迁后您家面临的困难或迫切需解决的问题（按重要性高低排序前三位）□□□

1. 农林业、养殖受损失　　2. 借钱盖房使还钱的压力大

3. 无法找到打工等就业机会　4. 缺少农林业用地

5. 与周围的村民无法融合　6. 缺少公共服务设施

7. 其他（_____）

424. 移民搬迁后您家的收入变化情况（若无变化，本调查结束）□

1. 有很大减少　　　　　　2. 有一些减少

3. 无变化　　　　　　　　4. 有一些增加

5. 有很大增加

425. 与搬迁前相比，您家移民搬迁后的年收入变化了多少元？ □□□□□元

后　记

　　中国西部地区当前的政策实践已经证明，被广泛应用的针对集中连片特困区域的易地扶贫搬迁不仅是破解贫困山区经济空间重构和社会格局变迁背景下生态保护和经济发展双重难题的有效方法，也是统筹促进城乡发展一体化、新型城镇化、农业现代化和公共服务均等化的重要手段。陕南秦巴山区片区的易地扶贫搬迁工程旨在有效推进精准扶贫，同时兼顾避灾、减灾、生态和发展等多重目标，以"拔穷根"和"挖险根"为政策诉求，力图实现当地经济、社会、生态等协同均衡发展和系统性可持续。

　　本书研究内容为本人所主持的国家自然科学基金青年项目"连片特困地区易地扶贫搬迁对农户可持续生计的作用机制研究：以陕南为例"（71803149）、教育部人文社会科学研究青年基金项目"集中连片特困地区易地扶贫移民生计恢复力评估及对策研究"（18XJCZH005）、中国博士后科学基金面上项目"易地扶贫搬迁对贫困山区农户生计恢复力的影响研究"（2019M653871XB）、陕西省教育厅人文社科专项科研计划项目"易地扶贫搬迁对陕南贫困山区农户生计能力影响的机理研究"（18JK0421）研究成果的一部分。此外，本书部分研究内容已经在国内外学术期刊上发表，如《资源科学》、《干旱区资源与环境》、《中南财经政法大学学报》、《中国农业资源与区划》、《中国农业大学学报》、《干旱区地理》及 *Sustainability*、*International Journal of Environmental Research and Public Health* 等。本书是这些研究内容的深化和总结。

本书在对可持续生计理论、能力方法和家庭迁移理论进行回顾和分析的基础上，采用微观农户家庭调查数据展开实证检验。本书所采用的数据源自西安交通大学人口与发展研究所农户生计与环境课题组对陕南安康贫困山区开展的大规模农村入户问卷调查。在这里，我要感谢西安交通大学公共政策与管理学院李树茁教授，经济与金融学院李聪教授以及人口与发展研究所农户生计与环境课题组的冯伟林博士、刘永茂博士、任林静博士，也要感谢人口与发展研究所各位老师和同学以及安康市政府的大力支持。感谢西安建筑科技大学公共管理学院詹绍文教授、方永恒教授在研究工作上对我的帮助。特别感谢加拿大西蒙弗雷泽大学 Zheng Wu 教授对我学业和生活的关心，谨以此书献给恩师！愿恩师天堂安息，愿兰京师母平安顺遂。感谢社会科学文献出版社高雁和胡楠老师的辛苦付出。

最后特别感谢我的妻子徐洁对我工作和生活的照拂。也感谢父母、弟弟刘力、岳父母以及所有家人对我的关爱，正是你们的鼎力支持让我不畏困难，一路向前。

刘 伟

2020 年 2 月

图书在版编目(CIP)数据

易地扶贫搬迁与贫困农户可持续生计 / 刘伟，黎洁著. -- 北京：社会科学文献出版社，2020.5
ISBN 978 - 7 - 5201 - 6728 - 4

Ⅰ.①易… Ⅱ.①刘… ②黎… Ⅲ.①贫困区 - 扶贫 - 移民 - 研究 - 中国②贫困区 - 农户 - 社会保障 - 研究 - 中国 Ⅳ.①D632.4②F323.89

中国版本图书馆 CIP 数据核字 (2020) 第 093137 号

易地扶贫搬迁与贫困农户可持续生计

著　者 / 刘　伟　黎　洁

出 版 人 / 谢寿光
责任编辑 / 高　雁　胡　楠

出　　版 / 社会科学文献出版社·经济与管理分社 (010) 59367226
　　　　　　地址：北京市北三环中路甲 29 号院华龙大厦　邮编：100029
　　　　　　网址：www.ssap.com.cn
发　　行 / 市场营销中心 (010) 59367081　59367083
印　　装 / 三河市龙林印务有限公司

规　　格 / 开　本：787mm × 1092mm　1/16
　　　　　　印　张：17.5　字　数：235 千字
版　　次 / 2020 年 5 月第 1 版　2020 年 5 月第 1 次印刷
书　　号 / ISBN 978 - 7 - 5201 - 6728 - 4
定　　价 / 148.00 元

本书如有印装质量问题，请与读者服务中心 (010 - 59367028) 联系